東アジア海域叢書16

藪　敏裕編

平泉文化の国際性と地域性

汲古書院

東アジア海域叢書16

平泉文化の国際性と地域性　目次

『平泉文化の国際性と地域性』序

藪　敏裕

一

平成十七（二〇〇五）年から五年間行われた文部科学省特定領域研究「東アジアの海域交流と日本伝統文化の形成——寧波《にんぽー》を焦点とする学際的創生——」（以後「にんぷろ」と略称）にあって、我々「東アジアにおける死と生の景観」班（以後「景観班」と略称）は、東アジアとりわけ華中沿岸域と日本において死や葬送にまつわる習俗・慣習を調査しつつ、それら習俗の歴史的変遷や影響関係を明らかにするとともに、その習俗を背景で支えてきた思想や宗教、価値観の諸相を比較・考察することを目的としてきた。この「景観」とは単なる客観的風景や空間ではなく、その地域に生きる人の認識の質と程度に応じて把握され、しかるべき「機能と構造を有した空間の相貌」という意味で使用した。そして喪俗、中でも特に「哭泣」習俗に焦点をあて、日本（特に岩手）および中国でのフィールドワークにより、社会変容のため次第に失われつつある個々の習俗に投影された景観およびその中に隠された汎東アジア的思考の枠組みの抽出を試みることを企図した。これらの成果の一部は、平成十八年度に「日本思想史学会二〇〇六年度大会」（於岩手大学）において「景観班」としてパネルセッション「霊魂観の行方——遺骨と魂魄をめぐって——」を企画し、

「遺骨収集」と「自然葬（散骨）」「樹木葬（納骨）」という二つの現代における葬送の景観を、霊魂と遺骨に関わる現代人の態度の検討を通して思想史的に考察した。この成果をまとめたものを、平成二十年十月に『季刊日本思想史』第七三号の「特集霊魂観の変遷」として公表した。その内容は、中村一基「愛欲の骸骨・信仰の白骨」、中村安宏「近世知識人の霊魂観――朱熹魂魄説からの逸脱」、脇田健一「死者・生者関係の構造転換」、木村直弘「騒音としての哭声――その儀礼的機能の変遷をめぐって――」である。

二

我々「景観班」の活動と前後して、平泉遺跡群より出土する遺物によって海のルートが話題となり、当時東アジア貿易において重要な輸出港であった中国明州《めいしゅう》（現在の寧波）との交流が明らかになりつつあった。「にんぷろ」は平泉と鎌倉の世界遺産一覧表への記載を支援することとしていたので、「景観班」として平泉を東アジアの中で位置づけることをも目的として、「歴史書編纂と王権理論に見る東アジア3国の比較」班と共同で国際シンポジウム「東アジアのなかの平泉――第七回平泉文化フォーラム――」を開催した。この中で中国の陶磁器文化論で著名な林士民（元寧波市文物考古研究所所長）氏が、平泉を「海のシルクロード」の東端として位置づけ、当時の平泉が海域交流を通じて世界につながるネットワークを有していたことを示された。しかし、このようにして海外の学者によって平泉の文化や交流史を世界史的な視野から相対的に捉えようとする考古学的な研究成果が提出されたのに対し、日本側からの平泉の東アジアにおける歴史的・空間的な結びつきを検証する作業は未だ発展段階にあった。平泉の庭園や遺跡群は、その後の鎌倉・京都を中心とする文化的政治的中心から隔絶・忘却されてきた結果、十二世紀の状態が真空パックされたまま残り、世界史的に見ても当時の仏国土（浄土）の理想郷を今日に伝える数少ない事例と評価されている。そのため、平泉こそは、未発掘のままの中国の唐代以前の庭園の実態解明、また変容してしまった京都等の平安期の庭園の実態解明など、東アジアにおける理想郷の空間構成を学術的に解明する上で独創的な観点を提供しうる絶好の素材なのである。

本書は、このような問題意識のもと「平泉――仏国土《ぶつこくど》（浄土）を表す建築・庭園及び考古学的遺跡群――」という名称で世界遺産一覧表へ記載された平泉の文化伝統について、またその庭園を中心として比較文化史・交流史の観点から、主に海域交流を通じて形成された平泉の「国際性」とその本来の「地域性」に注目し、平泉のアジアにおける地理的連関と文化・思想の相互反応の実際を解明し、日本という枠を越えた東アジアにおける平泉として、その実像を捉え直そうとするものである。なお、「景観班」の平泉研究はその後、如上の平泉研究の展開とともに平成二十二年度には岩手大学の研究拠点形成・重点研究支援経費の支援を受け、平成二十四年度の平泉文化研究センターの発足という形で展開しており、本書には「にんぷろ」終了後新たに加わったメンバーの論考も収録されている。

三

以下、本書に収められた論考について編者の立場でまとめた概要を述べる。

第一部の「東アジアの平泉」は、平泉を東アジアの文脈の中でその地域性と国際性について論ずる七本の論文からなる。

藪敏裕『平泉起源考』は、平泉の地名の起源について検討した。唐代の宰相李徳裕《りとくゆう》の詩文により伝承された洛陽《らくよう》南

写真１　中尊寺から衣川と北上川を望む

郊の平泉山荘《へいせんさんそう》が、東アジアにおいては白居易《はくきょい》の詩によって菩薩の言葉として受容された経緯を述べ、藤原清衡《ふじわらのきよひら》もこの点に注目して後の陸奥国胆沢郡と磐井郡の郡境周辺の「衣川《ころもがわ》」と呼ばれた地（写真１）に平泉と命名したと推測した。

　斉藤利男『平泉「北方王国」と平泉の三つの富』は、平泉政権の性格について論じる。具体的には、①平泉仏教が京都仏教に対する自立性と「東アジアのグローバルスタンダード」というべき国際性を持つこと、②平泉政権の基盤が北奥羽と蝦夷ヶ島の産物（金・馬・鷲羽）にあり、道央の勇払郡厚真《あつま》の地に交易拠点を形成するなど、独自の北方「交易」システムを構築していたこと（写真３）、③鎌倉幕府は、平泉政権から接収したこの北方支配権を、日本国の軍事を担当する武家政権のアイデンティティとして重視し、とくに蝦夷ヶ島支配権を朝廷の関わらない幕府固有の権限「東夷成敗」権として位置づけていたこと、の三点を指摘し、日本国の北の辺境に中央から自立した強大な地方政権を形成し、奥羽と蝦夷ヶ島にまたがる地域を統合した、事

写真２　無量光院跡と金鶏山

写真３　厚真出土の壺
(厚真町教育委員会蔵)

実上の「北方王国」をめざした権力であったと評価している。

菅野文夫『中尊寺《ちゅうそんじ》文書正和二年衆徒《しゅうと》申状《もうしじょう》の周辺――鎌倉後期の中尊寺権別当《ごんべっとう》――』は、従来不明であった鎌倉期の平泉の僧侶たちの実態、寺院のあり方について論じている。具体的には「中尊寺文書」中の正和二年衆徒申状を分析することにより、①弘安十年以降、中尊寺では権別当が衆徒組織の核となり、経蔵《きょうぞう》別当あるいは金色堂《こんじきどう》別当の系譜を引く僧侶がこれに任じられたこと、②当時の中尊寺の最大の課題が堂塔修理であり、こうした権別当をはじめとする僧侶たちはそのために惣別当および幕府に働きかけるとともに、寺宝等の調査をおこなったこと、の二点を明らかにしている。

木村直弘『平泉　音の古層――中尊寺供養願文のサウンドスケープ――』は、都市・平泉における「鐘声《しょうせい》」の意味について検討する。まず、中尊寺供養願文《くようがんもん》が、当時の典型的「願文スタイル」で書かれており、豊かな「サウンドスケープ（音風景）」に満ちていることを述べる。特に「鐘声」が重要な音風景＝サウンドスケープとして意図的に配置された可能性を指摘し、平安京における五行《ごぎょう》に対応した「鐘声」の配置を平泉が模した可能性について示唆している。

中村一基『《蝦夷王義経誕生》序説』は、源義経が平泉を脱出して、蝦夷《えぞ》が島に渡り蝦夷の王となり、さらに義経大明神として祀られたという伝説が成立した背景について検討している。その背景として、①義経自身が、《征夷《せいい》》の宿命を背負う源氏出身であるというその権力者としての側面と、その義経の個性が《反逆》的であるという反権力的側面の相反する二面性を持っていたこと、②日本的華夷秩序が容認されにくい辺境たる東北の〈境界権力〉、さらには日本の異界たる蝦夷という場であったということ、の二点があることを指摘している。

林士民『世界文化遺産平泉の調査を振り返って』（大井さき訳）は、「にんぷろ」の一環として平泉遺跡群に対して行った現地調査の経験を通して、東アジアにおける平泉文化の特徴について検討している。平泉の文化遺産や歴史的遺物は、中尊寺の建築や仏像また毛越寺《もうつうじ》や無量光院跡《むりょうこういんあと》での考古学的発掘物等からみても中国古代の文化と深い関わりがあり、これらが地域性を備えるだけでなく国際性をも併せもつと結論づけている（写真2・4・5）。また、平泉との関係が密接な明州（寧波）等を中心とする「海のシルクロード」世界遺産の登録へ、より一層の努力をしなければならない旨、決意を述べている。

写真４　毛越寺の中島と州浜

写真５　毛越寺の立石と出島

今野日出晴『世界遺産教育「平泉」の可能性』は、「平泉」による世界遺産教育の可能性について検討している。世界遺産への登録延期、一部資産を除外しての登録という複雑な経過で世界遺産となった「平泉」は、「登録基準」そのものを問い直し、文化遺産の価値の質を正面から問うような学習を必然化させる契機となると主張する。今回の世界遺産登録の経緯を検討することにより、「文化遺産とは何か」「遺産を保護するとはどういうことなのか」という問いが中心に据えられて探求されれば、これらの価値の葛藤を通じて現代の認識をより豊かにすることとなり、この認識こそが世界遺産教育の最も核心的な部分を担う可能性があると結論づけている。

第二部の「東アジアにおける平泉庭園」は、平泉庭園について東アジア庭園等と比較しつつその地域性と国際性について論ずる七本の論文からなる。

三浦謙一『飛鳥から平泉へ――発掘庭園史から――』は、平泉庭園の東アジアにおける源流を考えることを目的とする。そのために、まず日本の飛鳥時代から平安時代の「発掘庭園」と中国唐代及び百済・新羅のそれを比較し、日本の発掘庭園に各時代の大陸からの影響を確認する。しかし一方で、奈良時代から後の日本庭園に見られる独自の様式の萌芽がみられることを述べ、平安時代中期以降は寝殿造庭園や浄土庭園のような日本独自の様式を発展させることになるとし、平泉庭園もこの系譜の中にあると結論づけている。

佐藤嘉広『平泉の「都市」計画と園池造営』は、平泉の都市計画が東アジアにおけるそれと比較してどのような意味を持つのかという問題について検討している。十二世紀の平泉には、豊富な水量を背景とした計画的な園池配置及び規格的な地割に「都市」計画を見ることができ、その淵源は隋唐の長安城までたどることができるとする。また、平泉の設計においては聖なる山金鶏山《きんけいさん》と鎮守社白山社《はくさんしゃ》が重要な役割を果たしたことを述べている。

誉田慶信『平泉造園思想に見る仏教的要素――平泉庭園と仏会――』は、平泉庭園における仏教的要素の歴史的特

写真6　山東省曲阜の明代魯国古城外堀、泮池跡

色を明らかにすることを目的とする。そのために、特に人間集団の具体的な動きに注目して検討し、庭園は仏会《ぶつえ》が行われる場であり、平泉の仏会も舞台を中核に展開していたことを明らかにしている。平泉で行われた「鎮護国家大伽《ちんごこっかだいが》藍《らん》」落慶供養の千僧供養《せんそうくよう》およびそこで奏でられた楽の世界は、通商関係の進展と諸民族の成長・仏教を共通の政治理念とする国作りという十一世紀の東アジア世界の変化を見据えた新しい清衡の仏教立国を象徴していると結論づけている。

陳東『魯国古泮池《ろこくこはんち》の現在位置について——文献学的視角からの考察を中心に——』（栗山雅央訳）は、『詩経』の時代から清代まで長く文献に記載され平泉と同時期にも存在し発掘が待たれる古泮池の本来の場所を明らかにしようとするものである。明の正徳八（一五一三）年から嘉靖元（一五二二）年にかけての「城を移して廟を護る」という方針により、南池（太子釣魚池《たいしちょうぎょち》）と東荘（古泮池）との中間に城郭の東側の城壁が建設された。これにより太子釣魚池は魯城の城内の東南部に位置することになり、古泮台・古泮池は城郭外の東南方向に隔離され、しかも太子釣魚池が古泮池と命名されることになった。『詩経』に詠まれる古泮台・古泮池は現在の曲阜城壁の東側の外濠に利用され、古泮台の南側に東西に伸びる泮水のみが今も残されているが(写真6)、現在だれもこれを古泮池とは見なしてはいないと述べる。

劉海宇『「壺梁《こりょう》」の意義の解明に向けて』は、日本庭園の苑池では一般に中島が三つとされ、これは『史記』封禅書の「蓬莱・方丈・瀛州《えいしゅう》」に由来するとされるが、一方『史記』孝武本紀《こうぶほんぎ》及び封禅書《ほうぜんしょ》などでは「蓬莱・方丈・瀛州・壺梁」と四つの島とも記されている。本稿は、この矛盾を解消することを目的とする。そして『史記』に見える「壺梁」は島の名前ではなく、「蓬莱・方丈・瀛州」などの島々や島と陸とを連結するアーチ形の橋梁「弧梁」のことであり、出土資料である漢代の画像石《がぞうせき》・画像磚《せん》・壁画などに見えるアーチ橋としての壺(弧)梁である可能性があることを明らかにしている。

李徳方、馬依莎(渡辺雄之訳)『唐代東都の庭園遺跡及び造園の特徴に関する研究』は、平泉庭園を含む日本庭園のひとつの源流と考えられ、以後の中国及び日本の庭園文化に強い影響を与えた唐代の洛陽の庭園の特徴を明らかにすることを目的とする。考古学的発掘による唐代東都の庭園遺跡は、九洲池《きゅうしゅうち》遺跡・上陽宮《じょうようきゅう》遺跡そして白居易故宅庭園遺跡などである。この三つの庭園遺跡の概要について述べた上で、その造園における特徴などについて考察し、「水を導き園に入れ、池を環り景を置く」、「水を景色の中心に据える」、「天然美を凌ぐ技巧」といった、造園の特徴があることを明らかにしている。

崔大庸『済南霊岩寺《さいなんれいがんじ》と神通寺《じんつうじ》の水景配置について』(黄利斌訳)は、山東省済南市近郊にある平泉と近い時代に存在した霊岩寺と神通寺の二つの寺の庭園の建物と水の関係について、平泉の古代庭園遺跡を念頭におきつつ、比較・研究することを目的とする。「泉城」とも呼ばれる済南付近のこの二つの寺の水景は、「泉の都」済南の水文化の歴史や伝統と緊密な関係を持ち、済南の水文化の重要な一部となっていることを述べ、日本の庭園が中国の影響を受けたことは確実だが、日本人の自然に対する理解と伝統に基づき日本独自の発展を遂げた部分もあると結論づけている。

四

平泉研究では、一九八〇年代後半の柳之御所遺跡の発掘以降、考古学的な発見を契機として、中国との直接交流の当事者としての新たな平泉像が浮かび上がり、東アジアにおける地域交流史の視座から、具体的資料によるアプローチが可能となっている。平泉を国家の中の一地域としてではなく、国家の枠を越えた各地域の結びつきとしてグローバルな観点から焦点化することにより、日本の一地域史の枠を超えた「世界史的な意義及び価値」を見出すことが求められている。このような問題意識のもと考古学・文献学的な手法によるいくつかの新しい「平泉」像を出すことを意図したが、検討が及ばない点やまた未検討の問題も多く存在する。本書の提出した議論をきっかけに、さらに東アジアにおける「平泉」の位置づけについての議論が深まっていくことを期待したい。

平泉文化の国際性と地域性

東アジア海域叢書16

第一部　東アジアの平泉

平泉起源考

藪　敏裕

はじめに

『続日本紀』[1]の延暦八（七八九）年五月癸丑（十二）日条に「征東将軍に勅《みことのり》して曰わく、此来《このころ》の奏状を省《み》るに、官軍進まずして猶衣川に滞《とどこお》れることを知りぬ」とある。のちの陸奥国胆沢郡《いさわぐん》と磐井郡《いわいぐん》の郡境周辺の地は、当初は「衣川」とよばれていた。この地においては、この川そのものが重要な意味をもっていた。『陸奥話記』[2]の「六箇郡の司に、安倍頼良という者ありき。……六郡に横行して、庶子を囚俘《とりこ》にし、驕暴滋蔓にして、漸くに衣川の外に出づ」という記述もこれを傍証する。さらに『吾妻鏡』[3]の文治五（一一八九）年九月廿七日条は「二品、安倍頼時の衣河の遺跡を歴覧したまう」と述べ、この地域が安倍頼時（?～一〇五七）の頃には「衣河」と呼ばれていたとする。ところが、同文治五年九月廿三日条「平泉において、秀衡《ひでひら》建立の無量光院《むりようこういん》を巡礼したまう。……清衡《きよひら》継父武貞卒去の後、奥六郡を伝領し、去ぬる康保年中、(4)江刺郡《えさしぐん》豊田の館を岩井郡平泉に移して宿館となし……」は、源頼朝が文治五年に平泉の地において無量光院を巡礼したことを述べた後、当地の案内者豊前介実俊が九十年ほど前の十一世紀末に藤原清衡が江刺郡豊田館から磐井郡平泉に宿館を移したと回想する。この条について高橋富雄氏は「平泉が清衡時代からの名であるように言うのであるが、それが当時、平泉と呼ばれていた地に移ったということなのか、それとも平泉と呼ばれることになる地に移ったということなのか、これでは何とも言えない(5)」とする。西行法師『山家集(6)』所収「取り分きて心も凍みて冴《さ》えぞ渡る衣河見に来たる今日しも」の右序詞「十月十二日、平泉に罷《まか》り着《つ》きたりけるに、雪降り、嵐激しく、殊の外に荒れたりけり」の文治二（一一八六）年十月十二日が、文献上確認できる「平泉」という地名の初出とされている。(7)

さて、この平泉の名称について、太田静六氏(8)は唐代長安の大明宮《だいめいきゆう》含元殿《がんげんでん》の建物の様式が敦煌の浄土変相図《へんそうず》などに見える建築様式に影響を与えていることを論じ、この浄土変相図の影響下に京都の高揚院《かやのいん》や平等院鳳凰堂が建てられたこと、またこの様式が遠く平泉庭園にまでも影響を与えたことなどを述べ、「藤原氏三代が栄えた平泉という地名については、今まで誰もふれておられないが、これは盛唐時代の東都・洛陽の郊外にある別荘地で、唐の宰相李徳裕がここに別荘を営み、『平泉山居戒子孫記』を残したので知られる唐の平泉に因んだものと私考される」と言う。『李徳裕年譜(9)』によれば、「平泉山居戒子孫記(10)」は李徳裕が武宗即位に伴い宰相として長安に赴くこととなる開成五（八四〇）年頃に作られている。この記の冒頭で李徳裕は、「経始平泉、追先志也」と父李吉甫の志を継いで平泉山荘を作ったことを述べている。(11)本稿ではこの李徳裕の平泉山荘(12)の由来とその日本への伝承について検討し、平泉の名称を考察する一助としたい。

一　李徳裕と平泉山荘

李徳裕（七八七〜八四九）は、憲宗（在位八〇六〜二〇）期の宰相李吉甫の子である。元和八（八一三）年蔭により校書郎となり、元和十五年に翰林学士、長慶二（八二二）年に中書舎人となった。この頃から牛僧孺や李宗閔らと対立し「牛李の党争」として知られる唐代の代表的な朋党の禍を惹起したとされる。長慶三年には浙西観察使となり潤州（鎮江）で旧俗を改め、善政を敷き、茅山の道士である孫智清と昵懇となるとともに、(13)敬宗（在位八二四〜二六）が信奉した隠士の周息元を「誕妄にして人に異なるなし」（『旧唐書』(14)敬宗紀）と偽りの道士として上訴したりもしてもいる。その後いくつかの異動を経て、開成元（八三六）年七月に太子賓客となり九月から短期間洛陽の平泉山荘に滞在している。この時、李徳裕は龍門石窟あたりを通過して自分の山居に入る「初帰平泉過龍門南嶺遙望山居即事」（『別集』巻第十）と題する詩を詠んでいる。この時点で洛陽南郊のこの地に平泉という名称があることは確実である。初めての滞在は二ヶ月余り、これが李徳裕が平泉山居に落ち着いた最初で最後の機会となった。開成二年には淮南節度使として揚州に赴任する。『入唐求法巡礼行記』(15)によれば、開成三年八月頃から円仁は揚州の開元寺に居住しているが、十一月十八日条に「相公および監軍ならびに州の郎中・郎官・判官ら皆椅子上に茶を喫したり。僧らの来るを見て皆起立し、手立礼をなし、唱して且つ座しぬ」とあり、円仁は同寺で相公（李徳裕）やその幕僚達と茶を飲み日本の状況を質問されている。武宗（在位八四〇〜四六）が即位すると、開成五年李徳裕は宰相となり、その後、宣宗（在位八四六〜五九）が即位すると、大中二（八四八）年に潮州司馬、さらに崖州司戸参軍として海南島に左遷され、そこで没

写真1　現在の平泉渓谷

するという一生であった。

李徳裕が洛陽南郊のこの地に興味を持ったのは、『李徳裕年譜』によれば、宝暦元（八二五）年三十九歳の時であった。「近於伊川卜山居、将命者画図而至欣然有感聊賦此詩兼寄上浙東元相公大夫求青田胎化鶴」と題する詩がある。「浙東元相公大夫」とは浙東（今の紹興）にいる元稹、「青田」とは浙江省青田のこと、「胎化鶴」は『文選』舞鶴賦[16]に「幽経を散《ひら》いて以て物を験《かんが》え胎化の仙禽を偉《い》とす」とあり、胎生で生まれ仙禽となったとされる鶴のことである。洛陽南郊に「山居」を探した際、部下が現地の「設計図[17]」を持ってきた。その図をみてうれしい気持ちになり、詩を作り、この詩を浙東の元稹に送って青田産の仙禽の鶴を求めさせたと題する詩である。この詩の題下の注に「乙巳歳作」とあることから宝暦元年の詩であることが分かる。李徳裕はこれ以前の長慶末年から宝暦元年あたりの浙西観察使として潤州に赴任している頃、部下に命じて現在の龍門石窟の西南の地に「山居」を建てる場所を物色させていたことになる。現在、この平泉山荘があったと推測されるのは現在の梁村溝村[18]あたりで丘の上の平地に湧泉がある地である。（写真1）

この平泉山荘について、『李徳裕年譜』によれば開成元（八三六）年九月の作とされる「霊泉賦」の序に、

> 予西嶺に林居す、平壌に泉を出す、広さ尋を逾《こ》えずして深さは則ち尺に盈つ。東隣の故丞相崔公より谷口の故丞相司徒李公に至るまで、凡そ別墅は五、六、皆之を平泉と謂う。寔《まこと》に源は此に発す、其の湧くを観るに騰沸せず、

淡然として冽清《れっせい》、冬は温く夏は寒し、明媚《めいび》鑑るべし、其れ霊泉の蘊《うん》なり。予れ往歳に戻《つみ》を獲て放逐せられ、再び謗傷を罹るに、泉必ず色を変え、久しくして後に復す。

とある。龍門南西の西嶺の山中の平地から泉が出ており、広さは二・四メートル四方にとどかず、深さも三〇センチ程度である事を述べ、また、「平壌出泉（平壌に泉を出す）」と平地から泉が湧き出すことを平泉の由来としている。近くには「東隣の故丞相崔公[19]」、「谷口の故丞相司徒李公[20]」などの五、六名の宰相経験者達の「別墅」があり、この西嶺にある渓谷全体を平泉と呼ぶとする。（写真2）平泉が別業の総称であることについては、宝暦元（八二五）年の劉禹錫にも「和浙西李大夫伊川卜居[21]」と題する詩があり、詩中に「平泉占上源」という句があって、この渓谷に李徳裕以外の別業があったことを傍証する。この泉は、李徳裕が罪を得て地方に左遷されると色が変わり時がたつとまた色が元に戻るとされる。さて、この「霊泉賦」本文には、

山下に泉を出し、厥《そ》の壌は石にあらず。浅深に随いて底を見るに、実に秋毫之析すべし。……鷁舳《げきじく》に乗り以て晨に泛《う》かべ、菱歌を聴き

写真2　上空から見た現在の平泉渓谷

て夜起く。蒹葭の始めて香るを見、湘沅の此に在るかと疑う。重に曰く「原隰既に平ぎ、泉流既に清し」と。……とある。泉が山麓の土壌から湧くことを述べた後、この平泉山荘の泉の美しさを述べ、この泉の水を引いて造った池に浮かぶ鷁舟の舳先に乗って一時を過ごしたことを詠っている。またよしの香りをかいで若い時代を過ごした湖南省郴州の沅水・湘水を懐かしみ、最後に「原隰既平　泉流既清」と『詩経』(22) 小雅・魚藻之什・黍苗篇を引用する。黍苗篇は、周の宣王の家臣召伯が南へ遠征し、荒れ地を開拓したことを述べる詩である。その詩の最後に「原隰すでに平ぎ、泉流すでに清く」と、召伯が遠征先の低湿地を開発し、泉が清らかになったことを述べる。平泉の根拠を、前述した「平壌に泉を出す」とは別に、儒教経典の『詩経』にも求めている(23)。

最後に、李徳裕が開成元（八三六）年冬に作った「洛中士君子多以平泉見呼愧獲方外之名因以此詩為報奉寄劉賓客」と題する詩がある。太子賓客として洛陽滞在中に作った詩で、洛陽の士君子が多く自分の「別墅」の所在地を「平泉」と呼び世俗を超越した「方外」の名を得たことに感謝したと述べる。「方外」とは、『荘子』(24) 大宗師篇の「孔子曰わく、彼れは方の外に遊ぶ者なり」を出典とし世俗の外という意味で、ここでは俗世から離れた道教的な理想郷ということであろう。『穆天子伝』(25) 巻一にも「河宗又之を号す。帝曰わく、穆満女《なんじ》に春山の瑤《たから》を示し、女に昆侖の□(26)舎四・平泉七十を詔《つ》ぐ」とあり、黄河の神河伯が周の穆王満に「春山の瑤《たから》」を見せ、「□舎四・平泉七十」を示したことを言うが、郭璞はここに「疑皆説昆侖山上事物」と注し、昆侖山に平泉という名の泉があったとする。道士でもあった李徳裕は、自分の「別墅」がこの聖地とされる昆侖山にあった平泉と同じ名前を持ち人々からもそう認識されていることを感謝している。李徳裕は官僚として儒教を信奉するのみならず道教兼修の態度をとっており(27)、儒教経典『詩経』のみならず道教系にも連なる名前を併せ持つことを誇りに思っている。

以上李徳裕の詩文から彼の平泉についての考えをまとめると下記のようになる。

① 平泉山荘の名称は、山下の平坦な土壌から泉が湧き出ることに由来するとともに、『詩経』小雅・魚藻之什・黍苗篇の「原隰既平　泉流既清」をも出典とすると考えていること。
② 平泉山荘は、平泉と呼ばれた渓谷の総称であり、ここには歴代の多くの宰相経験者等の別業があったこと。
③ 李徳裕は、平泉山荘を『穆天子伝』所載の昆侖山の山頂にあるとされる平泉と同名であることを嘉して詩を作っていること。
④ 李徳裕の別荘の湧泉は、所有者にその吉凶を教えてくれる神泉であるとされていること。

二　白居易と平泉

白居易は、宝暦元（八二五）年頃に李徳裕・劉禹錫・元稹を加えた四人で唱和して『呉蜀集』を出している。開成元（八三六）年九月から、李徳裕は洛陽の平泉山荘に住んだ。彼が初めて平泉に向かう際「初帰平泉過龍門南嶺遙望山居即事」と題する詩を詠んだことは前述したが、これに対して劉禹錫は「和李相公初帰平泉過龍門南嶺遙望山居即事」と題する詩で唱和している。この開成元年は、李徳裕と白居易の二人が共に洛陽に住んだ唯一の時期であるが平泉での唱和の記録はない。傅璇琮は「雖然一居郊外、一在城内、但不能断然否定他們有見面的機会」と述べ、二人が会った可能性を否定できないとする。『旧唐書』一六六巻に開成五（八四〇）年のこととして白居易の甥である白敏中の条に次の記事がある。

武宗皇帝素より居易の名を聞き、即位するに及び、之を徴用せんと欲す。宰相の李徳裕居易の衰病し朝謁に任《た》えざるを言い、従弟の敏中の辞芸居易に類するを言うに因りて、即日知制誥《ちせいこう》、翰林に召入し学士に充て、中書舎人

　に遷る。

宋代欧陽修の手になる『新唐書』[28]巻一一九もこの記述をおおむね踏襲している。しかし、司馬光の『資治通鑑』[29]巻二四六はこのことについて、

　上太子少傅白居易の名を聞き、之を相たらしめんと欲し、以て李徳裕に問う。徳裕素より居易を悪み、乃ち居易の衰病し朝謁に任えざるを言う。其の従父弟左司員外郎敏中、辞学居易に減《げん》ぜず、且つ器識有り。甲辰に、敏中を以て翰林学士と為す。

と述べ、「徳裕素より居易を悪む」と李徳裕が普段から白居易を悪んでいたとする。しかし、この年白居易はすでに七十歳を越えており任官に堪えうる年ではなかっただけで個人的に怨恨があったかどうかは確認できない。ただ、唐末から北宋にかけてのこの二人の関係に対する理解は、司馬光のような見解もあった。

アーサー・ウェーリー[30]は、白居易の政治に対する態度について、「彼の生涯の、最後の数年に書かれた数首の詩から、官吏としての人生が終るまで、うまく自分を洛陽に「隠していた」が、結局、用心深すぎたのではないか、と思うようになったことは明らかである。たしかに彼は、どちらの政党にも味方することを頑強に拒否し、多くの友人に、ふりかかった災いを蒙る危険を避けて来た」と述べる。李徳裕は大和八（八三四）年に李宗閔と入れ替わりで山南西道節度使に出され、さらに李宗閔のために浙西観察使として潤州（鎮江）へ移動させられている。この際、李宗閔は洛陽で太子賓客の職にあった白居易に入朝を依頼しているが、白居易は「寄李相公（李宗閔）」の詩を送って婉曲に拒絶している。白居易は牛李の党争には中立的な立場を貫いた。

この白居易が平泉を詠う詩。まず大和四（八三〇）[31]年に洛陽で作った「秋遊平泉贈韋処士閑禅師」に、

秋 景 引 閑 歩　山 遊 不 知 疲　　秋景に閑歩を引き、山に遊びて疲るるを知らず。

杖藜捨輿馬　十里与僧期　　藜《れい》を杖つきて輿馬を捨て、十里僧と期す。
昔嘗憂六十　四体不支持　　昔嘗て憂う六十にして、四体支持せざらんことを。
今来已及此　猶未苦衰羸　　今来りて已に此に及ぶも、猶未だ衰羸《すいるい》に苦しまず。
心興遇境発　身力因行知　　心興は境に遇いて発《おこ》り、身力は行くに因りて知る。
尋雲到起処　愛泉聴滴時　　雲を尋ねて起こる処に到り、泉を愛して滴《したた》る時を聴く。
南村韋処士　西寺閑禅師　　南村の韋処士、西寺の閑禅師。
山頭与澗底　聞健且相随　　山頭と澗底と、聞く健にして且相随う。

とある。韋山人とも呼ばれた平泉の処士韋楚と、忠州刺史時代から白居易と行動を共にしてきた僧清閑とともに平泉の山谷を散策して時を過ごしている。『唐語林』[32]に「平泉荘は洛城三十里に在り。……平泉は、即ち徴士韋楚老拾遺の別墅なり」とあり、白居易は韋楚のいる「別墅」に行っているのかもしれない。なお、前述したように李徳裕は宝暦元（八二五）年三十九歳の時に平泉山荘を購入している。また大和五年に洛陽で作った「斎居」には、

香火多相対　葷腥久不嘗　　香火《こうか》多く相い対し、葷腥《くんせい》久しく嘗《な》めず。
黄耆数匙粥　赤箭一甌湯　　黄耆《こうし》数匙《し》の粥、赤箭《せきせん》一甌《おう》の湯。
厚俸将何用　閑居不可忘　　厚俸将た何ぞ用いん、閑居忘るべからず。
明年官満後　擬買雪堆荘　　明年官満ちて後　雪堆荘を買わんと擬《ぎ》す。

とある。「雪堆荘」とは大和四年作の「題平泉薛家雪堆荘」の詩題にあるように、平泉にあった別業。斎戒しつつ引退したらこの平泉の雪堆荘を買いたいと言う。洛陽城内にも自宅を持つ白居易は、別業を平泉に持つことを希望している。白居易の自宅と平泉は三十里（一五キロメートル）ほどである。大和八年に洛陽で作った「酔遊平泉」という題

の七言絶句。

狂歌箕踞酒樽前　眼不看人面向天　狂歌箕踞《ききよ》す酒樽の前、眼は人を見ずして面は天に向う。
洛客最閑唯有我　一年四度到平泉　洛客最も閑なるは唯我有るのみ、一年四度平泉に到る。

酒樽の前で足をのばしてくつろぐ。平泉を気に入ってこの年には四度も平泉を訪れている。最後に、開成三（八三八）年の「遊平泉宴浥澗宿香山石楼贈座客」に、

逸少集蘭亭　季倫宴金谷　逸少は蘭亭に集まり、季倫は金谷《きんこく》に宴す。
金谷太繁華　蘭亭闕糸竹　金谷は太だ繁華、蘭亭は糸竹を闕く。
何如今日会　浥澗平泉曲　何ぞ如かん今日の会、浥澗平泉の曲《くま》。
盃酒与管絃　貧中随分足　盃酒と管絃、貧中分に随って足る。
紫鮮林筍嫩　紅潤園桃熟　紫鮮やかにして林筍嫩《やわ》らかに、紅潤いて園桃熟す。
采摘助盤筵　芳滋盈口腹　采り摘みて盤筵《ばんえん》を助け、芳滋口腹に盈《み》つ。
閑吟暮雲碧　酔藉春草緑　閑に暮雲の碧なるに吟じ、酔うて春草の緑なるを藉《し》く。
舞妙艶流風　歌清叩寒玉　舞妙にして流風艶《えん》に、歌清くして寒玉を叩《たた》く。
古詩惜昼短　勧我令秉燭　古詩昼の短きを惜しみ、我に勧めて燭《しよく》を秉《と》らしむ。
是夜勿言帰　相携石楼宿　是の夜帰ると言うこと勿かれ、相携《たづさ》えて石楼に宿さん。

と、晋の王羲之や石崇がそれぞれ蘭亭や金谷で催した宴よりも平泉の宴の方がすばらしいことを詠う。ここの筍や桃の美味しさ、春の夕暮れと春草の軟らかさを言い、火をともして遊び、近隣の龍門石窟対岸にある香山の石楼に泊まることを詠む。豪華ではないが六朝期にも勝るとも劣らぬ平泉の宴。白居易の平泉に対する強い感情がわかる。なお、

香山には晩年に白居易が苦心して経営した香山寺があり、会昌の廃仏後は廃墟となったが白居易は自分の意志で同寺に葬られている。

白居易はまず大和三（八二九）年ころから平泉を詠む詩を書き始めるが、李徳裕が平泉にいた開成元（八三六）年九月から十一月頃にかけては平泉を詠む詩はない。この点、傅璇琮は「白居易与楊虞卿家有親戚関係、経過大和時的朋党紛争、白居易更不欲夾雑其中、因此他対于李徳裕可能是有意避開、李徳裕大約也有鑑于此、因此与白氏也無文字交往」と述べ、白居易は牛李の党争には中立的な立場を貫きたいと考え、平泉滞在中の李徳裕と詩を唱和することは無かったとする。白居易が平泉に強い愛着を持っていることが彼の詩からはわかる。ただ李徳裕のように平泉を理想郷と考えていたとする根拠は彼の平泉詩には見当たらない。

おわりに

太田次男氏は、平安時代の政務に関するあらゆる制度事例を掲げた『政事要略』所引の白居易詩文を調査した際に、その巻六一に従来の伝とは異なる「白居易伝」の存在を明らかにした。(33)『政事要略』は、小野宮実資の依嘱による平安時代の明法博士令宗（惟宗）允亮の作で、寛弘五（一〇〇八）年ころまで追記が続けられたとされる。その「白居易伝」(34)に、

白居易伝に云う、白居易、字は楽天、太原の人なり。……会昌五年（八四五）歳次乙丑の冬十月十五日に卒す。時に七十五、大暦に生まれて会昌に死せるなり。天子の中使を遣わして二百余の帖・策子を択取せしむ、皆是れ諸子百家の秘要・抄注なり。就中、楽天の藁草詩書等の未だ世に出でざる者有り、天下の事を言いて、得失分明

なり、紅陵の中に羅《つら》ね、青簡の上に点じたり。或いは曰く、古えに則ち宝暦菩薩の他世間に下りて伏犠と号し、吉祥菩薩は女媧と為る。中葉に魔訶迦葉《まかかしょう》は老子と為り、儒堂菩薩は孔丘と為る。今時に文殊師利《もんじゅしゅり》菩薩は楽天となる、と。又曰く、歳星は曼倩と為り、文曲星は楽天為れり、と。

とある。白居易の一生を記した後、白居易の詩文の草稿が政治の得失を述べて貴重であることを述べ、宝暦菩薩を伏犠、吉祥菩薩を女媧、魔訶迦葉を老子、儒堂菩薩を孔丘に比定した後に、白居易を「文曲星」と「文殊菩薩」の生まれ変わりと述べる。陳翀氏は、「白居易は単なる廬山仏教と関係深い文人としてだけではなく、廬山仏教を代表する重要な人物とされていたことが窺える[35]」と述べる。白居易は文人としてのみではなく、浄土世界へ導く偉大な菩薩であると信じられていたことになる。白居易が生きた時代は韓愈の「論仏骨表」が出され会昌の廃仏が行われた、仏教界にとっては苦難の時代であった。その中にあって、仏教側からは白居易によって仏教の存続を図ろうと言う人々が存在した。慧蕚《えがく》は、蘇州の南禅院に奉納されていた『白氏文集』を南禅院が破壊される直前の会昌四年五月頃に書写して日本にもたらしているが、これも仏教の存続を願う南禅院の僧侶の支援を受けたものである。

この白居易が文殊菩薩であるという伝承は、当時の日本にあっても、たとえば永観二（九八四）年成立とされる源為憲『三宝絵詞[36]』に「また居易のみづから作れる詩を集めて、香山寺に納めし時に、「願わくはこの生の世俗文字の業、狂言綺語の誤りをもてかえして、当来世々讃仏乗の因、転法輪の縁とせむ」といえる願の偈誦し、……」とあり、白居易が偈の作者として登場する。また、慈円（一一五五〜一二二五）の家集『拾玉集[37]』にも、「楽天者、文殊之化身也」（二〇〇七番歌左注）とある。

「中尊寺落慶供養願文[38]」はかかる状況で書かれている。この「願文」の七つの善根（新しく建築する伽藍の概要）について述べた後にその趣旨を言う部分「以前の善根の旨趣は、偏に鎮護国家に奉為するなり、所以は何ぞや、弟子は東夷の遠酋なり。生まれて聖代の征戦無きに逢い、長く明時の仁恩多きに属す」の第五句は、白居易の辺功を戒しめた詩である「折臂翁」の「生逢聖代無征戦」を受ける。また趣旨を述べる部分の後半「禅定（白河）法皇、蓬萊の殿上に日月の影鎮《なが》く遅《ゆるやか》にして、功徳の林中に霧露の気長く霽《は》れて」の第二句は、白居易の「長恨歌」の「蓬萊宮中日月長」を受ける。「中尊寺落慶供養願文」が白居易の影響を受けることは、前述した時代状況ではある意味当然のことであった。静永健氏が

> 九世紀より十世紀に至る環シナ海・環日本海一帯は、今日より想像する以上にはるかに緊密な文化交流があり、その最も重要な紐帯こそが『白氏文集』だったと言えるのではないだろうか。そして十一世紀のはじまりとともに、我が国では平安王朝文学が開花し、『源氏物語』をはじめとする数多くの文学作品が成立するが、かくいう『源氏物語』における白詩句の頻繁な引用も、この東アジア地域の大きな文化潮流の中で見るならば、それは実に自然な趨勢として捉え直すことも、また可能であるように思われるのである。(39)

と言う所以である。李徳裕の詩文によりその詳細が知られる洛陽南郊の平泉山荘は、白居易によって詩に詠われ、文殊菩薩の言葉として東アジアに広まり一部で仏教的な別業の名称として受容された。『吾妻鏡』の文治五年九月廿三日条「江刺郡豊田の館を岩井郡平泉に移して宿館となし」の記事は、仏教による魂の救済を人一倍求めた清衡が、永遠の平和を願うのための別業の名称としてこの地に平泉と命名しようとした事実を伝えているのではないだろうか。

〔謝辞〕　本稿を書くにあたって、岩手県立大学の誉田慶信氏、岩手大学平泉文化研究センターの伊藤博幸氏と劉海宇氏には、様々のご助言をいただきました。ここに感謝申し上げます。

註

（1）『続日本紀』は、新日本古典文学大系一六『続日本紀』五（青木和夫・稲岡耕二・笹山晴生・白藤禮幸校注　岩波書店　一九九八）による。

（2）『陸奥話記』は、日本思想体系八『古代政治社会思想』（山岸徳平・竹内理三・家永三郎・大曾根章介校注　岩波書店　一九八六）所収の『陸奥話記』による。

（3）『吾妻鏡』は、新訂増補国史大系『吾妻鏡』第一（黒坂勝美・国史大系編集会編輯　吉川弘文館　一九七七）による。以下『吾妻鏡』の引用はすべてこれによる。

（4）高橋富雄『平泉の世紀　古代と中世の間』（講談社　二〇一二）は、康保年中（九六四～六八）」について「康和（一〇九九～一一〇四）年中の誤りとしておく。問題はある」とする。

（5）高橋富雄氏の前掲書による。

（6）『山家集』は、日本古典文学大系二九『山家集　金槐和歌集』（風巻景次郎・小島吉雄校注　岩波書店　一九七六）による。

（7）石田洵『平泉をめぐる文学～芭蕉に至るロマンの世界～』（本の森　二〇一〇）の、「文学の世界に限れば、地名としての「平泉」が見られるようになるのは、平安時代末期の歌僧西行の『山家集』あたりからではないかと思われます」による。

（8）太田静六『寝殿造の研究　新装版』（吉川弘文館　二〇一〇〔第一版は一九八七〕）による。

（9）傅璇琮『李徳裕年譜』（河北教育出版社　二〇〇一）のこと。以下、李徳裕に関する年号等はすべてこれによる。

（10）『李徳裕文集校箋』（傅璇琮・周建国校箋　河北教育出版社　二〇〇〇）による。以下李徳裕の詩文等は、すべてこれによる。

（11）前川佳代『平泉の苑池――都市平泉の多元性――』（『平泉文化研究年報』第一号　二〇〇一）も、李徳裕の「平泉荘」との関係に言及する。

（12）平泉山荘は、平泉山居や平泉別墅など異名が多い。本稿では平泉山荘を基準とするが、個々の文献で別の言い方を採用している場合それに従った箇所もある。また、別荘・別墅・別業については、一応「寒暑を避けたり遊宴などのために作る比較的規模の大きな別宅」を別荘、「園林を伴う別宅」を別墅、「目的や規模に無関係な別宅」を別業としておくが、個々の文献によってはこれによらない場合もある。

(13)　小林正美『中国の道教』（創文社　一九九八）は、「李徳裕は孫智清に師事し、道士としての法位は上清玄都大洞三景弟子（『茅山志』巻二十三所収の『三聖記碑』）であった」という。

(14)　『旧唐書』は、劉昫等撰『旧唐書（全十六冊）』（中華書局　一九七五年）による。以下『旧唐書』の引用はすべてこれによる。

(15)　『入唐求法巡礼行記』は、小野勝年『入唐求法巡礼行記の研究』（法蔵館　一九八九）による。

(16)　『文選』は、全釈漢文大系第二十七巻『文選』二（小尾郊一　集英社　一九七四）による。

(17)　二宮美那子「李徳裕と平泉荘」（『中国文学報』第六十七冊　二〇〇四）は、白居易「題洛中邸宅」詩を引いてこの「図」を「『宅図』（屋敷の設計図）と同じようなものを指すと思われる」と言う。

(18)　現地の詳細は李徳方・劉海宇「洛陽平泉山荘遺址考古踏査略報」（『岩手大学平泉文化研究センター年報』第一集　二〇一三）を参照。

(19)　崔群（七七二〜八三二）のことか。

(20)　李絳（七六四〜八三〇）のことか。

(21)　劉禹錫の詩は、『劉禹錫集（全二冊）』（卞高宣校訂　中華書局　一九九〇）による。以下すべて同じ。

(22)　『詩経』は十三経注疏本による。

(23)　ただ、黍苗篇の詩序は「黍苗、刺幽王也。不能膏潤天下卿士不能行召伯之職焉」と述べ、宣王と召伯の功績に比べて現在の宣王の子幽王（在位前七八一〜前七七一）に失政が多いことを謗るとする。

(24)　『荘子』は、中国の古典五『荘子』上（池田知久　学習研究社　一九八三）による。

(25)　『穆天子伝』の本文と郭璞注は、四部叢刊初編一〇七『山海経・穆天子伝』（上海商務印書館縮印明天一閣本　一九一九）による。

(26) この字は不明。
(27) 砂山稔『隋唐道教思想史研究』(平河出版社　一九九〇)は、李徳裕の生涯を分析し「李徳裕の思想の中で、道教に対する信奉を一時的なものとも末梢的なものとも位置づけることは許されないであろう」とする。
(28) 『新唐書』は、欧陽修・宋祁撰『新唐書(全二十冊)』(中華書局　一九七五)による。
(29) 『資治通鑑』は、〔宋〕司馬光編著『資治通鑑(全二十冊)』(〔元〕胡三省音注・標点資治通鑑小組校点　中華書局　一九八六)による。
(30) アーサー・ウェーリー『白楽天』(花房英樹訳　みすず書房　新装版　二〇〇三)による。
(31) 白居易の詩文とその制作時期については、『白居易集箋校』(朱金城箋校　上海古籍出版社　一九八八)による。
(32) 『唐語林』は、唐宋史料筆記叢刊『唐語林校證』下(宋王讜撰・周勛初校証　中華書局　一九八七)による。
(33) 太田次男『旧鈔本を中心とする白氏文集本文の研究』(勉誠出版　一九九九年)中巻「四　所引本文の研究」の「(1)『政事要略』所引の白氏文集」による。
(34) 「白居易伝」の書き下し文は、陳翀「『政事要略』所収の「白居易伝」を読み解く――白居易の生卒年・家庭環境・成仏に関する諸問題を中心に」(『白居易研究年報』第一〇号　勉誠出版　二〇〇九)による。
(35) 陳翀「白氏文集の成立と廬山――匡白「江州徳化王東林寺白氏文集記」を中心に――」(『白居易の文学と白氏文集の成立――廬山から東アジアへ――』勉誠出版　二〇一一)を参照。
(36) 『三宝絵詞』は、『三宝絵詞』下(江口孝夫校注　現代思潮社　一九八二)による。
(37) 『拾玉集』は、『新編国歌大観』第三巻(『新編国歌大観』編集委員会編　角川書店　一九八五)による。
(38) 「中尊寺落慶供養願文」は、東北大学東北文化研究会『奥州藤原史料(東北史史料集2)』(吉川弘文館　一九六九)による。以下もすべて同じ。
(39) 静永健『漢籍伝来――白楽天の詩歌と日本――』(勉誠出版　二〇一〇)。

平泉「北方王国」と平泉の三つの富

斉藤利男

はじめに

二〇一一年六月二十五日（日本時間二十六日）、フランスのパリで開催されていた第三五回ユネスコ世界遺産委員会は、日本政府が推薦していた「平泉の文化遺産」の世界遺産一覧表への登録を決定した。二〇〇八年の第三二回委員会でいったん登録見送りとなったのち、構成資産を九つから六つに絞り、主題も「平泉――仏国土（浄土）を表す建築・庭園及び考古学的遺跡群――」へと変更して、再度の推薦書提出を行った（二〇一〇年一月）結果、実現した登録であった（正式な登録日は六月二十九日）。

この世界遺産登録のインパクトは非常に大きく、その後、テレビや書籍では「平泉」を紹介する多くの特集が組まれたし、平泉には以前よりも格段に大勢の人々が訪れるようになった。その中で、中尊寺金色堂や毛越寺《もうつうじ》浄土庭園など、世界遺産に登録された文化遺産に関心が向けられたのはもちろんだが、平泉文化を生み出した奥州藤原氏や平泉政権の歴史についても、ようやく一般に注目されるようになった。

だが、それと同時に、世界遺産登録後の「平泉」の紹介のされ方をみると、平泉の理解にはある種の固定観念があり、それが容易に変わらないことも痛感させられる。一九八八年に始まる柳之御所遺跡の本格的な発掘調査以来、平泉研究は飛躍的に発展し、従来の平泉像は一新されただけに、こうした状況は残念である。

一新された新たな平泉像とは何か。実は、平泉政権の最大の特徴は、日本国の北の辺境奥羽に、中央から自立した強大な地方政権を形成し、奥羽両国のみならず、津軽海峡を越えた「蝦夷ヶ島」＝北海道までも含んだ北の広大な地域を統合した権力だったことにある。それは「日本国」の枠を越え、事実上の「北方王国」を志向した権力であり、古代東北アジアにおいて唐帝国の北の辺境に独立国家を形成した渤海王国（形式的には唐皇帝の臣下である「渤海郡王」のち「渤海国王」であった）とも比べられるものであった。

本論は、この平泉「北方王国」に焦点をあて、何をもってそうした評価ができるのか、その根拠もあげながら、平泉政権の実像に迫りたいと思う。

一　平泉「北方王国」、仏教文化と支配領域

平泉政権を、日本国の北の辺境に生まれた「北方王国」、古代東北アジアの渤海王国にも匹敵する独立的な権力と

評価する理由は、奥州藤原氏が「俘囚の主」と呼ばれた北奥の安倍氏・清原氏を継承したきわめて独立性の高い権力であったという、従来から指摘されていた事実に加えて、いま二つ存在する。その第一は、平泉の仏教文化がもつ、日本国の都＝京都の仏教文化に対するきわだった自立性と、「東アジアのグローバルスタンダード」ともいうべき国際的性格である。第二は、平泉政権が奥羽両国に加え、独自の「交易」システムを通じて北方の蝦夷ヶ島のエゾの人々を服属させ、管轄していたという、「日本国」の国境をこえた支配領域と勢力圏を有していた事実である。

まず第一の問題である。かつて平泉の仏教文化は、京都文化の忠実な模倣といわれてきた。そして、それが奥州藤原氏の志向性や平泉政権の性格を示すものと考えられてきた。確かに、平泉仏教の基調は比叡山延暦寺の天台仏教を奥羽の地に導入したものであり[1]、金色堂に代表される平泉の仏教美術も、京都の最高級の技術の直輸入によるものである[2]。だが、そのことを前提としつつも、仏像の選択や伽藍の構成、寺院建立の理念といった思想的な面をみるならば、そこにみえるのは、平泉仏教が模範としたのは京都仏教でなく、日本仏教のそもそもの源である大陸＝中国の仏教であり、わが国に知られてはいたが実際には行われなかった、あるいは異端的存在だった思想・理念や作例であった。そして、仏による平和と万人の救済を掲げ、仏の前での絶対的平等を説いた仏教本来の理念を徹底して追及し、それを可能な限り具体化してゆくというのが、平泉仏教の最大の特徴であった[3]。

その象徴ともいえるのが、長治二（一一〇五）年、中尊寺の「寺院の中央」に、最初の伽藍として落成した「釈迦・多宝二仏並座」の多宝塔（「多宝寺」という独自の寺号をもつ）である。この多宝塔は、わが国で一般的だった真言密教系ないし日本天台宗系の多宝塔とは異なり、東アジアで「経王」（経典の中の王）と呼ばれた天台宗の根本経典『法華経』第十一見宝塔品《けんほうとうほん》の場面、すなわち、釈迦の手で浄化され仏土となった宇宙の中心にそびえる巨大な宝塔の中に、釈迦・多宝如来の二仏が並んで座り、全世界に向けて説法を行うという象徴的な場面を、二仏並座《にぶつびょうざ》という様式で表現した建築であった。まさに、『法華経』において「仏国土」と化した全宇宙（三千大千世界）の中心に立つ仏塔として重要な位置を与えられたのが、この二仏並座様式の多宝塔であった。(4)

しかも、この多宝塔はわが国でこそ異端派だったが、中国大陸や朝鮮半島で「多宝塔」といえば、すべてこの二仏並座多宝塔をさしていた。入間田宣夫氏は、五代十国の一つ閩《びん》国を建国した王審知が、港湾整備と交易振興による通商立国政策とともに、仏教興隆に力を入れ、そのシンボルとして首都福州の中心に「報恩定光多宝塔」を建立したことを、清衡の国づくりのモデルとして注目している。(5)この王審知の例にみるように、『法華経』の教理にもとづく二仏並座多宝塔は、当時の東アジアにおいて、〝仏教にもとづく国土の統合〟の象徴であり、都市づくり、国づくりの絶好のシンボルであった。そして初代清衡は、中尊寺の造営にあたって、東アジアのグローバルスタンダードで、大陸系かつ純粋天台系というべきこの異色の多宝塔を採用し、それを「寺院の中央」に建つ最初の伽藍として建立することから、出発したのであった。

平泉仏教の「京都仏教に対する異端と自立」及び「国際性」「仏教本来の理念の徹底追求」という特徴は、多宝塔（多宝寺）にとどまらない。注目されるのが、中尊寺造営の最後を飾る、清衡晩年の天治元（一一二四）年上棟の金色堂と、大治元（一一二六）年落慶法要の「鎮護国家大伽藍一区」（供養願文伽藍）である。

金色堂は、「皆金色《かいこんじき》」という荘厳と、遺体を生前の状態のまま棺に入れミイラ化した状態で須弥壇の内に納め置くという葬法に、他に例をみない特徴がある。重要なことは、この葬法が、遺体が腐敗して爛壊しなかった場合、極楽往生した証であるという「生身往生《しょうじんおうじょう》」信仰の産物であり、ミイラ化した清衡の遺体は「聖なる存在」として、信仰の対象となったことである。そして、その思想的な源はやはり大陸の中国仏教にあった(6)（入定ミイラ信仰）。それは金色堂の特徴「皆金色」についても同じである。そもそも金は、人々をつつむ光（仏の光）を発する仏の属性であり、仏像を金色で彩るのは唐代以後の中国仏教の特徴であった。とくに聖地として信仰を集めた中国五台山は、金色の文殊五尊像や、金色に輝く銅製鍍金瓦葺の楼閣金閣寺、金閣寺下の経蔵閣に納められた「紺紙金銀字経」（大蔵経六千巻）など、金色の光明世界を現世に実現したことで知られ、奥州藤原氏の五台山願望とあいまって、平泉仏教に大きな影響を与えたとみられている。[7]

もう一つは、大治元年、供養願文を捧げて落慶法要が行われた白河法皇御願「鎮護国家大伽藍一区」（供養願文伽藍）である。この伽藍は、一般には京都白河の白河天皇御願寺法勝寺《ほっしょうじ》の模倣とされるが、共通するのは臨池式伽藍という形式だけで、寺院全体の特徴やその政治性・思想性は、全く「似て非なる」ものであった。それは法勝寺がきわめて密教色の強い寺院で、金堂の本尊として全宇宙の中心仏毘盧舎那《びるしゃな》如来（大日如来と同体とされた）を安置し、中島には金剛界五智如来を中尊とする八角九重大塔が建ち、金堂の西には調伏の仏である五大明王《ごだいみょうおう》（不動・降三世《ごうざんぜ》・軍荼利《ぐんだり》夜叉《やしゃ》・大威徳《だいいとく》・金剛夜叉明王）を置く五大堂を設けて、夷賊・怨霊調伏の密教修法「五壇護摩法《ごだんごまほう》」を行っていたのに対して、供養願文伽藍はこれらの要素を全く欠いていたからである。そして、それは中尊寺だけでなく、平泉の仏寺すべてに共通するものであった。[8]

平泉仏教のこうした特徴と密接に関わるのが、平泉の神社のあり方である。当時の日本は神仏習合と本地垂迹説にもとづく神々の体系化が進み、神国思想を柱とする「神道」が成立した時代であった。そしてこの神道をになう装置として、王城鎮守二十二社・国鎮守一宮を中心とする国家的神社制度と、呪術と宗教儀礼の体系が形成されていったときであった。[9] しかし平泉は寺院が中心で、神社の比重が小さかった上に、奥州藤原氏は、二十二社を構成する有力諸社、とくにそのトップグループで、別格ともいえる地位にあった天皇家の神伊勢、国家守護・夷賊征伐の武神八幡、首都京都守護の神賀茂の三社や、奥州藤原氏もその一族であったはずの藤原氏の氏神春日社など、最有力の神社を一切勧請しなかった。その一方で、二十二社のうちから御霊社（権力によって非業の死をとげた人物の霊を祀る）である北野天神・祇園社・稲荷社を勧請し、祇園御霊会《ごりようえ》を平泉六大法会の一つとして挙行したほか、都では国家の武神石清水八幡宮で行う怨霊鎮静・王権守護の神事とされていた放生会《ほうじようえ》を、本来の不殺生戒・生類供養の精神にふさわしい仏事のみの祭礼へと改変した「中尊寺放生会」として行い、同じく六大法会の一つとした(10)。

こうした平泉仏教と神社の特徴、とくに五大明王・五壇護摩法と王城鎮守二十二社のトップグループの拒否という特徴は、いうまでもなく、自らを「東夷の遠酋《おんしゆう》」「俘囚の上頭」と位置づけていた奥州藤原氏の意識的な選択の結果であり、古代以来「征夷」と同化を基調に進められてきた「日本国」の奥羽支配に対する強烈な自立の主張と、「日本国」の枠組みを越えようとする明確な姿勢を、みることができるものなのである。

大治元年、清衡が奉納した「中尊寺供養願文」には、こうした平泉仏教の思想が鮮明に語られている。すなわち「二十釣洪鐘一口」の功徳として、「右、一音《いつとん》の覃《およ》ぶ所千界を限らず、抜苦与楽、普《あまね》く皆平等なり、官軍夷虜《いりよ》の死する事、古来幾多なり」「精魂は皆他方の界に去り、朽骨は猶此土《しど》の塵と為る、鐘声の地を動かす毎に、冤霊《えんれい》をして浄刹に導かしめん」と官軍・蝦夷の差別のない救済と往生を説き、「広楽《こうがく》の歌舞を奏し、大乗の仏典を讃う、徼外《きようがい》の蛮陬《ばんそう》たりと雖も、界内の仏土と謂うべし」と仏の前での都と蝦夷の地の対等・平等を述べて、北奥の蝦夷の地も「仏国土」になったのだと高らかに宣言する。これこそまさしく『法華経』に凝縮された平和と絶対平等、万人救済の思想であり、この仏教の理念によって奥羽の地の統合をめざそうという清衡の意志の表明であった。

平泉はこうした寺院を中心に建設された「仏教都市」であった。そして、平泉を中心に仏教と寺院のネットワークをはりめぐらし、武力でなく仏教を柱に北方世界の統合を図ろうというのが、清衡の国づくりの方針であった。文治五（一一八九）年九月十七日、中尊寺経蔵別当心蓮《しんれん》らが頼朝に提出した「寺塔已下注文」は、初代清衡が、平泉開府の最初に、奥州の中央に位置する関山《かんざん》の山上に中尊寺を建立したこと、その際、山頂の「一基の塔」と多宝塔との間に奥大道《おくだいどう》を通し、奥大道の一町ごとに金色阿弥陀像を図絵した笠卒塔婆を立てたことを記している（『吾妻鏡』文治五年九月十七日条）。また、六日後の九月二十三日、頼朝を案内して無量光院を巡見した秀衡の旧臣清原実俊《さねとし》も、清衡が奥羽両国の一万余りの村ごとに「伽藍」＝寺院を建て、「仏性灯油田」を寄付したとの話を語っている（『吾妻鏡』同日条）。いずれも、仏教を柱とした奥羽の政治的統合を語った話であり、平泉政権が志向したものが、まさに「奥羽仏教王国」といえるものであったことを物語るものである。

平泉政権を、日本国の北の辺境に生まれた「北方王国」と評価するもう一つの理由は、この平泉政権が、奥羽両国だけでなく、「交易」を通じて「日本国」の国境を越えた蝦夷ヶ島（蝦夷ヶ千島）＝北海道を支配し、しかも交易のネットワークは、さらに北の「粛慎《しゅくしん》・挹婁《ゆうろう》」と呼ばれたサハリン・沿海州まで及んでいたという事実である。そのことを語っているのが、繰り返し紹介する大治元年の中尊寺供養願文である。この願文の後段、願文本文の冒頭で、清衡は次のように述べていた。

（史料1）

以前の善根の旨趣は、偏《ひとえ》に鎮護国家の奉為《おんため》なり、所以《ゆえん》は何ん、弟子《ていし》は東夷の遠酋《おんしゅう》なり、生れて聖代の征戦無きに逢い、長じて明時の仁恩多きに属す、蛮陬《ばんそう》・夷落《いらく》これが為に事少く、虜陣《りょじん》・戎庭《じゅうてい》これが為に虞《おそ》れず、斯の時に当り、弟子苟《いやしく》も祖考の餘業を資《う》け、謬りて俘囚の上頭に居る、出羽・陸奥の土俗は風に従う草の如く、粛慎《しゅくしん》・挹婁《ゆうろう》の海蛮は陽に向う葵《ひまわり》に類《に》たり、垂拱寧息《すいきょうねいそく》三十餘年、然る間、時享《じきょう》・歳貢《さいこう》の勤は職業失うこと無く、羽毛・歯革の贄は参期《さんご》違うこと無し、

（中尊寺供養願文〔抜粋〕「中尊寺文書」、原漢文）

自分（清衡）は「東夷の遠酋」として、いま「俘囚の上頭」の地位にいる。それにより、「出羽・陸奥の土俗」を

従えて「時享・歳貢の勤め」を全うし、「粛慎・挹婁の海蛮」を服属させて「羽毛・歯革の贄」も遅れず貢納している、という内容である。

ここでの理解のカギは「俘囚の上頭」にある。そもそも「俘《ふ》囚《しゅう》」とは本来、国家に服属した「蝦夷（エミシ）」の人々をさすことばであったが、十二世紀になると、北海道が「俘囚《えぞ》が千嶋（蝦夷ヶ千島）」と呼ばれた（『保元物語』中、左府御最後）ように、北奥（本州北端）から北海道の「エゾ」と呼ばれた人々を含む呼称となった。つまり「俘囚の上頭」とは、安倍・清原氏の「俘囚の主」の地位を受け継いで北奥羽を支配するとともに、北奥・北海道の「エゾ」の人々も束ねる、北方世界の首長を意味するものであった。自分は日本国の北の境界にあるエミシ・エゾの地（北奥羽・蝦夷ヶ島）の首長として、南は日本国の一部である奥羽両国（この場合奥羽の本来の領域である南奥羽）を管轄し、北は国外の粛慎・挹婁（サハリン・沿海州）の人々をも従えて、これらの地域からの貢納を請け負い、それをとどこおりなく勤めている。これが供養願文における清衡の主張であった。

この清衡が主張する平泉政権の支配領域は、「平泉の富」のあり方からも裏付けることができる。そもそも奥羽＝東北の地は、南奥羽・北奥羽とも豊かな土地であり（その境は平泉のある北緯三九度付近で、ここから現在の宮城県北に及ぶ一帯が、北のエミシの地と南のヤマト政権の勢力圏を分ける境界地帯であった。また、十世紀における「奥六郡」設置後は、平泉の北を流れる衣川《ころもがわ》が鎮守府管区奥六郡と陸奥国府管郡を分ける境となった）、中央の貴族・武士の垂涎の的となる産物の産地であった。そして、この南北奥羽の富に、「交易」を通じて入手した北海道・サハリンの産物を加えたものが、実は、平泉の「富」の全体であった。

文治五（一一八九）年九月十七日、中尊寺経蔵別当心蓮らが頼朝に提出した「寺塔已下注文」の第二条「毛越寺の事」には、「平泉の富」の内容が詳しく記されている。それは二代基衡が毛越寺金堂円隆寺《えんりゅうじ》の本尊丈六薬師如来像製作のため都の仏師雲慶に支払った「功物」についての、次の記述である。

（史料2）

この本尊を造立するの間、基衡、支度《したく》を仏師雲慶に乞う、雲慶、上中下の三品を注し出す、基衡、中品を領状せしめ、功物を仏師に運ぶ、いわゆる円金《えんきん》百両、鷲羽百尻《しり》、七間々中径《ななけんまなかわたり》の水豹皮六十餘枚、安達絹千疋、希婦細《けふのせば》布《ぬの》二千端、糠部駿馬《ぬかのぶのしゅんめ》五十疋、白布三千端、信夫文字摺《しのぶもじずり》千端等也、この外山海の珍物を副える也、三ヶ年功終わるの程、上下向の夫課駄、山道海道の間、片時も絶ゆるとき無し、

（『吾妻鏡』文治五年九月十七日条、寺塔已下注文〔抜粋〕原漢文）

この基衡が雲慶に支払った「功物」を産地ごとに分類すると、①北奥羽の産物である「円金百両」（円く板状に延ばした金、百両は一・五kg）・「希婦細布二千端」（麻布に鳥の羽毛を織り込んだ鹿角《かづの》地方の特産物）・「糠部駿馬五十疋」と、②南奥羽の産物である「安達絹千疋」・「信夫文字摺千端」（忍草の汁で絹の布を染めた青色の草木染）に、同じく南奥羽が主産地といえる「白布（麻布）三千端」、それに③蝦夷ヶ島およびサハリンの産物である「鷲羽百尻」（オオワシの尾羽、「一尻」はオオワシ一羽の尾羽一四枚。道東・道北・道央勇払・サハリンの特産物で、サハリン産の上質の鷲羽は「粛慎羽」と呼ばれとくに珍重された）・「七間々中径ノ水豹皮六十餘枚」（ゴマフアザラシの毛皮）の三グループにきれいに区分できる。

この①②③のグループが、先の中尊寺供養願文で清衡が述べた「俘囚上頭」（①③）・「出羽・陸奥之土俗」（②）・「粛慎・挹婁之海蛮」（③の一部）に、一致することは明らかであろう。それはまさに「平泉の富」が、供養願文で清衡が自らが支配していると豪語した「俘囚の地」（北奥羽及び蝦夷ヶ島）、「出羽・陸奥」（奥羽から「俘囚の地」を除いた地域、南奥羽）、「粛慎・挹婁」（サハリン・沿海州）の三地域の産物からなっていたことを示すものである。

二　平泉の三つの富と東夷成敗権

だが、それだけではない。より重要なのは、これらの「平泉の富」の中で中心を占め、平泉政権の支配領域を象徴したのは、「俘囚の地」の産物（①③）で、一部に「粛慎・挹婁」との交易品「粛慎羽」を含む、金・馬・鷲羽の三点セットであったことである。そのことを示すのは、次の事実である。

第一は、文治五（一一八九）年九月に平泉政権を滅ぼし、その支配権を接収した頼朝が、鎌倉帰還（十月二十四日）直後に京都朝廷（直接には「治天《ちてん》」後白河院）に進上したのが、「龍蹄百餘疋」と「鷲羽一櫃」だったことである。『吾妻鏡』文治五年十一月八日条に「因幡前司広元《（大江）》、使節として上洛す、諸人餞送せざるなし、龍蹄百餘疋と云々」（原漢文）、翌文治六年正月三日条に「九郎藤次飛脚として上洛す、是鷲羽一櫃仙洞《（後白河）》に進らさるる所なり、奥州より遅到すと云々」（原漢文）とあるのが、その記録で、鷲羽は翌年正月初めの進上となるが、『吾妻鏡』が「奥州より遅到す」と記していることから、本来ならば前年十一月に「龍蹄百疋」とともに進上されるはずのものだったと思われる。

第二は、建久元（一一九〇）年十一月、前年の奥州合戦＝奥州藤原氏の征討と、天下平定の完成を受けて、朝廷との折衝を行い、奥羽二ヶ国を含む日本全国（日本六十六ヶ国）に対する軍事支配権を、内乱終結後も継続される恒久的な鎌倉殿の権限（六十六ヶ国惣追捕使職＝惣守護職）として承認させることを目的に、上洛を行った頼朝が、[11]「別進」として後白河法皇に献上したものが「砂金八百両・鷲羽二櫃・御馬百疋」だったことである。

（史料3）『吾妻鏡』建久元年十一月十三日条（抜粋、原漢文）

十三日癸亥、晴、新大納言家《（頼朝）》御別進、伊賀前司仲教を以て御解文《げぶみ》函に入れこれを封ぜらる、を戸部に付せらる、戸部

また左大丞定長に付し奏覧せらると云々、

進上

砂金八百両

鷲羽二櫃

御馬百疋

右、進上件の如し、

建久元年十一月十三日　　源頼朝

この二つの記録、とくに後者は、「平泉の富」を代表するものが金・馬・鷲羽の三つであったことを、はっきりと物語るものである。そして頼朝が、平泉征服直後のこの時点で、右の三点セットを都の「治天の君」後白河法皇に進上したことは、鎌倉幕府が平泉政権にかわって奥羽及び蝦夷ヶ島の支配権を掌握したこと、以後は幕府がこの三つの産物の貢納を管理し、朝廷への貢進を請け負うことを、表明したものに他ならない。それはまた、この北方の三つの産物の産地「俘囚の地」「粛慎・挹婁」を管轄する者こそ、日本国惣守護＝武家の棟梁にふさわしいという鎌倉幕府の自己主張でもあった。そこには、日本古代律令国家以来の、東方の蝦夷《えみし》征討と蝦夷支配＝「征夷」が日本国家の実際の最重要軍事課題であったという歴史があり、建久元年の時点で日本国の軍事力を掌握する唯一の軍事権門となっていた鎌倉幕府が、当然その「征夷」の担い手であり、日本国の東の国境（地理的には北の国境）の南北にひろがる「俘囚の地」と国境外の地である「粛慎・挹婁」を管轄する権力であるという、幕府の自己主張が見て取れるであろう。そして、これこそが、頼朝が後白河の反対を押し切って「奥州征伐」「奥入り」(12)を敢行し、平泉を滅ぼしその支配領域を接収した理由であった。

その上で第三に注目されるのは、その翌年の建久二（一一九一）年以後、正月の垸飯《おうばん》の儀式の際に、垸飯を沙汰した御家人から鎌倉殿へ献上される進物が、剣・弓箭・行縢《むかばき》という、弓射騎兵たる鎌倉武士を率いる武家の棟梁のシンボルというべき武具三点に加えて、新たに平泉の三つの富＝金・馬・鷲羽の三点セットが登場することである。

（史料4）『吾妻鏡』建久二年正月一日条（抜粋、原漢文）

一日庚戌、千葉介常胤垸飯を献ず、其の儀殊に刷《きよ》し、是れ御昇進の故と云々、午剋前右大将家（頼朝）南面に出御す、前少将時家朝臣御簾を上ぐ、先ず進物有り、御剣千葉介常胤、御弓箭新介胤正、御行縢沓二郎師常、砂金三郎胤盛、鷲羽櫃に納む六郎大夫胤頼、

御馬

一、千葉四郎胤信、　平次兵衛尉常秀

（後略）

ちなみに『吾妻鏡』における、正月垸飯の際の鎌倉殿への剣・弓箭・行縢および金・鷲羽・馬献上の記録は、記録が完全に残されていないので、毎年の慣例になったかは確認できないが、建久二年正月一日条に続く二日・三日・五日条と、建久四年正月一日条にみえる。また類似のものに、①建久三年十一月二十九日条、北条時政が沙汰した「新誕生若君（実朝）五十日百日儀」の贈物（御剣、沙金、鷲羽）、②寛喜二（一二三〇）年正月四日条、将軍頼経《よりつね》の北条泰時邸への御行始からの還御後、泰時から送られた引出物（御剣、砂金、羽、御馬）、③寛元二（一二四四）年四月二十一日条、将軍家若君頼嗣《よりつぐ》元服の際の進物（御剣、御弓征箭、御刀、御鎧、羽、砂金）、④寛元四（一二四六）年正月十二日条、大殿頼経・将軍頼嗣の立春方違の際の逗留先毛利入道西阿の引出物（御剣、砂金、羽、御馬一疋）、⑤宝治二（一二四八）年閏十二月十一日条、将軍頼嗣の方違の際の逗留先足利義氏の引出物（御剣、羽、御馬）、⑥建長四（一二五二）年四月

一日条、新将軍宗尊《むねたか》親王の鎌倉到着と執権北条時頼邸入御後に行われた垸飯の際の進物（御剣、御弓、御行縢沓、御馬、砂金、南庭、羽。南庭とは南挺＝竿状にした銀のこと）、がある。そして⑥の翌年である建長五（一二五三）年以降は、正月の垸飯の後、将軍が「御行始」として得宗《とくそう》邸（北条時頼邸、のち時宗邸）に赴き、得宗からの引出物として剣・砂金・羽（鷲羽）・馬の進上を受けるという形に定式化されることが、『吾妻鏡』建長五年正月三日・同六年正月一日・同八年正月五日・康元二年正月一日・正嘉二年正月二日・正元二年正月一日・文応二年正月一日・弘長三年正月一日・文永二年正月三日・同三年正月二日条から確認できるのである。鎌倉幕府が平泉を滅ぼすことで手に入れた奥羽（とくにかつての「俘囚の地」北奥羽）及び蝦夷ヶ島の支配権が、武家政権の首長にとっていかに重要な意味をもっていたかが、わかるであろう。さらに、この支配権が、北条得宗家の専制体制を確立した執権北条時頼以後は、完全に得宗の掌握下に置かれるようになったことも、以上から明らかになる事実である。

　そして、こうした『吾妻鏡』の記録と対応するものとして、承久の乱後に成立した『承久記』には、鎌倉幕府が平泉を滅ぼすことで、本州北部の北奥津軽と、蝦夷ヶ島を支配下に編入したという記述がなされていたことを、あげておこう。

（史料5）『慈光寺本　承久記』上

　頼朝卿、度々京ニ上リ、武芸ノ徳ヲ施シ勲功無比シテ、位正二位ニ進ミ、右近衛ノ大将ヲ経タリ、西ニハ九国・二嶋、東ニハアクロ・ツカル・夷ガ嶋マデ打靡シテ、威勢一天下ニ蒙ラシメ、栄耀四海ノ内ニ施シ玉フ、

　以上の事実は、平泉政権の本質が「奥羽政権」ではなく、「俘囚の地」北奥羽を基盤とする北方政権というべきものであったこと、しかも北奥羽だけでなく、「交易」を通じて日本国の国境外の蝦夷ヶ島（北海道）と、その地の住人であるエゾの人々をも管轄する権力であり、それを自らのアイデンティティとしていたことを意味するものである。

平泉政権を大陸の渤海王国に比すべき権力と評価する理由はここにある。渤海王国は、南の中国農耕社会と北の北方民族社会の境界にある中国東北地方東部を本拠として、南は旧高句麗領である同南部から朝鮮北部を支配し、北は沿海州・アムール川流域の靺鞨《まつかつ》族諸部を「交易」活動に参加させることで服属させることによって、成立した国家だからである。[13] そして、この蝦夷ヶ島＝北海道支配権は、頼朝の平泉征服後、「俘囚の地」北奥羽を含む奥羽両国に対する支配権とともに鎌倉幕府に接収され、鎌倉幕府のアイデンティティとなった。

興味深いのは、次の事実である。鎌倉幕府が平泉を滅ぼして手に入れた支配権のうち、「日本国」の一部である奥羽両国（そこには「俘囚の地」北奥羽も含まれる）の統治権は「奥州羽州地下《じげ》管領」権と呼ばれ、京都朝廷によって頼朝に与えられる形式で幕府の権限となった。[14] そのことは、『吾妻鏡』文治五年十二月六日条が、「泰衡征伐の事に依り、猶勧賞を行わるべきの趣、帥中納言経房の奉として、院宣到来の間、重ねて辞し申せしめ給う、但し奥州羽州地下管領の間の事、明春御沙汰有るべき歟の由これを申さる」（原漢文）、つまり、頼朝は後白河院からの「泰衡征伐」に対する恩賞授与の意思表明に対し、それを断り、かわりに「明春」に「奥州羽州地下管領」の事について「沙汰」をいただきたい（承認してほしい）と申し送った、という事実を記していることから明らかになる。ただ『吾妻鏡』文治六年（建久元年）条にはこれに対応する記事はないが、宝治二（一二四八）年二月五日条に「また奥州に入り藤原泰衡を征伐し、鎌倉に帰らしめ給うの後、陸奥出羽両国知行せしむべきの由、勅裁を蒙る」（原漢文）とあり、鎌倉の要請通り、おそらく翌文治六年正月、その権限が京都朝廷から正式に授権されたことが推測されよう。もちろん、実際には、頼朝は平泉征服直後から、伊澤郡鎮守府で「奥州羽州等事吉書始《きつしよはじめ》」を行って、御家人への所領配分と、国中仏神事の勤仕、金師に対する違乱禁止を命じ（同九月二十日条）、続いて、多賀国府で「郡郷荘園所務事」を定め、「国郡を費やし土民を煩わすべからず」ことを地頭らに命じるなど（同十月一日条）、奥羽両国の国衙及び荘園公領に対する支配権を行使しているが、正式には朝廷からの授権が必要とされていたのである。それは奥羽両国が「日本六十六ヶ国」の一部であったからに他ならない。

ところが、一方、蝦夷ヶ島＝北海道支配権については、『吾妻鏡』には授権に関する申し入れや折衝が行われた記録は全くなく、平泉の征服によって自動的に頼朝が掌握したものとみられる。そもそも王朝国家において、鷲羽・水豹皮・昆布・ヒグマの皮など蝦夷ヶ島の産物は、交易によって入手され、奥羽両国の交易雑物として中央に貢進されるシステムであった。そして、この交易の現地責任者が、北方蝦夷支配の軍政府であった鎮守府・秋田城の筆頭在庁安倍氏・清原氏であった[15]。奥州藤原氏の蝦夷ヶ島支配は、このシステムを継承し、しかも十一世紀末、軍事貴族の陸奥守・鎮守府将軍補任が停止され、文官貴族が陸奥守・鎮守府将軍を兼任する体制が採用されて、北方支配の権限が全面的に奥州藤原氏に委ねられた状況下で、独自に整備・拡大されたものであった[16]。蝦夷ヶ島支配に関する朝廷との交渉や授権が行われなかったのは、このためであったと思われる。遠藤巖氏は、鎌倉幕府が平泉政権を滅ぼして接収したこの支配権を、鎌倉末期に成立した法律書『沙汰未練書』に、「一、東夷成敗事、関東に於いて其の沙汰有り、東夷とは蝦子《エゾ》の事なり」（原漢文）とあり、六波羅探題の西国成敗、鎮西探題の鎮西九国成敗と並んで、「武家の沙汰」と記していることに注目して、「東夷成敗権」と呼ぶ。そして、平泉征服後、頼朝による蝦夷ヶ島支配承認の奏請と、朝廷の認可があって、「東夷成敗」が成立したと述べている[17]。ただ、遠藤氏がその証拠としてあげる『都玉記』建久二年一月二十二日条は、「関東」（幕府）による「京中強盗」の「夷島（蝦夷ヶ島）」流刑を、将軍頼朝が朝廷に奏請し、それが認可された結果、このとき蝦夷ヶ島流刑が初めて実施されたことを記したものであり（この記事は「蝦夷ヶ島流刑」の初見史料である）、蝦夷ヶ島支配権認可の奏請と、朝廷からの授権があったことを意味するものではない。

むしろ、こうした経過からわかることは、王朝国家段階においては鎮守府・秋田城の所管事項で、陸奥出羽両国支配の延長（正確に言えば北奥羽支配権の延長）として位置づけられていた蝦夷ヶ島支配権が、平泉政権の接収によって、これを掌握した幕府により、北奥羽の支配権から分離されて、朝廷から承認される「奥州羽州地下管領」権とは別個の「東夷成敗」権として位置づけられたことである。それは、蝦夷ヶ島支配がもはや奥羽支配権の延長としては把握しきれないものになっていたこと、つまり「奥州羽州地下管領」権から「東夷成敗」権として独立させ、朝廷を介在させない幕府の専管事項とすることが、必要かつ可能なレベルにまで到達していたことを、示すものであった。その意味で、鎌倉幕府の成立とは、決して従来の王朝国家の枠組み内での新政権成立ではなく、王朝国家時代の「日本国」統治の枠組を、大きく改変、拡大するものだった。そして、こうした蝦夷ヶ島支配の実質が成立したのは、平泉政権下でのことだったのである。

三　北方交易とそのシステム

「交易」を媒介とした平泉政権の蝦夷ヶ島支配とはどのようなものであったか。先に王朝国家の交易雑物制について述べたように、ここでいう「交易」とは、決して貿易や商取引のことではない。もともと古代日本国家は奥羽両国に対して、北奥羽と蝦夷ヶ島の「蝦夷《えみし》の地」の産物を、鉄や布（麻布）などを対価とした蝦夷の人々との「交易」で入手し、毎年決まった数量を中央政府に貢納することを義務づけていた。これが交易制の内容である。つまり、実際には「交易」を媒介にした貢納制＝交易貢納制であり、恒常的な交易品入手のシステムが奥羽両国と蝦夷の人々との間に形成されていることが、この制度が成り立つ前提であった。そして、それはどこか交通の要衝の地に、交易とその管理のための拠点が設けられ、この交易拠点を中心とする交通と輸送のネットワークが形成されていることが必要であった。

実は、こうした北方交易のシステムの具体的な内容が、近年の考古学的な調査の進展と研究の発展の結果、ようやく明らかになりつつある。それは、従来の古代・中世の北奥や北海道の歴史に関する認識を、文字通り一新させるものであった。

まず一つは、奥州縦貫の官道「奥大道」の終点で、北海道との海上交通の結節点でもある本州北端の外ヶ浜（津軽半島の陸奥湾岸、青森市から龍飛崎にかけての地域）や、その手前で、北海道向けの最大の交易品であった鉄の生産基地かつ北奥の食糧基地であった津軽地方の奥大道にそった交通の要衝の地に、平泉政権の出先機関か平泉系豪族の居館跡とみられる遺跡が、集中的に発見されていることである。それを示すのが「平泉セット」と呼ばれる陶磁器の出土である。「平泉セット」とは奥州藤原氏の政庁「平泉館《たち》」（柳之御所遺跡）で出土する特徴的な陶磁器の組み合わせで、宴会用の使い捨て食器「京都系手づくねかわらけ」と、威信財であった高級酒器の白磁四耳壺《はくじしじこ》・常滑三筋壺《とこなめさんきんこ》・渥美《あつみ》刻《こく》画文壺《がもんこ》からなる。これらがセットで出土する場所はきわめて限定されており、そこでは現地の有力者を集めて手づくねかわらけを使った平泉式の宴会が行われ、平泉政権による地域の政治的統合の拠点となったとみられている。そして、この「平泉セット」が平泉以外で集中的に出土する場所が、本州北端の外ヶ浜と津軽地方なのである[18]。

これらの遺跡のうち、平泉政権の出先機関の存在が想定されるのが、古代の奥大道の終点で蝦夷交易のための港湾機能も有していたとみられる外ヶ浜の新田《にった》(1)遺跡（青森市石江、東北新幹線新青森駅の北側に隣接し、周辺の遺跡と合わせて「石江遺跡群」と呼ぶ）であり、平泉系の豪族の居館跡と思われるのが、外ヶ浜の内真部《うちまんべ》(4)遺跡（青森市内真部）と、津軽平野中央の河川交通の結節点にある中崎館《なかざきだて》遺跡（弘前市中崎）、津軽平野東北端の奥大道が津軽平野から外ヶ浜にぬける境界の地に位置する浪岡城遺跡（青森市浪岡）である。

とくに新田(1)遺跡は、中世の奥大道の終点で戦国時代には外ヶ浜の中心港湾都市であった油川湊のすぐ南、新城《しんじょう》川（新田川）の河口から約二キロメートルさかのぼった新城川右岸の河岸段丘（標高六〜七メートル、周囲との比高差二〜三メートル）上に位置し、十世紀後半〜十一世紀半ばの安倍氏時代（第一期）と十二世紀後半の平泉時代（第二期）を最盛期とする集落遺跡であった。とくに第二期の十二世紀後半には、七間×五間（一五・四五×一〇・三メートル）の格の高い大型四面庇掘立柱建物が営まれ、東に並んで同規模の大型四面庇建物も建てられていた。出土遺物では、平泉系の手づくね及びロクロかわらけに、珠洲《すず》Ⅰ期の四耳壺、渥美・常滑の陶器、白磁の碗・皿・四耳壺など、まさに「平泉セット」を備えた遺跡であった。しかも新田(1)遺跡出土の手づくねかわらけは、平泉の胎土に類似した良質の土（粘土の調整を念入りに行いなめらかで砂の少ない胎土にした土）を使い、丸底型大小の構成（これで宴会のセットとして完成する）をもつ、平泉にきわめて類似した丁寧なつくりのものであった（八重樫忠郎氏のご教示による）。こうした事実は、新田(1)遺跡が、十二世紀後半、奥州藤原氏と密接な結びつきを有した豪族の本拠か、平泉の出先機関的な性格をもった施設であったことを推測させるものである。そして、この地が古代奥大道の終点とみられること、新城川河口には港湾施設の存在も想定されることから、外ヶ浜・津軽海峡世界における平泉政権の支配を担う拠点集落で、中世には対北海道交易の主要な場であった外ヶ浜の海陸交通の結節点に設けられた交易拠点であった可能性が、非常に高い遺跡である。(19)

また、内真部(4)遺跡は、鎌倉前期〜中期に安藤氏の惣領家として「蝦夷管領」（蝦夷沙汰代官）に任じられた安藤五郎家（外浜安藤氏）の本拠「内末部《うちまっべ》館」のすぐ南、中崎館遺跡は、同じく鎌倉時代「蝦夷管領」職に付属した安藤氏惣領家相伝所領の筆頭に位置づけられた重要拠点「津軽鼻和《はなわ》郡絹家島《けんかじま》尻引《しりひき》郷」の、岩木川旧河道に面する場所に形成された遺跡である。(20)それは、安藤氏がエゾ系譜をもつ在地豪族であったこととあわせて、その起源が奥州藤原氏時代にあり、本来、平泉政権の外ヶ浜・津軽支配および蝦夷ヶ島交易を支える現地代官として登用された在地有力者であったことを推測させるものである。

だが、それ以上に衝撃的であったのは、津軽海峡を越えた北海道における発見であった。これまでの研究では、古代末期から中世前期の蝦夷ヶ島交易の拠点となったのは、十三湊《とさみなと》や外ヶ浜の内真部・蓬田《よもぎた》など本州北部の港湾であり、北海道南部に和人が進出して道南の海岸地帯に和人の交易拠点が形成されるのは、早くても十四世紀以降とみられていた。最近では、本州北部の新田(1)遺跡の発見などもあって、十二世紀の平泉時代における道内での和人の交易拠点の存在が想定されるようになったが、その場所は、松前や函館など、津軽海峡に面した道南の最南端と考えるのが限度であった。

二〇一一年、この常識を覆す大きな発見があった。それは、道南の松前や函館からはるかに北へはいった道央の南の入口、苫小牧や千歳に近い勇払《ゆうふつ》郡厚真《あつま》町にある宇隆《うりゅう》1遺跡から出土（一九五九年発見、宇隆公民館建設工事中に出土）した陶器の壺が、平泉を経由して持ち込まれた十二世紀第3四半期（一一五〇―七五）の常滑窯の壺であることが確認され（二〇一一年二月。出土常滑窯陶器としては北海道唯一）、出土した壺の形状と遺跡の立地から、この地に居住していた平泉政権の和人たちによってつくられた経塚の容器として使われた可能性がきわめて高いことが判明したことである（厚真町教育委員会乾哲也《いぬいてつや》氏による）。

経塚と判断する根拠は、①壺が口縁部を意図的に打ち欠いたものであったこと、そして、正位で埋められていたこと。ここから判断される壺の用途は、経塚の外容器か骨蔵器のどちらかしかない。もちろん経塚でも骨蔵器（火葬骨を収める）でもアイヌ人の習俗でなく、和人のものである（壺の大きさは高さ二八cm、幅二九cm）。②坪が発見された場所は、北から南に突きだした細長い台地の先端部で、近くを厚真から平取《びらとり》、厚真から鵡川《むかわ》にぬける道が通っている。これは骨蔵器を埋めた場所とするよりも、経塚の場所としてふさわしい。以上の二つである（八重樫忠郎氏による）。それは勇払厚真の地に、平泉と深い関わりをもつ仏教を信仰する和人集団、それも一定の数をそなえた人間集団が長期間居住していた、しかも、この地で経塚の造営を行うような信仰活動を営んでいたことを、物語るものであった。そして、そうした和人集団がこの地に居住していた理由は、これまで述べてきた平泉政権と北海道とのかかわりからみれば、厚真の地が平泉政権の北方交易の拠点であったからとしか考えようがない。

そもそも厚真の地は、十四—十五世紀、日本海側の余市とともに和人商人の活動拠点となる港湾集落が形成された（『新羅之記録《しんらのきろく》』による）鵡川に近い場所にあって、道央の南の入口であったとともに、北は富良野をへて上川《かみかわ》方面、東は日高の平取や、十勝をへて道東へ、西は千歳をへて石狩低地へと通ずる、道央太平洋側の陸路の結節点で、アイヌの人々の交易・経済活動の拠点として栄えた場所であった。そのことはこの地の集落や墓地の跡から出土する豊かな遺物によって証明されている。たとえば、十世紀後半—十二世紀の安倍・清原・平泉時代には、朝鮮半島産の佐波理《さはり》碗（平安貴族や高僧が使用する金色に輝く高級食器、上幌内モイ遺跡出土）や、大陸産のコイル状装飾品（上幌内モイ遺跡出土、道内の出土例は十例程度）、アムール川中流域のパクロフカ文化（九—十三世紀、靺鞨・女真《じょしん》文化）に特有な鉄製矢じり・鉛ガラスのビーズ（ニタップナイ遺跡出土、女真系の矢じりは全国初）、さらに青森県五所川原窯産の須恵器や、鉄製品が出土している（乾哲也氏による）(21)。

今回の厚真の発見は、平泉政権がそうした土地である厚真に、十二世紀半ば、自らの家臣や僧侶を送り込んで、アイヌ・和人が混住する世界をつくっていたこと、また、平泉政権の蝦夷ヶ島交易とは、道央以南の重要地点にそうした和人の活動の拠点を形成し、それを本州北端の外ヶ浜・津軽においた平泉政権の出先機関が管轄することで成り立っていたことを、推測させるものである。しかも、室町時代より三世紀も前の十二世紀、道央の入口勇払にまで和人が進出して、アイヌ社会の中に平泉政権の交易拠点を形成し、仏教の普及にもつとめていたという、驚くべき事実まで浮かび上がってきたのである。それは、平泉政権の北方交易が、アイヌ反乱を頻発させた十四世紀以降の和人豪族・海商の経済活動とは異なり、アイヌ社会の再生産を破壊するような経済侵略的なものでなく、まさに藤原清衡が中尊寺供養願文で主張しているように、平泉政権のゆるやかな管轄のもと、和人とアイヌが共存することが可能なものであったことを示すものであった。平泉政権を、東北・北海道を支配領域とする日本国からなかば独立した「北方王国」と評価するのは、第一章で述べた平泉仏教文化の自立性・独立性に加えて、こうした事実による。

おわりに

平泉滅亡後、鎌倉幕府の支配のもとで、北の世界＝北奥羽・北海道は大きく変貌してゆく。鎌倉幕府は奥羽と蝦夷ヶ島の支配にあたって、平泉時代の統治政策を継承し、「秀衡・泰衡の先例」を厳守することを基本としたが、奥羽の全域が鎌倉幕府の直轄支配下にはいり、関東御家人が地頭として任命されると、当然ながら、その社会は平泉時代とは大きく変わらざるを得なかった。

何よりも大きな変貌は、本州北端の外ヶ浜と津軽海峡を越えた蝦夷ヶ島が、国家的重罪人の流刑地となり、鎌倉幕府の所管のもとにおかれたことである。それとともに、外ヶ浜や蝦夷ヶ島は、日本国の東の果ての辺境として、「清浄な地」であることを求められた首都京都の対極をなす場所として、「悪しきもの」「穢れたもの」「不吉なもの」を追放する場所として位置づけられた。[22] 建久四（一一九三）年七月、淡路国で発見され、将軍頼朝に献上された九本足の異馬が、不吉として「陸奥国外浜《そとのはま》」に追却を命じられた事件（『吾妻鏡』建久四年七月二十四日条、同建久五年六月十日条。実際には輸送を命じられた人間が途中で射殺してしまった）は、その象徴的なものであった。もとよりこれは平泉政権下では絶対にあり得ないことであった。また奥州藤原氏が断固拒否した夷狄征伐の武神で源氏の氏神であった八幡宮が、奥羽の各地に深く浸透していったのも、鎌倉時代以降のことであった。それは奥羽社会を変貌させ、文化のヤマト化・鎌倉化を進行させるとともに、平泉政権が志向した北の世界の自立、東アジアのグローバルスタンダードによって立つ「北方王国」形成の夢が、最終的に消滅していく過程でもあったのである。

註

（1）菅野成寛「平安期の奥羽と列島の仏教」（入間田宣夫編、兵たちの時代Ⅲ『兵たちの極楽浄土』、高志書院、二〇一〇年）。
（2）須藤弘敏・岩佐光晴共著、日本の古寺美術19『中尊寺と毛越寺』（保育社、一九八九年）。
（3）斉藤利男「北の辺境世界と平泉政権」（『説話文学研究』四十四号、二〇〇九年）、「仏教都市平泉とその構造」（入間田宣夫編、兵たちの時代Ⅲ『兵たちの極楽浄土』、高志書院、二〇一〇年）、日本史リブレット人023『奥州藤原三代』（山川出版社、二〇一一年）。
（4）註（3）に同じ。
（5）入間田宣夫「平泉藤原氏による建寺・造仏の国際的意義」アジア遊学102『特集・東アジアの平泉』（勉誠出版、二〇〇七年）。
（6）菅野成寛「中尊寺金色堂の諸問題（上）（下）」（『岩手史学研究』第七十一号・七十二号、一九八八年・一九八九年）。
（7）金子啓明「文殊五尊図像の成立と中尊寺経蔵文殊五尊像（序説）」（『東京国立博物館紀要』一八号、一九八二年）。
（8）（9）註（3）に同じ。
（10）井上寛司『日本の神社と「神道」』（校倉書房、二〇〇六年）。
（11）石母田正「頼朝の日本国惣守護職補任について」（『歴史学研究』二三四、一九五九年）。
（12）「奥州征伐」の語は『吾妻鏡』に、また「奥入り」は『愚管抄』にみえるほか、『吾妻鏡』宝治二年二月五日条にも「奥州に入り藤原泰衡を征伐し」の表現がある。
(13) 李成市『東アジアの王権と交易』(青木書店、一九九七年)。
(14) 入間田宣夫「鎌倉幕府と奥羽両国」(小林清治・大石直正編『中世奥羽の世界』東京大学出版会、一九七八年)。
(15) 遠藤巖「米代川流域の中世社会」(『秋田県埋蔵文化財センター研究紀要』九号、一九九四年)、「『北の押え』の系譜」(『アジアの中の日本史』Ⅱ、外交と戦争、東京大学出版会、一九九二年)。斉藤利男「蝦夷社会の交流と『蝦夷』世界への変容」(鈴木靖民編『古代蝦夷の世界と交流』古代王権と交流第一巻、名著出版、一九九六年)。
(16) 遠藤巖「『北の押え』の系譜」(前掲)、斉藤利男『奥州藤原三代』(前掲)。
(17) 遠藤巖「中世国家の東夷成敗権について」(『松前藩と松前』九号、一九七六年)。
(18) 八重樫忠郎「平泉藤原氏の支配領域」(入間田宣夫・本澤慎輔編『平泉の世界』高志書院、二〇〇二年)。
(19) 斉藤利男「安倍・清原・奥州藤原氏と北の辺境」(東北学院大学東北文化研究所編　榎森進・熊谷公男監修『古代中世の蝦夷世界』高志書院、二〇一一年)。
(20) 斉藤利男「安藤氏の乱と西浜折曾関・外浜内末部の城郭遺跡」(村井章介・斉藤利男・小口雅史編『北の環日本海世界』山川出版社、二〇〇二年)、「四通の十三湊安藤氏相伝文書と八戸南部氏」(藤木久志・伊藤喜良編『奥羽から中世をみる』吉川弘文館、二〇〇九年)。
(21) 乾哲也「考古学がひらく新たなアイヌ史~厚真町の発掘調査成果を中心に~」(平成二十一年度苫小牧駒沢大学　教員免許状更新講習資料、二〇〇九年八月四日)、厚真町の発掘成果を語る会資料「アイヌ文化成立前後をめぐって」(厚真町教育委員会、二〇〇九年十月三日)。
(22) 大石直正「外が浜・夷島考」(関晃先生還暦記念『日本古代史研究』吉川弘文館、一九八〇年)。

中尊寺文書正和二年衆徒申状の周辺
――鎌倉後期の中尊寺権別当――

菅野文夫

はじめに

文治五（一一八九）年八月二十二日、源頼朝の率いる鎌倉の軍勢が平泉館に到着した。余炎にけぶる郭内の一角に倉があり、そこにはおびただしい財宝が納められていた。牛玉、犀角、象牙の笛、水牛の角、紺瑠璃の笏、金の沓、玉の幡、玉で餝られた金の花鬘、蜀江錦の直垂、などである（『吾妻鏡』同日条）。いうまでもなくほとんどが舶載物、いわゆる唐物である。

平泉がこの当時の東アジア交易圏の東のターミナルに位置していたことは、大量の輸入陶磁の出土などから、すでに共通認識となっている。平泉館の宝蔵は氷山の一角で、大量の唐物が平泉にもたらされていたことだろう(1)。

宋版一切経はそうした唐物のなかでもひときわ目を引く。『吾妻鏡』文治五年九月十七日条のいわゆる「寺塔已下注文」に中尊寺の「宋本一切経蔵」がみえる。現在中尊寺にはこのうち二二〇帖余り残されている。山本信吉によれば、福州の開元寺で開版された開元寺版、湖州の思渓円覚禅院の思渓版、福州の東禅等覚院の東禅等覚院版によってなる三版混合蔵で、紹興十八（一一四八）年以降、浙江省寧波にあった吉祥院に大蔵経として奉納された。「明州城下吉祥院大蔵経」の朱印が捺されたものが現存している。これを平泉藤原氏が購入し、中尊寺に当別に経蔵を建てて納めたのは三代秀衡の時期とされる。秀衡所願の金字一切経は宋版一切経をもとに作成された。経巻中に宋版の刊記がそのまま写されていることから明らかだという(2)。また菅野成寛は、永保二（一〇八二）年に筑前国博多津から入宋した戒覚が明州吉祥院に寄宿したことを指摘し、「帰朝僧や商人などを介し」た情報の伝播の蓄積が、吉祥院大蔵経将来の背景にあったとする(3)。平泉の仏教文化は、東アジア規模の人々の交流のなかではぐくまれた。そのことを如実に物語るのが宋版一切経なのである。

ところでこの一切経は、鎌倉末期に流出の危機に瀕したことがあった。中尊寺文書正和二（一三一三）年十二月吉日訴状にそのことがみえる。

淡海公後胤前之陸奥守藤原朝臣清衡、奉送十万五千両沙金於宋朝帝院、凌万里之波濤、越数千山河、奉渡処七千余巻之経也、依茲従鳥羽院、為彼経主、是被下等身文殊脇仕共奉安置処也、然本朝無双之重宝也、致奸訴之条、与是云与彼云、企所存背八十誦律仏制、破五篇七聚之禁戒、豈有名無実之僧、依彼偽訴於被召上者、鳥羽帝御願、数代将軍願所、人法共令滅亡事、偏在一事、治《始》例於当代残愁於末代者歟、可被召上之由於被仰下者、鳥羽皇帝御願所金堂、釈迦堂、一切経蔵、金色堂以下堂塔諸社伽藍、不残一宇、皆々焼彿而可成鹿鳥之栖旨、衆徒一同儀《議》定、以此趣可為御披露候、仍如件、

正和二年壬寅極月吉日

（『平泉町史』史料編一、五一号。以下、町史五一と略記）

本書についての専論としては鈴木亜紀子の論攷がある。(4) 正和二年は壬寅ではなく癸丑であり、書止めの文言を「以此趣可為御披露候」と書札形式の文言のあとに「仍如件」でむすぶのが不自然であることも鈴木の指摘の通りである。ただし本書を訴状そのものではなく土代、あるいは逆に後世の写とみるならこうした不自然さも理解できる。本書は鎌倉末に中尊寺で起った重大な事件を伝える史料なのである。

内容をみよう。ここで問題となっているのが宋版一切経であることはいうまでもない。それは前陸奥守藤原清衡が十万五千両の砂金を宋の皇帝に献上して入手したもので、全七千余巻という。本来は一具で本来六千帖ほどとされているから七千余巻はやや誇張という程度だが、清衡はそもそも陸奥守に任じられていない。しかも前述の通りその船載は実際には秀衡の時代であって、清衡将来は無理がある。したがってこれは一種の神話だが、これが鎌倉末期に流布していたことは事実であり、あるいはこの神話の起源はもっと古いかもしれない。

ともかくそうして平泉にもたらされた「本朝無双之重宝」が、「有名無実之僧」の「偽訴」によって召し上げられようとしているのである。それは「鳥羽帝御願、数代将軍願所」である中尊寺の滅亡に等しい。かりに一切経の召し上げを強行するのであれば、衆徒らは「金堂、釈迦堂、一切経蔵、金色堂以下堂塔諸社伽藍」をひとつ残らず焼き払い「鹿鳥之栖」にすることも厭わないと、断固たる意思を表明する。衆徒らは宋版一切経の召し上げにこぞって反対し、一山の集会を開いてこの申状を「衆徒一同」決定した。そうした衆徒の行動を今に伝えるのがこの訴状なのであ

る。

この事件で衆徒の中心となったのが当時権別当だった行盛であり、本書の宛先が中尊寺別当であったことも、これまた鈴木のいうとおりであり、異論はない。しかしこの時期の中尊寺別当と権別当はどのような関係にあったのか。その背景にある中尊寺をとりまくこの時期の状況はどのようなものだったのか、なお検討を要する問題は少なくないように思われる。

以下に、主として鎌倉・南北朝期の中尊寺文書を素材にしてその一端を考えてみたい。(5)

一　中尊寺権別当

さて、正和二年申状の事件で衆徒のなかにあって主導的な役割を果たしたのが行盛だが、彼は中尊寺の権別当だった。では権別当とはどのような存在か。この点を検討するにあたって、まずは鎌倉幕府による平泉支配について確認しておきたい。

文治五年の奥州合戦後、鎌倉幕府は平泉惣別当を任命し、これに中尊寺・毛越寺など平泉の諸寺院を管轄させた。(6)惣別当は寺領を管領し、寺僧の所領を安堵あるいは改替し、また課役を宛て課すなどの広範な権限を有し、大石直正の表現をかりれば、「平泉諸寺院にたいする人事、財政の全権を委ねられた、聖俗両面にわたる強力な支配者」だった。(7)鎌倉幕府の平泉支配は、奥州惣奉行葛西氏と惣別当という二系統で実現しており、歴代の惣別当については、遠藤巌の精緻な考証がある。当初は鶴岡八幡宮寺供僧・別当が任じられたが、やがて有力御家人足利氏の一族にかわり、鎌倉末には北条氏の一族に独占されたという。(8)こうした理解が長く通説として共有されてきた。

ところが近年、佐藤健治によって通説は大きな修正をせまられることになる。(9) 佐藤によれば、弘安十（一二八七）年の時点で幕府は中尊寺・毛越寺双方を管理する惣別当体制を廃し、両寺それぞれに別当を任命する新体制を採用した。当時の惣別当は越後助法印盛朝だが、彼はこの新体制実施により毛越寺を切り離して中尊寺のみを管掌する別当になるという。その論証は的確で、これによって幕府の平泉支配についての理解は大きく前進したといえよう。なお、佐藤にしたがえば、盛朝以後の惣別当として遠藤が解明した法印実助—備前助僧都春助—阿闍梨定助—阿闍梨朝宗—朝演も、実は両寺惣別当ではなく中尊寺別当ということになる。

佐藤の所論には、もうひとつ重要な指摘がある。この新体制実施により、少なくとも中尊寺については現地の衆徒のなかから権別当が選任され、「衆徒による実質的な自治が実現される」という。そこで本稿では、衆徒の自治を担うこの権別当について基礎的な考察を試みたい。

その手がかりとなるのが、次頁の中尊寺文書である。

（端裏書）
「□別当職事、中尊寺」
平泉中尊寺権別当職事
屋敷一所　田地三段、一向不作
三段　壱貫八百文、孫太郎
〃〃屋敷無田地　七百文、平内次郎
已上弐貫五百文
同相伝系図

大進僧都、盛朝御代弘安十年拝領
行朝
寺僧分院主兼学頭、御経蔵別当職、
大長寿院別当、愛染明王免田畠以下
所職知行、往古私領小山村

讃岐法眼、実助御代正安三年拝領、
行盛
寺僧分御経蔵別当、大長寿院別当職、
兼学頭、愛染明王免田畠等知行、

信濃律師、朝演御代嘉暦三年拝領、
行円
寺僧分骨寺村三町、（以下墨抹）

同寺鎮守白山宮恒例卯月初午御神事時惣別当、

（町史五九）

最初の「平泉中尊寺権別当職事」で権別当職にともなう得分を、ついで「同相伝系図」として行朝以来の三代の次第を記す。本稿では本書全体を権別当相伝系図と呼ぼう。

これまでの研究でも行朝や行盛が権別当であることは指摘されてきたが、権別当が行朝―行盛―行円と任命されたことが、ここから何の迷いもなく読みとれる。しかし残念ながら日付も署名もみえず、作成の時期も意図もこれだけではわからない。この史料を活用するためには、まずはその性格について一応の考察を加える必要があろう。

そこで注目したいのが、鎌倉幕府滅亡の前年にあたる正慶元（一三三二）年十月、権別当宛てに出された次の文書である。

可被尋注進条々

一、金色堂密供僧・同経衆等、長日供養法御読経等退転之由、有其聞、早々所職相伝次第、器量勘否、可被注進之矣、

一、同堂経田二口所持族在之云々、所詮、有二口相伝所持法否、可被尋注進之焉、

一、白山宮長日大般若幷講演等、亦以退転云々、守旧規可令勤行之旨相触之、不叙用者、可被注進之矣、

（中略）

右条々、為御代官乍令在国、加催促、不及注進、共以無沙汰之条、併当寺荒廃之基歟、所詮、且存知之分、無偏頗矯餝之旨、載起請文詞、急速可被注進之状如件、

正慶元年十月三日　沙弥（花押）

権少僧都（花押）

中尊寺権別当御房

（町史六〇）

命令は全部で十一箇条あり、省略した部分には種々の「寺中制法」に違反した僧侶について一人も漏らさず「可被注進交名也」とある。寺内の坊地ではなく「里中」に住居するとか、「寺内用木」を勝手に伐採するなどの違反者に対する取り締まりが命じられている。権別当の責任も厳しく追及される。別当の代官でありながら制法に従うよう衆徒に催促せず、また寺中の状況を報告しないのは「当寺荒廃之基」とまで言い切る。実質的な差出人が中尊寺別当であることは内容から見て明らかだろう。

別当の詰問ともいえる厳しい命令の背景は何か、それ自体興味のある問題だが、さしあたりは第一条に注目しよう。金色堂で長日供養法などが退転しているとの認識のもとに、密供僧・同経衆らの「所職相伝次第、器量勘否」を注進せよと命じる。明記されてはいないが、金色堂別当についても同様の注進が命じられたと考えるのが自然だろう。そしてこれにたいする権別当の回答として提出された注進状が作成されたはずである。そこには金色堂別当分の相伝次第が添付されたに相違ない。これに相当するのが、次の史料ではあるまいか。

［　］
王尊（金色堂別当、常住院、薬王院、山王院、）――頼覚（阿闍梨、同上）――頼尊（出羽法眼、常住院、薬樹王院、山王宮別当、）――頼潤（助律師）
　　　　　　　　　　　　　　　　　　　　　　　　└頼賢（大夫法眼、金色堂別当、）――頼勝（卿阿闍梨、同上、）
（以下異筆）
頼盛（金色堂別当）――頼栄（同上、）――女子――猿一――猿千代丸

（町史補一八）

人物の注記から本書が金色堂別当の系図であることは明らかだが、従来ははるか後世のものと考えられてきた。(10) 確かに王尊・頼覚・頼尊については他に拠るべき史料がない。

しかし頼賢がこの系図にあるとおり金色堂別当であることは確実で、正応元（一二八八）年金色堂覆堂棟札（町史三六）に「当堂別当奉行阿闍梨頼賢」、翌正応二年とされる棟札にも「当□奉行阿闍梨頼賢」に、正応元（一二八八）年七月九日関東下知状（町史三五）に「中尊金色堂別当頼賢」とみえる。頼賢は正安二（一三〇〇）年三月二十日譲状で金色堂免田黒沢村地頭職等を頼勝に譲与しているが、これは金色堂別当職の相続を意味するものだろう。この譲状に「法眼頼賢」「卿阿闍梨頼勝」とあるが、これらはこの系図にそれぞれ「大夫法眼」「卿阿闍梨」とあるのに符合する。

次の頼勝と頼潤については年欠二月六日付別当実助書状にみえ、頼勝は「当堂別当」とあるがこれは金色堂別当を指す。詳しい考証は別の機会に譲るが、実助書状は延慶二（一三〇九）年七月二日別当法印権大僧都（実助）補任状（町史四七）の関連文書であり、同年のものと考えられる。この時期に金色堂別当職をめぐり頼潤と頼勝の対立があり、

衆徒は頼勝を支持したらしい。他に頼勝については、金色堂寺役について記す正慶二（一三三三）年二月二十八日頼勝書状（町史補一〇）、建武二（一三三五）年八月二十二日頼勝譲状（町史六五）がある。後者は金色堂別当職およびその所領を式部卿房頼盛に譲与したもので、頼勝が延慶から建武にかけての金色堂別当であることが確実である。要するに頼賢・頼勝、また頼潤についてのこの金色堂別当系図の記載は信頼できるものであり、異筆部分を追筆とみれば本来の記載が頼勝の代で終わっていることは、その原型が正慶元年権少僧都・沙弥連署状に対応して作成されたことに符合するのである。

権別当相伝系図に戻ろう。正慶元年権少僧都・沙弥連署状で相伝の次第と器量の勘否を書面で提出することは、金色堂関係者だけでなく、ほかならぬ権別当自身にも強制されたことだろう。権別当相伝系図は、まさにこのときに別当に報告するために作成されたのではあるまいか。現存する系図には修正の跡が多く、正確には提出された正文の草案というべきかもしれない。

こうした想定が妥当かどうか、相伝系図の記載と他の史料をつきあわせてみよう。まず弘安十年に任じられた大進僧都行盛だが、正応元（一二八八）年の金色堂覆堂棟札（町史三六）に「権別当兼院主阿闍梨行朝」、翌年とされる堂修理棟札銘に「院主阿闍梨行朝」とあり、権別当と院主を兼帯したことが確認され、相伝系図に符合する。相伝系図の「御経蔵別当職」は、正応四（一二九一）年四月五日譲状で朝賢が行朝に経蔵別当職譲与していることから確認できる（町史三八）。「往古私領小山村」は、後述する文永九（一二七二）年六月二十三日関東下知状（町史二九）で行朝が知行を認められた「小山薬師堂免田参町事」に関わるものだろう。

権別当相伝系図に別当実助の正安三（一三〇一）年に就任したという讃岐法眼行盛だが、嘉元二（一三〇四）年経蔵修理棟札銘に「奉行権別当兼学頭阿闍梨行盛」とみえ（町史補八）、同年七月八日の置文で朝賢は経蔵別当職を弟子の行盛に譲与したことを確認しているから（町史四三）、相伝系図の経蔵別当・学頭の兼任という記載もたしかめられる。行朝が二十七年もの長きにわたって権別当をつとめたあとに、別当朝演の嘉暦三（一三二八）年に就任したのが信濃律師行円である。相伝系図に「寺僧分骨寺村三町」とある。同じ嘉暦三年六月十五日行盛去文に行円が骨寺村の一部を知行することがみえる（町史五八）。相伝系図には行円に経蔵別当の注記がない。天正二十（一五九二）年二月二十五日経蔵別当職相伝世譜（町史一一八）は行円を経蔵別当とするが、少なくとも残された同時代の中尊寺文書からはそのことは確認できないのであって、むしろこのことは相伝系図の正確さを物語るともいえよう。

そもそもこの相伝系図が行円で終わっているのは、正慶元年権少僧都・沙弥連署状の宛所となった中尊寺権別当が行円その人であるからに外ならない。その最後の部分に「鎮守白山宮恒例卯月初午御神事時惣別当」との書き込みがあるのは、連署状三条目の「白山宮長日大般若抃講演等、亦以退転云々」とあるのに対する行円なりの返答ではなかろうか。

以上、権別当職相伝系図は正慶元年権少僧都・沙弥連署状に対する回答のひとつとして、権別当行円のもとで作成されたこと、その記事は他の史料との矛盾はなく信頼できるものであることを述べた。

行円のあとの権別当はいかがだろうか。補任系図のような便利な史料はないので、断片的な手がかりをもとに探し出すしかない。

正和三（一三一四）年十二月二十五日行盛譲状には「任此状、不可有知行相違之由、依仰執達如件、建武参年弐月廿三日　権別当頼順（花押）」との譲与を保証する外題がある（町史五二）。したがって建武三（一三三六）年二月の時点では行円は権別当を辞しており、その地位にあったのは頼順だったことになる。頼順の名は正和二（一三一三）年三月七日別当実助補任状にみえ、これは権律師公円を中尊寺学頭職に任じ仏性院内坊地を安堵したものだが、「坊地事、任頼順応長元年十月廿四日譲状、不可有相違」とあり、頼順が公円に坊地を譲与したことがわかる。学頭公円は、惣別当最信の代に別当代最清の失態で焼失した成就院の復興に努めた人物として、建武元（一三三四）年八月日中尊寺衆徒等申状にその功績が記された人物だが（町史六一）、頼順はその師であったか。

このあとしばらくは権別当に関する史料はみえない。ただ康永二（一三四三）年七月、奥州総大将石塔義房を大檀那として鋳造された梵鐘の銘に「頼栄励推鐘利生志于後銘」「願主権律師頼栄」と頼栄の名がみえる（町史七一）。この鐘にはこれ以外の僧侶の名がみえず、この願主が権別当である可能性があろう。ただし翌康永三（一三四四）年六月五日付けの平忠泰打渡状に、中尊寺別当領を「別当代頼禅」に打渡すとある（町史七二）。あるいは頼栄―頼禅とつづいたか。頼栄・頼禅も他の史料にはみえない。(11)

次の貞和二（一三四六）年の衆徒置文と目される史料は興味深い。

□□僧中不可致権別当之旨、□□同定置之処、依殊子細□補卿阿闍梨頼盛之旨、惣衆一□之状如件、

貞和二年七月三日

権少僧都頼実

権少僧都栄順（花押）

法印公円（花押）

（町史七四）

衆徒中に権別当を置かないことをいったんは決めたが、「殊子細」があるので衆徒が一揆して卿阿闍梨頼盛を権別当とするとある。「惣衆」を代表して署判している三人のうちの法印公円は、先に述べた成就院再興の功労者であり、この時期にはおそらく長老として衆徒のうちに重きをなしたものと思われる。この衆徒の決定をうけて別当との交渉

が行われたことを示す文書が残されている（町史八七）。権別当を一時廃止した事情も、またそれを復活した「殊子細」も不明だが、ともかくも頼盛がその任についたのは確実である。ただしこれを最後に権別当に関する記事は中尊寺文書から姿を消す。

以上をまとめると、権別当は行朝―行盛―行円―頼順―（頼栄・頼禅）―頼盛と推移したことがわかる。ただし、頼栄と頼禅は確かではない。

このうち行朝・行盛が経蔵別当職を相伝したことはすでに述べた。行円は前掲正和三年行盛譲状に「舎弟信濃阿闍梨行円」とあって行盛の弟である。行円までの三代は経蔵別当職を相伝する系統から権別当が任じられたことになる。一方、判明する最後の権別当頼盛は金色堂別当だった。建武二（一三三五）年八月二十二日頼勝譲状で、頼盛はこれを頼勝より譲与されている（町史六五）。また康永三（一三四四）年十二月十日平親家打渡状に、「莅中尊寺金色堂領三迫白浜村、如元渡付寺家雑掌頼盛阿闍梨」とある。金色堂領の打渡にあたって、その別当である頼盛が中尊寺側の実務を担当したと理解される。頼順・頼栄・頼禅は不明であるものの、権別当補任のこうしたありかたから、経蔵別当職・金色堂別当職を相伝する法流の僧侶がこの時期の中尊寺衆徒の主導的な地位にあったと想定できよう。中尊寺の数多い衆徒のなかで、経蔵別当・金色堂別当はやはり特別な位置にあったとみてよかろう。

二　鎌倉時代後期中尊寺の一断面

行朝以降の権別当の歴代を検討したが、そもそも権別当とはどのような性格のものか。それが衆徒の〝自治〟の要であることは佐藤健治の所論や、また前節で紹介した貞和二（一三四六）年衆徒連署状（町史七四）で惣衆一同してこれを選出していることからも予想されるが、この点についてなお考察したい。

弘安十（一二八七）年の新体制実施によって行朝が権別当になったのは、中尊寺の歴史において大きな転換だった。これ以前、惣別当体制が機能していた時期においては、先行研究の説くように惣別当が別当代＝両寺権別当を平泉に派遣していたのであり、この別当代が直接に現地の衆徒と向き合うかたちで中尊寺・毛越寺を管轄した。

そうした別当代の具体像は、例えば「住心院文書」文永元（一二六四）年十月二十五日関東下知状（町史二八―以下文永元年裁許状）に登場する別当代栄賢にみることができる。かれは自身の律師成功に際してその費用を百姓や衆徒に宛て課したとして衆徒から訴えられた。栄賢は「依為寺務之仁、随志所訪也、全非公事之儀」（寺務を担うものとして寄付を受けたのであり、公事として徴税したのではない）と陳じているが、いかにも苦しい弁解である。文永九（一二七二）年六月二十三日関東下知状（町史二九―以下文永九年裁許状）で、「別当代弘長元年五月廿一日状」により新儀課役を課したのも栄賢だろう。惣別当の指示を受けて、あるいは自らの恣意で衆徒らに新たな負担を強制するさまがかいま見える。また建武元（一三三四）年八月日中尊寺衆徒申状（町史六一―以下建武元年申状）にみえる別当代官壱岐阿闍梨最清は、「為的庭結構焼払当院辺之刻」に誤って成就院も焼いてしまったという。寺内に弓庭をつくろうとしたこと自体、別当の権勢を背景にした強圧的なふるまいをうかがわせる。いずれも惣別当最信の時期に当たるが、史料に登場する限り別当代の評判は芳しいものではない。

一方、弘安十年の新体制実施にともなって初代の中尊寺権別当となった行朝は、文永九年裁許状にいたる相論で中尊寺衆徒を主導した僧侶のひとりだった。文永元年・九年の二つの裁許状は、ともに衆徒が惣別当最信を訴えて幕府法廷で争った相論の裁許状である。後者に「如衆徒所進文永元年下知者」と前者が引用されており、衆徒はその履行を求めて再度訴訟を起こしたのだろう。二つの裁許状の主要な争点は、衆徒が師資相承した供田講田に別当が進退権を行使することの可否である点で共通している。ただ、文永元年裁許状ではそれが一般的に述べられているのに対して、文永九年裁許状では個々の衆徒の具体的な権利の当否が問題にされている。後者で惣別当が押領、あるいは不当に改替したとされている衆徒の所職を列挙すると、行朝の小山薬師堂免田参町および金色堂供僧職、永幸の帝釈堂免田畠および白山講田壹町幷屋敷一所、勝弁の金色堂免田等、明元の白山宮別当職が挙げられる。幕府の裁許は、金色堂供僧職については別当側の主張に理解を示したものの、他はすべて衆徒側の勝訴であり、行朝・永幸・勝弁・明元はその権利を認められた。彼らが自身の所職だけのために訴訟を指導したのではなく、「可被停止別当任符事」あるいは「検注事」など衆徒全体の利益にかかわることがらも争点となったのはもちろんだが、文永九年裁許にいたる訴訟はこれら四人が中心になったと想定され、なかでも行朝が大きな役割を果たしたのだろう。

弘安十年以前にも衆徒の自治的な動きが存在したことはいうまでもない。そもそも鎌倉初期以来長きにわたって、衆徒等はしばしば惣別当と対立してきた。建武元年申状には、二代惣別当理乗房印鑁について「非法帳(張)行之間、衆徒等訴申之日、建保五年六月廿五日被改易訖」とあり、五代惣別当の最信についても「依致非拠建治三年六月廿三日被改易」とある。最信は文永の相論の後にもさらなる衆徒の追求により建治三（一二七七）年に罷免される。一山の集会を開き、一揆をむすぶ衆徒の自治的なうごきがなければ、こうした別当への抵抗が継続することはありえない。そして文永年間にその中心にいたのが行朝だった。弘安十年にはじまる新体制は、そのような衆徒の自治を制度化し、そのかなめの役割を権別当に負わせたものといえる。それは中尊寺の衆徒集団にとって、確かな前進といえるだろう。

正和二（一三一三）年三月七日補任状で別当実助は権律師公円を中尊寺学頭に補任しているが、それは「行盛律師今月五日進状」に任せてのことだった（町史四八）。行盛の状とは、公円の学頭職補任が中尊寺の衆徒のあいだで合意されたことを伝える一種の挙状と解釈できよう。衆徒の合意を権別当がとりまとめ、それにもとづいて別当が補任状を交付するという一連の手続きを想定できる。

弘安十年以後は、別当と衆徒が幕府法廷で争った形跡がないことも、新体制がそれなりに機能していたことを暗示する。衆徒と別当のあいだの対立関係が解消したわけではなく、両者のあいだには常にある種の緊張が存在し続けたことは前節冒頭に引いた正慶元年権少僧都・沙弥連署状からもうかがわれるが、それは幕府法廷での相論を経なければならないような性格のものではなかったのである。

以上、衆徒・権別当・別当との関係について述べた。次にこの時期の衆徒にとって最大の問題である堂塔修理問題を取り上げよう。

これについては、すでに文永元年裁許状の段階でこれは大きな争点のひとつとなっていた。弘安十年新体制も惣別当の修理責任にかかわる幕府の対応といえる。堂舎が破壊顚倒してゆく状況の深刻さは、財政問題という意味では仏神事用途の不足という事態と表裏をなしている。嘉元三（一三〇五）年三月日中尊寺衆徒重訴状（町史四四）は衆徒が奥州惣奉行葛西宗清の仏神事用途「数万貫未進」を訴えたものだが、それによればこの問題をめぐる衆徒と葛西氏との紛争は正応年間以来十数年に及んでいた。

堂塔修理問題は、嘉暦二（一三二七）年三月に衆徒が「欲早云恒例寺役、云堂社修理、任先規被経厳蜜御沙汰条々」を要求して申状を提出したことで大きな転機を迎える（町史五七）。権別当が行盛から行円にかわる時期であり、彼らが衆徒の合議をうけてとりまとめたと考えられる。宛先は幕府の奉行人ではなく、このとき新たに中尊寺別当に就任した朝演だろう。「相当寺務憲政御代、当寺繁栄有此時」と、新別当に対する期待を隠さない。

この申状には「鎮守白山宮并本堂号大尺迦堂未作」、あるいは「金色堂者、本朝無双之名堂也、而内陣板敷仏壇朽落而付于地、弥陀・観音・地蔵・四天等顚倒而動座、不被宛目次第也」と破壊・顚倒の深刻さが述べられ、一刻の猶予もなく修理造営が必要なことが記されていた。ただしこのとき衆徒が新別当に求めたのは、修理料の下行ではない。もはや別当の裁量ではいかんともしがたい状況であることは明白だった。衆徒が求めたのは、「本堂仏像并惣門・塔婆以下、雖可為寺家御経営、一向為新造可為大営之間、帯御挙状令言上　公方事」である。つまり朝演の挙状を得て幕府に訴え、幕府から新たな保護を得ようという戦略だった。この申状はそのように読めるのである。

そしてこの戦略はそれなりの成功を収めた。建武元年申状によれば、衆徒は修造料所として「於関東便宜料所可有御寄進之由」を幕府に要求した。修理造営は「難及別当力之由、依被辞申之」とあるが、別当朝演は衆徒の要求に従ってこれを幕府に取り次いだのであり、その結果矢野伊賀入道を奉行として、嘉暦二（一三二七）年五月二十九日に幕府の「御評定」を経るに至った。幕府は衆徒の要求を正式に受理し、小野寺道亨・沼倉隆経を両使として「仏像以下朽損次第、遂実検、載起請之詞可注進」と調査を命じ、実検は同年十一月に実施された。つまり嘉暦二年の段階で、幕府は別当の挙状にもとづく衆徒の訴えを容れて本格的な修復を検討し始めていたことになる。衆徒の求める新たな修理料所は鎌倉幕府の滅亡によってついに宛行われることはなかったにせよ、その可能性は存在したのである。建武元年申状が、幕府がなしえなかった修理料所の宛行を新政権に要望したものであることはいうまでもない。

ところで嘉暦二年申状には、「寺役以下堂社破壊註文」一巻が副進されていた。破壊の状況を具体的に述べるためには、当然のことながら堂舎はもちろん寺宝等の詳細な調査が必要である。申状に「重宝等連々令紛失畢」とあるが、逆に言えば由緒も含めての寺宝・堂舎の調査が継続されていたことを物語る。すでに文永元年裁許状の段階で「或顛倒或破壊之条」を注文にしたためて訴訟している。鎌倉後期の堂舎破壊の深刻化のなかで、これを回復しようとする衆徒らの努力が営々と積み重ねられ、堂舎のみならず寺宝の現況や由緒の調査などが続けられてきたことは想像に難くない。

前節で述べた嘉暦三（一三二八）年の信濃律師行円の権別当就任は、まさに前年の申状に端を発した幕府による中尊寺修造評定の最中であった。衆徒側の中心として行円は幕府にさまざまにはたらきかけたことだろう。翌嘉暦四年八月二十五日に行円が天治三年三月二十四日清衡願文の書写と奥書・端書きの執筆を前少納言輔方に依頼したのも（町史一一）、こうした一連の流れのなかで理解されるべきで、衆徒による寺宝修復の一端といえよう。

さて、以上述べてきたところから、本稿冒頭に掲げた正応二年申状をあらためて検討しよう。

衆徒は宋版一切経の召し上げに一山を焼き払ってでも抵抗すると意思表示したが、この問題の発端は「有名無実之僧」の「偽訴」にあった。「偽訴」の内容も、これを起こした僧についても手がかりはないが、当時、衆徒内の対立は確かに存在した。葛西宗清との相論が正応年間以来のものだったことはすでに述べたが、嘉元三年重訴状によれば正安二（一三〇〇）年以降衆徒沙汰雑掌としてこの訴訟を主導した勝弁は宗清との内通を疑われ、重訴状の段階ではその任は頼潤に取って代わられている。その頼潤もさきにふれたように、延慶二（一三〇九）年には金色堂別当頼勝の訴えにより失脚しているのである（町史四七・六三）。とはいえこの程度の内部対立は、それなりに多くの衆徒をかかる寺院であれば珍しいことではなかろう。正応二年七月二日に行盛の状に任せて公円が学頭職に任じられているが、これまた先述の通り衆徒の合議を背景に行盛が別当に提出した一種の挙状とみるべきで、ここに行盛と公円の対立を想定する必要もあるまい。正和申状にある「偽訴」の張本人が衆徒中であれば、頼勝による頼潤の弾劾の例からもその名は申状中に明記されるのが自然であり、むしろ中尊寺以外の人物の可能性が濃厚であろう。

ところで、中尊寺経蔵は嘉元二（一三〇四）年に修理されている。その棟札には「依征夷将軍家之仰、奉修理御経蔵一宇」とあって、別当実助が幕府にはたらきかけ、権別当行盛が奉行となって実現した修理である。ただしそれが満足のゆく修理であったか。建武元年申状には「御経蔵破壊同前之間、彼三部一切経于今令朽失事、不被宛日次第也」

とある。堂塔破壊の深刻化によって、寺宝の維持がきわめて困難な状態になっていた状況がある。

そうしたなかでの召し上げ問題である。想像をたくましくすれば、これを企図したのは別当実助周辺の人物ではなかったか。しかし衆徒はただちにこれに反撃した。その中心にあったのは権別当行盛だろう。この申状は実助にたいして断固たる意思を表明したものであり、これによって実助は衆徒の信頼を失ったに違いない。中尊寺別当は正和二年三月段階では実助だが、翌三年三月には春助に交代する。(12)この交代にはそのような背景があったのではなかろうか。

憶測を積み重ねることになったが、正和二年申状の事件は幕府法廷での訴訟に展開した形跡はなく、実助から春助への交代によって終熄したのだろう。こうして、東アジア仏教世界の広がりの記念碑ともいうべき宋本一切経は守られた。建武元年申状は、春助が「沈于病床之刻、云修理造営、云仏神事等、任先例可致精誠之由」の願書を中尊寺白山権現に納めたことを述べるが、春助は修理造営を求める衆徒の要求をそれなりに受けとめていたといえよう。

おわりに

正和二年申状が記された時代の中尊寺について、ここで扱えたのはごくわずかのことに過ぎない。弘安十年以降の権別当の歴代を考証しその性格を考察したこと、建武元年申状にいたる修理修造問題の一端を述べたこと、本稿がなしえたのはこの二つにつきる。中尊寺衆徒が、権別当を自治の核にしつつ、困難な状況のもとで堂塔修理のために営々と努力をつづけた様相を垣間見たに過ぎない。最後に、残された課題を筆者なりに整理して結びにかえたい。

宋版一切経は近年中尊寺で悉皆調査が行われており、その成果の一部が破石澄元・政次浩によって報告されている。(13)これを機に、今後寺外に流出した教典が発見され、それによって新たな知見を得られることがあるかもしれない。十二世紀東アジア仏教文化の内実が豊かに再現されることに期待したい。

ところで本稿で素材とした中尊寺文書だが、その文書群としての性格も今後の検討課題になろう。筆者はそれが「経蔵文書」「金色堂文書」として整理されたのは室町期のことと考えているが、本来は両者が一体のものとして「権別当文書」ともいうべき文書群として存在した可能性がある。金色堂別当に関わるものが「経蔵文書」中に複数存在し、またその逆も事欠かないからである。もちろん、これについては稿をあらためて論じたいが、室町期の整理の段階で「権別当文書」が「経蔵文書」「金色堂文書」に分けられ、同時にその時点で必ずしも重要と考えられなかったものが除外され、はなはだしきは後世寺外に流出することもあったと思われる。文永元年裁許状が「住心院文書」に伝えられているのは、その最たる例であろう。

これと関連して、現在中尊寺文書とされているものが、おおむね初代権別当行朝以降であることも注目される。行朝ゆかりの文書群がもっとも古いものであり、これには天治三（一一二六）年三月二十五日経蔵別当職補任状案（町史一二）以降いくつかの鎌倉初期の日付を有する文書も含まれ、また文永九年裁許状が行朝ゆかりの文書であることはすでに述べた。文治五年に惣別当体制がはじまって以来、惣別当による中尊寺支配の過程でさまざまの文書が発給されたはずで、その一端は残された文書からもうかがうことはできるが、ほとんど残存していない。その理由のひとつは、そうした文書が弘安十年以前は惣別当が派遣した別当代＝両寺権別当の坊に保管されていたからではなかろうか。弘安十年の新体制は、中尊寺文書の伝来を考える上でも重要な鍵になるように思われるのである。(14)

註

（1）　東アジア交易圏のターミナルとしての平泉の性格については、すでに多くの研究がありここではいちいち紹介することはできない。さしあたり最近の代表的なものとして、斉藤利男『奥州藤原三代――北方の覇者から平泉幕府構想へ――』（山川出版社、二〇一一年）を挙げておく。
（2）山本「中尊寺経」（藤島亥治郎編『中尊寺』河出書房新社、一九七一年）。
（3）菅野「平泉出土の国産・輸入陶磁器と宋版一切経の舶載――二代藤原基衡と院近臣――」（岩手県平泉町文化財調査報告書第三八集『柳之御所跡発掘調査報告書』、一九九四年）。
（4）鈴木「正和二年中尊寺衆徒等申状について」（『中尊寺仏教文化研究所論集』創刊号、一九九七年）。
（5）中世の中尊寺に関わる史資料は『平泉町史』史料編一（一九八五）がもっともよく網羅しており、本稿でも引用史料にその番号を用いた。
（6）大石直正「陸奥国中尊寺領の構成」（『東北学院大学論集　歴史学・地理学』三号、一九七二年）、高橋富雄「一中世文書から見た平泉問題」（豊田武教授還暦記念会『日本古代・中世史の地方的展開』吉川弘文館、一九七三年）。
（7）大石「鎌倉時代の平泉」（『平泉町史』三巻「総説・論説編」、一九八八年）。
（8）遠藤「平泉惣別当譜考」（『国史談話会雑誌』一七号、一九七四年）。
（9）佐藤「平泉惣別当体制と中尊寺・毛越寺僧侶」（入間田宣夫編『東北中世史の研究』上巻、高志書院、二〇〇五年）。
（10）佐々木邦世「解説」（『平泉町史』「史料編一」、一九八五年）。
（11）応永二十八年十一月十九日頼栄譲状（町史九一）の頼栄は、時期からして明らかに康永二（一三四三）年梵鐘銘にみえる人物とは別人である。
（12）遠藤前掲註（8）論文。
（13）破石澄元・政次浩「中尊寺大長寿院所蔵宋版経調査概報」（『中尊寺仏教文化研究所　論集』二号、二〇〇四年）。
（14）両寺惣別当体制時期の文書として、「瑠璃光院文書」弘長二（一二六二）年四月一日座主下知状がある。これについては佐々木邦麿「中尊寺における顕密宗旨の再検討」（『大正大学研究紀要文学部・仏教学部』六〇、一九七五年）・佐々木邦麿「中世中尊寺における言家方の軌跡」（『天台学報』一七、一九七五年）の研究があり、また佐藤健治前掲註（9）論文にも重要な指摘があるが、筆者の力量不足で本稿では検討できなかった。

平泉　音の古層——中尊寺供養願文のサウンドスケープ——

木村直弘

はじめに

サウンドスケープ Soundscape とは、カナダの現代音楽作曲家・音楽教育家マリー・シェーファー（一九三三〜）が一九六〇年代末に、「音」を意味する「サウンド sound」と「〜景」を意味する接尾語「〜スケープ -scape」から造語し提唱した、〈音風景〉を意味する概念である。シェーファーによれば、サウンドスケープ研究は「人間とその環境の音との関係は何か、またこれらの音が変化する時に何が起きるのか」についての「さまざまな研究を統合する試み[1]」ということになる。具体的には、物理的・心理的・生理的次元で音を扱う音の科学に関する諸分野と、地理的・社会的・文化的・歴史的・美学的次元で音を扱う音の芸術に関する諸分野との統合、換言すれば「西洋近代文明の細分化した諸制度の再統合[2]」を、サウンドスケープという概念は志向しており、音環境を一つの「文化」として総合的に把握しようとするアプローチをとる。この発想を平泉研究に当てはめてみれば、従来の平泉研究は、歴史学、考古学、地理学、美術史学、仏教学等々、多様な分野からアプローチされてきたが、少なくとも「音」についての研究は為されてこなかったに等しい。しかし、音に関して残された人類学的・歴史的史料や、文学、神話、絵画等さまざまな媒体の記録（シェーファーはそれを「〈耳の証人〉の陳述」と呼ぶ[3]）に着目することによって、それぞれの場所や時代におけるサウンドスケープについても、推論的にではあるが、歴史的展望を得ることができる。そこで、この小論では、音が「意味を喚起、触発する一種のメディア（媒介）としての機能[4]」を有するかぎり、「音が人間に対して持っている豊かな象徴性[5]」をもつと考えるサウンドスケープという切り口から、平泉における〈音風景〉の古層を明らかにすることを目的とする。平泉に関する多くの史料のうち、そのいにしえの〈音風景〉を知ることができる最古のものは、平泉研究の最重要文献の一つ、「中尊寺供養願文」（重要文化財登録名は「紙本墨書中尊寺供養願文[6]」）である。以下、そこに記録されたサウンドスケープをみてゆく。

一　中尊寺供養願文の〈音風景〉

この供養願文・冒頭には、「奉建立供養鎮護国家大伽藍一区事」と、明確に鎮護国家を目的とした大伽藍建立の建立趣旨が記されている。平泉史研究をリードする一人である中尊寺釈尊院住職・菅野成寛によれば、[7]文章博士や大学頭を歴任し当代きっての文章家とされた藤原敦光の起草とされるこの願文は、形式・構成面で典型的な「願文スタイル」であり、実際に他の敦光の願文や「願文の百科全書」ともいえる大江匡房の『江都督納言願文集』全六巻（一〇六一～一一一一年）と共通の名辞・用語が散見される。しかし、たとえば、治安二（一〇二二）年に藤原道長が法成寺金堂の新仏開眼供養の法会を行った際、藤原広業によって草された法成寺金堂供養願文にみられる音風景が「諸部大乗次第諷読、以梵唄讃嘆而恭敬、以管磬歌舞而供養[8]」と、読経など一般的にしか記されていないことに比べれば、中尊寺供養願文では、はるかに豊かな音風景が看取できる。以下、順を追ってその音風景の概要をつかんでおこう。

（1）「鐘声」

まず中尊寺供養願文中、最もよく言及されるのが、以下の箇所であることは言を俟たない。即ち、

二階鐘楼一宇、

懸二十鈞洪鐘一口、

右、一音所覃千界不限、抜苦与楽、普皆平等、官軍夷虜之死事、古来幾多、毛羽鱗介之受屠、過現無量、精魂皆去他方之界、朽骨猶為此土之塵、毎鐘声之動地、令寃霊導浄刹矣、

この二階鐘楼についての説明部分は、清衡の浄土思想を如実に反映したものとして、特に有名である。つまり、この箇所で注目されてきたのは、官軍・夷虜の別なくかつて蝦夷の地で命を落とした人間から、毛羽鱗介の類い、すなわち動物・鳥・魚・貝に至るまで、骨が塵となってこの地に曝され、恨みを残したままのそれらの霊魂が、皆平等に

浄土で成仏できるように祈願されている部分である。二十鈞（約三六〇キログラム）の鐘の一音は物理的音響であり、空気の振動として我々の聴覚（鐘に近ければ皮膚感覚的にも）に知覚されるが、この「鐘声」が全ての地（三千大世界）へ普く届き、その振動が、官軍夷虜を問わず普く無実の罪で斃れた人の霊魂を浄土へ導くという記述における音風景は、どのように捉えられるであろうか。

前出・菅野成寛は、藤原敦光の父・藤原明衡によって編まれた『本朝文粋』（一〇五八年頃）に収録された兼明親王（前中書王）作の施無畏寺鐘銘や、大江朝綱（後江相公）作の朱雀院平賊後被修法会願文などを例に引き、前者における「大千界」や「一音」、後者における「官軍」「逆党」「抜済平等」といった用語に注目、そこに鐘声による六道世界からの救済や敵・味方を問わない怨親平等という中尊寺供養願文との共通思想を指摘する。(9) すなわち、前述のように、これらは当時の典型的な願文スタイルで書かれており、必ずしも中尊寺供養願文における「鐘声」の強調が独自の思想に根差しているというわけではないとされる。

確かに、寺院と鐘との関係については、『平家物語』冒頭「祇園精舎鐘声、有諸行無常響」や、前掲・法成寺金堂供養の場面（一〇二二年七月十四日）を描いた『栄花物語』巻第十七「おんがく」中の「祇園精舎の鐘の音、諸行無常・是生滅法・生滅〻已・寂滅為楽と聞ゆなれば、病の僧のこの鐘の声き〻て、皆苦しみ失せ、或は浄土に生るなり」(10)や、『梁塵秘抄』巻第二・僧歌十首中の「迦葉尊者の石の室、祇園精舎の鐘の声、醍醐の山には仏法僧、鶏足山には法の声」(11)など、平安時代から人口に膾炙していた。特に、こうした記述の由来は、天台僧・源信（恵心僧都）によって寛和元（九八五）年にまとめられた『往生要集』にある。すなわち、その巻上・大文第一ノ七「総結厭相」の項にある、

或復大経偈云。諸行無常。是生滅法。生滅滅已。寂滅為楽　已上
祇園寺無常堂四隅。有頗梨鍾。鐘音中亦説此偈。病僧聞音苦悩即除。得清涼楽。如入三禅垂生浄土。(12)

がその典拠である。「諸行無常」以下、いろは歌の由来である『大般涅槃経』巻十四の有名な雪山偈の引用に続いて、祇園精舎の無常堂の四隅に配された水晶の鐘の音の中にもこの無常偈と同じことを説く力があるとされる。すなわち、病気の僧がこの鐘の音を聞くと、苦悩が除かれ、清涼な欣ばしい気持ちになり、それはあたかも色界第三禅天に入り欣びをえて浄土に生まれるかのようになるという意味である。『往生要集』は極楽往生に関するさまざまな仏典から重要な文章を集めたものであり、この祇園精舎に関する部分も、本文には明記されていないが、出典がある。それは、唐は高宗の時代・乾封二（六六七）年に成立したとされる『中天竺舎衛国祇洹寺図経』である。その下巻に、祇園精舎の僧が病気で死が迫ったとき、その僧を移し無常を観じさせる無常院についての記述として次のような箇所がみえる。

病僧気将大漸。是金毘命口説無常苦空無我。手挙白払鍾即自鳴。音中亦説諸行無常是生滅法。生滅滅已寂滅為楽。病僧聞音苦悩即除得清涼楽。如入三禅垂生浄土。[13]

この箇所の前におかれた説明によれば、祇園精舎の西の区域に無常院はあり、その四隅に四つの白銀の鐘と四つの頗黎鐘の計八つの鐘が配置されている。銀鐘は、重さが十万斤あり、形は須弥山のよう。また、頗梨鐘の形は腰鼓のようで、その吊り下げ用の鉤のところには、金獅子に乗り白払を持った金毘命が象られている。病僧が危篤になると、この金毘命の口から「無常苦空無我」という言葉が発せられ、白払を挙げると、これら水晶の鐘がひとりでに鳴りはじめ、無常偈を説く。実は、これらの鐘はこの世のものではなく、銀鐘は帝釈天（須弥山頂の忉利天の主）、頗梨鐘は月天子によって作られたものであり、まさに「其声所至百億世界」、その音は世界全土に普く響き渡り、釈迦入滅後、それらは上方へ去り浄土へ還ったとされる。[14]

以上のように、古来蝦夷の地にあった幾多の死者の霊魂を浄土へ導くという清衡の具体的な祈願にとって、「千界不限」＝「百億世界」へと覃《およ》び、苦悩を除き、清涼の楽を得ることができる祇園精舎の鐘声が強調されることは、きわめて重要なことであったと考えられる。さらに、この鐘声については、もう一つの大きな意味付けがあるのだが、その前に、中尊寺供養願文の続きを追っておこう。

（2）「広楽」と「千僧之声」

「鎮護国家大伽藍一区」のうちにある建造物（とそこに配された資材）、すなわち「三間四面檜皮葺堂一宇」（在左右廊廿二間）、「三重塔婆三基」、「二階瓦葺経蔵一宇」、「二階鐘楼一宇」に続き、中尊寺供養願文にはこう記されている。

大門三宇、
築垣三面、
反橋一道、二十一間、
斜橋一道、十間、
竜頭鷁首画船二隻、
左右楽器、太鼓、舞装束卅八具、
右、築山以増地形、穿池以貯水脈、草木樹林之成行、宮殿楼閣之中度、広楽之奏歌舞、大衆之讃仏乗、雖為徼外之蛮陬、可謂界内之仏土矣、

ここでは、まず、「大門三宇」、築山造成による「築垣三面」、人工池に架けられた「反橋一道」（二十一間）や「斜橋一道」（十間）、それに、池に浮かべられていたであろう「竜頭鷁首昼船二隻」に加え、その船上で奏される「左右楽器、太鼓、舞装束三十八具」が挙げられている点は注目に値する。ここでは、「界内之仏土」、すなわちこの世にお

ける極楽浄土をイメージさせる景観の現出が目論まれているわけだが、その「仏土」的景観に必要欠くべからざる要素として、管絃歌舞、すなわち唐楽と左方の舞、高麗楽と右方の舞による「広楽之奏歌舞」という音風景が組み込まれている。「広楽」とは、たとえば『穆天子伝』第一に「天子乃奏広楽」、あるいは『史記』巻四十三趙世家第十三に「与百神游於鈞天、広楽九奏万舞」とあるように、天帝の住む天の中央（鈞天）で奏されている美しい楽舞を意味する。[15] またここでの「左右楽器」を、平等院鳳凰堂の内部に描かれた楽器、あるいは、前出『栄花物語』巻第十七での

> 左右の船楽竜頭・鷁首舞い出でたり。曲を合せて響無量なり。管を吹き絃を弾き、鼓を打ち、功を歌い、徳を舞う。[16]

といった記述に基づいて推測すれば、管楽器五種（横笛、縦笛、篳篥、笙、簫）、絃楽器三種（琵琶、琴、箜篌）、打楽器四種（太鼓、羯鼓、方響、鉦鼓）が挙げられる。雅楽における左方の楽＝唐楽の様式は、唐の燕楽（宴会の音楽）に由来するとされているように、雅楽は、本来仏教音楽ではなかった。しかし、たとえば、前掲『栄花物語』巻第十七に

> 楽所のものゝ音どもいといみじくおもしろし。これ皆法の声なり。或ハ天人・聖衆の妓楽歌舞する（か）と聞ゆ。香山大樹緊那羅の瑠璃の琴になずらえて、管絃歌舞の曲には、法性真如の理を調ぶと聞ゆ。[17]

とあるように、平安中期に蔵人所におかれた楽所の伶人たちが奏でる雅楽の管絃歌舞の音は、「法の声」すなわち読経・説法・念仏などの声とみなされていた。これは「香山大樹緊那羅の瑠璃の琴になずらえて」とあるように、鳩摩羅什が漢訳した『大樹緊那羅王所問経』巻第一の以下の箇所に由来する。すなわち、

> 爾時大樹緊那羅王。以己所弾琉璃之琴。閻浮檀金花葉荘厳。善浄業報之所造作。在如来前善自調琴。及余八万四千伎楽。是大樹緊那羅王当弾此琴。鼓衆楽時。其音普皆聞此三千大千世界。是琴音声及妙歌声。隠蔽欲界諸天音楽。爾時欲界所有諸天。皆捨音楽来詣仏所。是大樹緊那羅王当鼓琴時。三千大千世界所有叢林諸山。[18]

であるが、ここで注目すべきは、「三千大千世界」へと普く届く大樹緊那羅王の奏する瑠璃の琴の音や歌声が、欲界諸天の音楽を隠蔽し、人は皆音楽を捨てて仏教に縁のある所へ詣でるという記述である。つまり、ここで重要視されているのは「音楽」ではなく、「音」そのものである。それはそれに続く記述で、この音によって三千大千世界にある須弥山等の山々やそこにある薬草樹木叢林全てがだんだん激しく震動する様が描写されていることからもわかる。(19)まさに中尊寺供養願文に「毎鐘声之動地」とあったように、鐘の音は音楽ではなく、その法力を担保するのは振動としての音であり、それ自体が振動であるからこそ、他を共振させることができる。そして、大樹緊那羅王の瑠璃琴の場合も、そこで奏でられた音楽ではなく、琴の「音」そのもの自体に神秘的な力があると考えられていることが看過されてはならない。竜頭鷁首画船二隻に左右それぞれ分かれて奏されたであろう「広楽」にとって重要であったのは、あくまでも天上の美しい音楽を想起させることではなく、これらの楽器音が「法の声」として響くことであった。

このことは、中尊寺供養願文の

千部法華経、

千口持経者、

右、弟子運志、多年書写之、僧侶同音一日転読之、一口充一部、千口尽千部、聚蚊之響尚成雷、千僧之声定達天矣、

五百三十口題名僧、

右、揚口別十軸之題名、尽五千余巻之部帙、毎手捧持、開紐無煩、

の部分とも関連づけられる。この箇所は、たとえば最後の、五三〇名の僧が、経文の題目を読み上げながら、五千余巻もある帙（経本を包む覆い）の紐を手に持った棒でほどく（これによって煩いがなくなるとされている）時にたてる音も

含めて、すぐれて「欣求」的要素の強い音風景の記述である。これは、「界内之仏土」をイメージさせる部分では必ずしもないが、決して「浄土」の音風景とも乖離していない。「千部法華経、千口持経者」は、長年書写・転読させてきた法華経を、千人の僧に一部ずつ与え読経させることを示している。一匹ではかそけき蚊の羽音も多く集まれば雷鳴の如く鳴り響くという、まさに「聚蚊成雷」の比喩を用いて、「雷鳴」としての読経の声という音風景がクローズアップされているのには、理由がある。『往生要集』巻上・大文第二ノ八「見仏聞法の楽」の項に「時梵声猶雷。八音暢妙響[20]」とあるように、阿弥陀仏の声は、雷鳴のようで、八種の功徳をもった妙なる響きをもつのであるとされる。またそれは「梵音深妙悦可衆心」、すなわち、深く妙なる響きをもち、人々の心を欣ばせるとも形容される。以上のように、千僧の読経の声で雷鳴のような響きを天に届けることは、「界内之仏土」のイメージを形成するのに役立っているのである。

（3）「草木樹林」

さて、『往生要集』の描く極楽浄土の音風景は、これに留まらない。ここでは、中尊寺供養願文中、「広楽之奏歌舞」の前に置かれた「草木樹林之成行、宮殿楼閣之中度」という部分に注目しよう。前掲「見仏聞法の楽」の項には、釈迦がその下で悟りをひらいた菩提樹について、次のような記述がある。

謂厳浄地上有菩提樹。枝葉四布。衆宝合成。樹上覆宝羅網。条間垂珠瓔珞。風動枝葉。声演妙法。其声流布遍諸仏国。其有聞者。得深法忍。住不退転。耳根清徹。覩樹色聞樹香嘗樹味触樹光縁樹相。一切亦然。至成仏道。六根清徹[21]。

樹上に宝石の網が懸けられ、その枝間には玉飾りが垂らされた、それ自体宝石からできている菩提樹の枝葉を、風が揺らすことによって生起する音は、すぐれた教えを説き、諸々の仏の国にゆきわたる。そしてその音を聞いた人々は、深い安らぎと不退転の境地に達し、耳が清められる。しかし、それは耳根に限ったことではなく、この菩提樹を見、嗅ぎ、舐め、その光に触れ、その樹をイメージすることにより、眼根・鼻根・舌根・身根・意根の六根全てが悟りに達するまで清浄になる。この発想は、まさにサウンドスケープにおける「全身感覚の復権」[22]と相通ずる。実は、こうした「全身感覚」についての記述は、この項に先立つ、『往生要集』巻上・大文第二ノ四「五妙境界の楽」の項に詳しく述べられている。すなわち、

第四五妙境界楽者。四十八願荘厳浄土。一切万物窮美極妙。所見悉是浄妙色。所聞無不解脱声。香味触境亦復如是。[23]

「五妙境界楽」とは、極楽浄土にあるもの全てが五感に訴えかけ素晴らしい楽しみを与えてくれるものであることを説く。つまり、阿弥陀仏の四十八願によって、荘厳になっている浄土では、あらゆるものが美しく、見るものは全て妙なる色をもち、聞かれる音で解脱に導かない音はなく、香りや触感も同様とされる。この項では、こうした前置きに続けて、極楽浄土の地相、宮殿、水相、樹林、虚空について、五感に即した描写がなされている。瑠璃が敷き詰められ金の縄で仕切られている地相については前述のとおりであり、五百億の七種の宝石から成る宮殿については、さまざまな天人たちが、宮殿の裏や楼上で伎楽＝天上の音楽を奏で、仏を賛美する歌を詠じていることが示される。水相については、宝石が底に敷き詰められた池でゆったりとした漣が妙なる音をたて、その音は仏の教え、たとえば苦・空・無我や諸々の波羅蜜、十力・四無畏・十八不具法、大慈悲や無生忍といった教えを説いていることと、さまざまな美しい色をした鳥たちが、一日六回妙なる音を発することが記される。また、虚空については、宝石でできた天網の目に宝石の鈴がかかっていて妙なる音を出し、また無数の楽器が自然と鳴り響き仏の教えを説く様が描写される。

そして、最も注目に値するのが、樹林、特に、池や河の岸にある、やはり菩提樹同様、枝葉が宝石でできている梅檀の並木についての記述である。すなわち、

況出微妙音宮商相和。譬如百千種楽同時倶作。聞者自然念仏法僧。彼第六天万種音楽。不如此樹一種音声。(24)

これらの梅檀の樹林は、かそけくも妙なる音を出し、それらの音がきれいに調和している。それはあたかも何千何百という楽器を同時に鳴らしたようなものであり、その音を聞いた者は自然と仏・法・僧の三宝を想起する。欲界最高位の天界第六天（他化自在天）でのあらゆる音楽も、この梅檀の木が発するたった一つの音にも及ばないとされる。源信は、この「五妙境界の楽」の項執筆にあたって、双観経（大無量寿経および観無量寿経）、阿弥陀経、称讃浄土経、宝積経、平等覚経、思惟経などを参考したとことわりを入れているが、前掲『大樹緊那羅王所問経』からの引用文中に、大樹緊那羅王が奏でる瑠璃の琴の音や歌声が、欲界諸天音の音楽を隠蔽するという記述がみられたように、ここでも楽器音や歌声といった楽音ではなく、より自然音に近い樹木の音が欲界の音楽に勝るとされている点が注目に値する。ただし、同じ引用文中に、大樹緊那羅王が如来の前で瑠璃琴を奏でた音が八万四千余の伎楽に及ぶとあったように、天人の奏楽である「伎楽」は、欲界での音楽より次元が上の音楽ということになる。よって、中尊寺供養願文中の「草木樹林之成行、宮殿楼閣之中度」の後に「広楽之奏歌舞」という文言が置かれているのは、この往生要集に意図的に準拠したものと考えられ、その意味で、「広楽」には、欲界諸天よりメタレベルで、天人たちによって奏でられる「伎楽」という意味も含まれていると言えよう。

以上、『往生要集』あるいは『中天竺舎衛国祇洹寺図経』の記述に見られるように、仏教の経典には、サウンドスケープに通底する発想がある。しかし、ここで注意しなければならないのは、白銀および頗黎製の祇園精舎の鐘、瑠璃製の大樹緊那羅王の琴などが発する楽音だけでなく、『往生要集』で描写された極楽浄土の音風景の多くが宝石と

関連づけられていることである。つまり、それらは自然音ではあるが、たとえば我々が松籟のような風によってたてられる樹々の音から連想するような現実的な音ではない。しかし、ここでは敢えて、「草木樹林」という記述が仏教的な音風景を含意していること、そして、たとえば、宝石で出来た枝葉が風によって動かされて生起する音響など、祇園精舎や極楽浄土での音風景には、華やかではあるが透明感のある、硬質な、どちらかといえば金属的な高音のイメージが横溢していることに留意しておこう。

(4)「四神具足之地」

そもそも中尊寺供養願文では「草木樹林之成行、宮殿楼閣之中度」の前に「築山以増地形、穿池以貯水脈」とあり、築山を築いて地形を増し、池を掘って水を貯め、植樹するにあたっては、宮殿楼閣を作る際の基準に則るという、「界内之仏土」形成に関わる作庭の一般論が述べられている。中尊寺供養願文の締めくくりの文章中に

占吉土而建堂塔、冶真金而顕仏経、経蔵鐘楼大門大垣、依高築山、就窪穿池、竜虎協宜、即是四神具足之地也、

という記述が見えるように、この「鎮護国家大伽藍一区」建立にあたっては、占いによって吉と判断された地を選び、「四神具足之地」となるよう伽藍配置や作庭を行っている。こうした作庭が中国の陰陽五行説由来の風水思想に依拠していることは言を俟たない。東流水青竜、西大道白虎、北丘玄武、南池朱雀が四神の地勢であり、それを具えた地が「四神具足」あるいは「四神相応」の地であるが、平安期のこうした作庭に大きな影響を与えたのは、日本最古の作庭理論書であり、十一世紀前半には成立していたと考えられる橘俊綱『作庭記』である。そこには次のような記述がみえる。

殿舎をつくるとき、その荘厳のために、山をつきし、これも祇薗図経にみえたり。(25)

ここに記された「祇薗図経」とは、前出の『中天竺舎衛国祇洹寺図経』を指す。たとえば、祇園精舎の北の区域にある大仏殿の角の軒下には、かつて毘婆竭羅龍王が造った二香山があるが、それは金銀でできており、頂には池を配し、仏の教えを説く樹林があり、四方を四宝を用いて荘厳にしているといった『中天竺舎衛国祇洹寺図経』の記述をみれば、前掲の『往生要集』における極楽浄土と同じく、それを実際に模すことは不可能である。しかし、祇園精舎の描写が主たる内容である『中天竺舎衛国祇洹寺図経』に言及することによって、この『作庭記』が「理念」の一つとして、仏教を有していることがわかる。

実際、『作庭記』「樹事」では、

凡樹は人中天上の荘厳也。かるがゆえに、孤独長者が祇洹精舎をつくりて、仏にたてまつらんとせし時も、樹のあたいにわずらいき。しかるを祇蛇大子の思よう、いかなる孤独長者か、黄金をつくして、かの地にしきみて、ゝ、そのあたいとして、精舎をつくりて、尺尊にたてまつるぞや。我あながちに樹の直をとるべきにあらず。ただこれを仏にたてまつりてんとて、樹を尺尊にたてまつりおわりぬ。かるがゆえに、この所を祇樹給孤独薗となづけたり。祇蛇がうえにき孤独がその、といえるこゝろなるべし。(26)

と、『中天竺舎衛国祇洹寺図経』にも詳述されていた祇園、すなわち「祇樹給孤独園」の名の由来が記されている。これが「樹事」の項の記述に用いられたのは、祇陀太子が「給孤独者」須達多に祇園精舎建設用の土地を譲り、自らも樹木を釈迦に寄付した故事から、祇樹給孤独園の名に含まれる「樹」に関連づけたものであるが、樹が「人中天上の荘厳」すなわち人間界において無上の荘厳さを誇るものであるというイメージは、当然のことながら先の『往生要集』の「樹林」の記述の影響下にある。

さて、肝心の中尊寺供養願文と『作庭記』との関連については、この引用文の前に掲げられた部分、すなわち「樹事」の冒頭部分が重要である。

一　樹事

人の居所の四方に木をうえて、四神具足の地となすべき事

経云、家より東に流水あるを青竜とす。もしその流水なければ、柳九本をうえて青竜の代とす。西に大道あるを白虎とす。若其大道なければ、楸七本をうえて白虎の代とす。南側に池あるを朱雀とす。若其池なければ、桂九本うえて朱雀の代とす。北後におかあるを玄武とす。もしその岳なければ、檜三本をうえて玄武の代とす。かくのごときして、四神相応の地となしていぬれば、官位福禄そなわりて、無病長寿なりといえり。[27]

ここでの「経」とは、先行研究によって敦煌写本中のいわゆる「宅経」と推定されるが、[28]「四神相応」についての記述が祇樹給孤独園の故事と並記されたことは、音風景的にも重要な意味をもつ。実は、『中天竺舎衛国祇洹寺図経』には、「鐘鑌而各声於百院」とあるように、先の無常院の鐘の描写だけでなく、祇園精舎内の各寺院における音風景の描写が極めて多い。[29] たとえば、西南に位置する魔王施物之院の鐘は星宿劫前古仏によって造られたもので、その音は大千界の魔王たちの耳にも届き、地獄にいる者はすぐ苦しみから離れることができる。北に位置する居士之院には、四天王によってそれぞれ作られた四つの銅鐘があり、春には天琴、夏には天笙、秋と冬には天雷のように鳴り響き、四諦の教えなどを説く。東に位置する菩薩四諦之院にある、和修吉龍王が造った金鐘は、前述の無常院の頗梨鐘と同様ひとりでに鳴り、二十里先まで天琴の音を響かせる。変ったところでは、無学人問法之院に、乾闥婆王によって造られた、鈴の形をした竹鐘があり、その音は、十二部経を説き、春になると花をまき散らす等々。もちろん、その音風景は鐘だけに留まらず、十二の金鼓がある角力之院や、三千種の神仙の天楽が仙人によって奏でられる諸仙之院な

ど、他の音風景にも事欠かない。

二　「鐘声」の地理学

さて、こうした祇園精舎における鐘の音風景と四神相応とはどのように関連するのであろうか。たとえば、先に引用した『往生要集』での極楽浄土における「樹林」の引用文にあった「宮商相和」の宮と商は、中国音楽理論における五声（五音）の音名、すなわち宮・商・角・徴・羽を指す。この音名は、五行思想では、それぞれ土・金・木・火・水に、方角（五方）では、それぞれ中央、西、東、南、北に、そして獣神（五獣）では、それぞれ黄麟（あるいは勾陳）・白虎・青竜・朱雀・玄武に対応する。これは日本に入って雅楽の調名にも応用された。例えば天福元（一二三三）年、奈良興福寺の楽人・狛近真によって編纂された日本最古の総合的音楽理論書である『教訓抄』巻第八「管絃物語」には、

管絃者ノ可存知事ハ、ヨロズヲ心得テ、物ノアワレヲシリテ、心ヲスマシ、ヤサシカルベキナリ。風ノオトニ心ヲソメ、鳥ノサエズリヲミ、ニトヾメテ、世中ノツネナラヌ事ヲ、返々モナゲキテ、アシキ友ニアウマジキナリ。凡ソ時ノ音ヲタガエジト思ベキ也。先此道ニ心ユベキ事、ソノカズアリ。先ズ時ノ音ト云ハ、

春ハ双調　東方、木音、青色。
夏ハ黄鐘調　南方、火音、赤色。
秋ハ平調　西方、金音、白色。
冬ハ盤渉調　北方、水音、黒色。

一越調ハ中央、土音、黄色、若紫色歟
是ヲ五音ト云ナリ。(30)

という記述がある。雅楽で使用される五つの音を五行・五方・五色に対応させる記述もさることながら、さらに続けて、こうした「時ノ音」が「天ニ感応ノ音」であるとし、その意味で、雅楽の楽器音だけでなく、「鹿ノコエ、鳥ノ囀リ、虫ノネ、風ノオト」「草ムラノ虫ノネモ、枝ニコヅタウ鳥ノ声」といった自然音への注意喚起をしている点は、まさにすぐれてサウンドスケープ的な発想に立脚していると言える。

また、横笛の七音、すなわちこれら五音に上無調（土音）と下無調（木音）を加えた雅楽で使用される音それぞれの由来と意味について、五蔵・五星・五岳・五行・五常・五神・五徳・五刑・五雲・五竜・五根など陰陽五行説に依拠しつつ、いわばコスモロジー的に詳述している楽書に、院政期に成立したとされる『管絃音義』がある。そこでは、たとえば、雅楽の七音を北斗七星にあてはめ、さらに北斗七星の輔星（伴星アルコル）に対応させるため、輔音一越調（土音）も加えられている。(31)さらに、五臓に対応した五音はすべて仏法の音の意味をもつことを知るべき、という記述などが見られるように、同書は、『止観輔行伝弘決』や『釈禅波羅蜜次第法門』といった仏典を引用しつつ、仏教と陰陽五行説の折衷した立場から、森羅万象の連関において音の意味を捉えようとしている。

『教訓抄』も『管絃音義』もともに雅楽に関する理論・思想書だが、前述のように、中世における音の思想においては、楽音は自然音とも通ずる。こうした発想から、民族音楽学者で日本におけるサウンドスケープ研究の牽引者の一人でもある中川真は、京都に残る中世に鋳造・設置された梵鐘十二体の音高を録音・ＦＦＴ分析し、平安京における梵鐘の音の配置が『管絃音義』に記された五行にある程度対応していることをつきとめた(32)（図表1および2参照）。(33)

すでに、『続日本紀』巻第四・元明天皇・和銅元（七〇八）年二月条に、藤原京から平城京への遷都に際して「方今、

［図表1］『管絃音義』による音の宇宙論(33)

方位	中央	北	西	南	東
調	（壱越調）	（盤渉調）	（平調）	（黄鐘調）	（双調）
季節	土用	冬	秋	夏	春
色彩	黄	黒	白	赤	青
元素	土	水	金	火	木
獣神	勾陳	玄武	白虎	朱雀	青龍
母音	あ	え	を	い	う
内臓	脾臓	腎臓	肺臓	心臓	肝臓
知覚		耳	鼻	舌	目

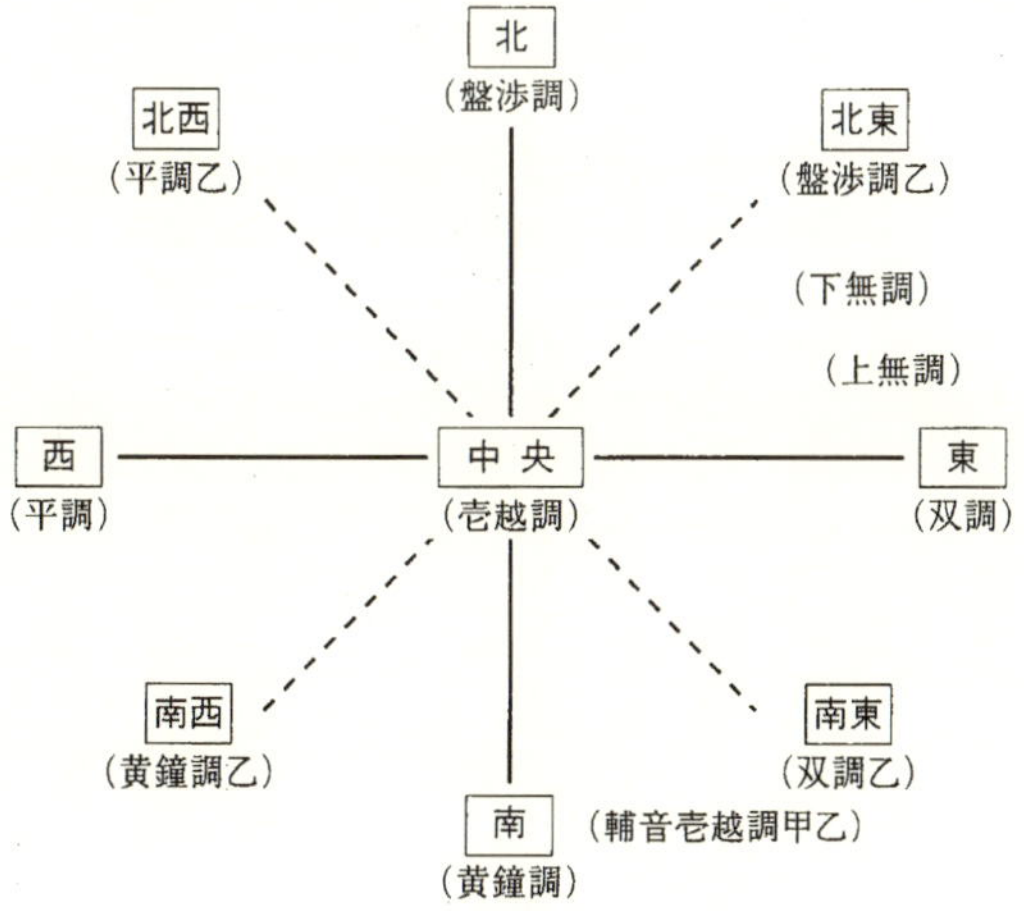

［図表2］平安京の鐘の音の配置(33)

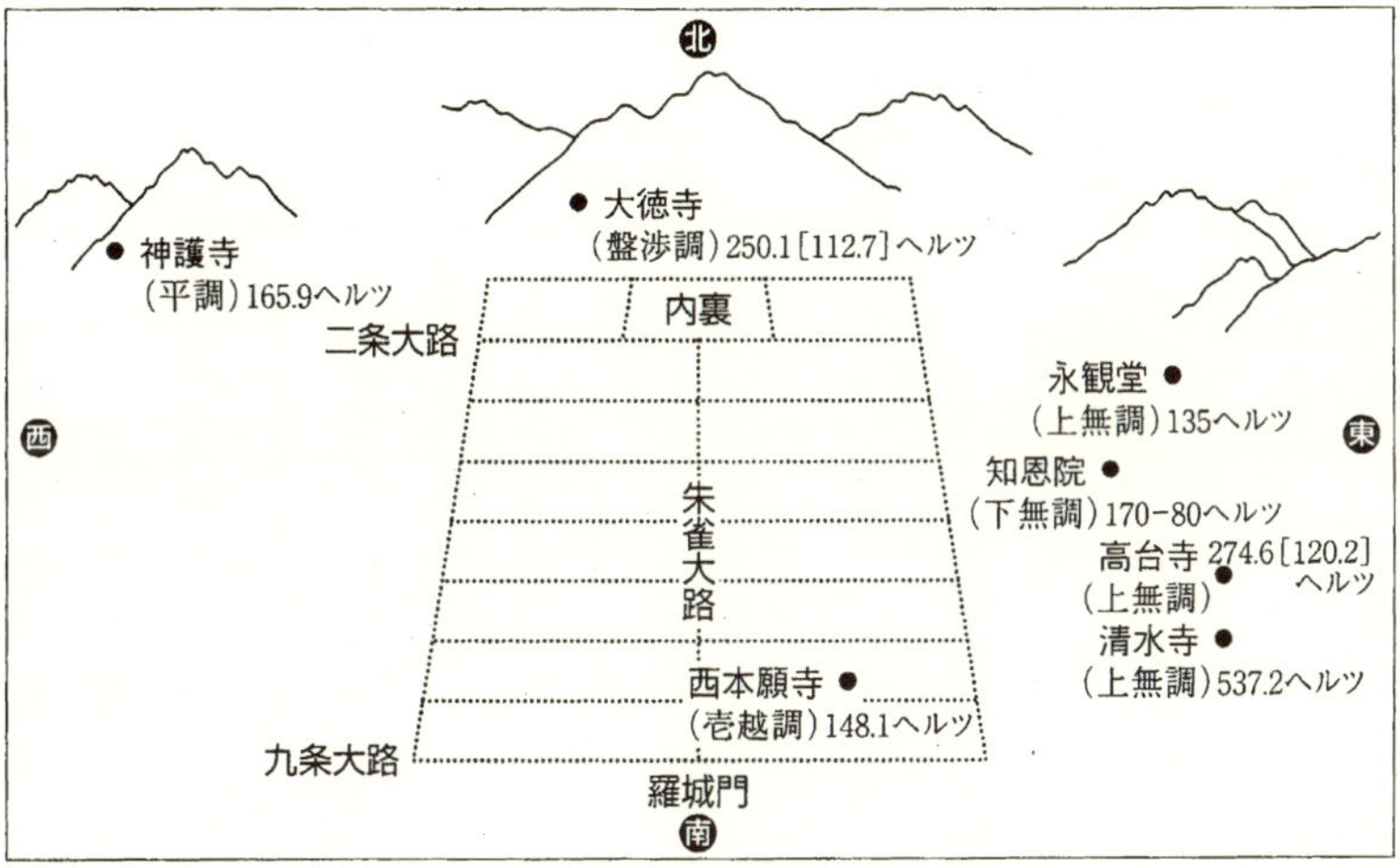

平城之地、四禽叶図、三山作鎮、亀筮並従[34]」とあるように、古代から日本の都は、四禽すなわち四神相応の地を選んで造営され、特に平安京はその代表例とみなされてきた。『教訓抄』や『管絃音義』の成立は平安京遷都の後のことになるが、雅楽自体は奈良時代から日本に入ってきており、中川の研究によって、これらの楽書に記された内容が、平安時代にはある程度知られていた可能性が高まった。では、このことは平泉とどう関係するのであろうか。

高平真藤編『平泉志』巻之下によれば、毛越寺・文殊楼門跡左の鐘楼跡（縦五間横四間）の説明に、かつてあり現存はしていない「二百斤（斤法五百目）」の古鐘の貞応三（一二二四）年三月の鐘銘として、

左青竜東河流　右白虎西有大沢　前朱雀前有北森　後玄武後在山巌

寺名円隆　建奥州中　白虎走西　青竜翔東

玄武遍列　朱雀方沖　天春相役　地徳三充

（以下略[35]）

とあり、中尊寺だけでなく毛越寺建立に当たっても「四神具足之地」を意識して選地されたことがわかる。

京が賀茂川・鴨川・桂川・天神川などによって囲繞されているように、平泉は、北は衣川、東は北上川、南は太田川で囲まれた地に作られている。日本中世史学者・伊藤喜良は、四角四堺祭について、都を淀川から遡ってくる疫病神・穢れ・怨霊から防ぐための一種の結界を張るためのものであったことを明らかにし[36]、それをふまえ、前出・菅野成寛は、平泉へ勧請された祇園・北野・稲荷の各本社に通底するのは御霊神的性格であることを指摘した[37]。すなわち、それぞれ南・西・北の方位に配された祇園・北野・稲荷という平泉の鎮守社は、北上川や奥大道といった水陸の大動脈から遡ってくる疫病神・穢れ・怨霊を防ぎ、「都市」としての平泉を「聖・浄」に保つための機能をもっていたとされる。実は、これには「鐘声」も一役買っていると思われる。

中尊寺供養願文以降の史料で、次に古い平泉の音風景を今に伝えるものに、桃山時代末から江戸時代初期にかけて成立したと考えられている「平泉諸寺祭礼曼荼羅」（中尊寺地蔵院蔵）がある。すでに別稿で論じたように[38]、これより少し前（桃山時代）に成立したと考えられている「平泉諸寺参詣曼荼羅」（中尊寺蔵）と比較すると、祭礼の描写の有無だけでなく「鐘（楼）」の描写の有無という大きな相違点がある。人物も含めて堂宇についてもきわめて細かく描写されている後者には、実は、鐘が一つも描かれていないのに対して、前者には、中尊寺関係を描いた右幅には二箇所（弁天池右横と前述・二階大堂の右横）、毛越寺・観自在王院関係を描いた左幅には四箇所（金堂円隆寺右上、観自在王院、熊野三社内、日吉・白山社内）、鐘楼が確認できる。つまり、「平泉諸寺祭礼曼荼羅」は、白山社祭礼での御一馬の行列や観自在王院における哭まつりや印地打とならんで、平泉の音風景に不可欠な要素として「鐘声」を前面に出しているのである。

さて、現存する中尊寺鐘楼の古鐘銘によれば、中尊寺供養願文に記されていた二十鈞の洪鐘一口が懸けられていた二階鐘楼は、天仁元（一一〇八）年建立で、建武四（一三三七）年に野火により梵鐘もろとも焼失したが、康永二（一三四三）年に、中尊寺金色院の僧・頼栄法師の発願により、再び鋳造された。鋳師散位・藤原助信によって造られたこの梵鐘が現在の中尊寺鐘楼内に懸けられた古鐘（長さ四尺一寸口径二尺一寸：一一三・二糎、厚さ三寸：八六糎）である。ここで注目すべきは、その音（鐘声の余韻の音高）が「盤渉調」とされていることである[39]。盤渉調は、前掲『教訓抄』からの引用によれば、「冬・北方・水音・黒色」を象徴する音高または調子である。また、前述のように「七音義釈」として龍笛の七音と五行との関係について論じた『管絃音義』は、盤渉調を「水音・律声」とし、「白虎通博物誌云。水主北方。北方主腎。腎主耳。耳主冬云々。～（略）～又同書云。北方水。其帝顓頊。佐玄冥。執権而治冬。神辰星。獣玄武。音羽。日壬癸。味鹹。気臭腐云々[40]」と記述する。ここでは、五色の玄（黒）への言及はないものの、五方の北、五時の冬、五星の辰星（水星）、五音の羽、五蔵の腎、五官の耳（ちなみに、五事では聴、五塵では声である）、五獣の玄武、十干の壬・癸、五味の鹹（塩辛さ）、五臭（体臭）の腐が加えられている。また、ここには、「白虎通博物誌」という出典が明記されているが、日本音楽史家・磯水絵が明らかにしたように、(41) これは、現行の『白虎通義』にはなく（博物誌自体が存在しない）、中国における天台教学中興の祖とされる荊渓湛然の『止観輔行伝弘決』巻第六之二と巻第八之二からの引用と考えられる。さらに、この部分が序に元慶四（八八〇）年二月一日の日付をもつ、天台声明の楽律の大家とされた安然和尚の『悉曇蔵』巻二にみられることから、磯は、この『管絃音義』を雅楽の管絃の書というよりは『止観』系注釈書に依拠した「天台声明にかかわる楽理の書」と結論づけている。

一方、これに対してサウンドスケープ・デザイナー明土真也(42)は、鎌倉末期成立とされる『徒然草』の四天王寺の鐘について書かれた第二二〇段、就中「凡、鐘の声は黄鐘調なるべし。是、無常の調子、祇園精舎の無常院の声なり」という記述に着目し、『管絃音義』の巻末に「我太子聖霊弘斯道、有由哉有実哉(43)」とあること、また、金沢文庫本・巻末には「於四天王寺草之」とあること、『管絃音義』の三系統ある伝本のうち二つの祖本は四天王寺で書写されていること、そして四天王寺が五行思想に則って冠位十二階を定めた聖徳太子によって建立された寺であることなどを指摘し、四天王寺との繋がりを重視する。ここで注目すべきは、明土が前漢の劉安撰『淮南子』巻三・天文訓にある「中央土也。其帝黄帝、其佐后土、執縄而制四方。其神為鎮星、其獣黄竜、其音宮、其日戊己」や「黄鍾為宮、宮者音之君也」他を引き、『徒然草』中の「調」「調子」が音高の意味であり、「黄鐘」が日本音名の「黄鐘《おうしき》」ではなく唐古律名の「黄鐘《こうしょう》」であることを指摘している点である。この第二二〇段の最後には「浄金剛院の鐘の声、又黄鐘調なり」とあるが、「浄金剛院の鐘」とは、鐘銘をもった梵鐘としては国内最古のものとされる京都・妙心寺の梵鐘であり、文武天皇二（六九八）年に作られたものである。音響学者の青木一郎がこの鐘の音高の周波数を測定したところ、一二九ヘルツであり、これは、日本の雅楽十二律の「黄鐘《おうしき》」（洋楽のA音・四三五ヘルツ）でもなく、また、中国の音律名「黄鐘《こうしよう》」（洋楽のD音・二九〇・三三ヘルツ）に当たるとされている雅楽十二律の「一越」にも当たらない。奈良時代に唐から日本に入り雅楽寮で用いられていた十二律には、唐の古律とそれより二律高い新律（宴饗楽律）の二種があり、まず古律が用いられたのち新律が使われるようになり、平安時代以降は、徐々に日本音名に変更されていった。実は、妙心寺の梵鐘の音高は日本の雅楽十二律の「神仙」（洋楽のC音・五一二・三二ヘルツ。二オクターヴ下で一二八ヘルツ）にあたり、それが唐古律の「黄鐘《こうしよう》」（宴饗楽律では「無射」）に相応するということは、青木より以前に音響学者・山下敬治[44]によって指摘されていた。これをふまえて明土も理論値を計算して徒然草の「黄鐘調」が唐古律名であることを確認し、さらに、唐古律の黄鐘調の「無常の調子」とは、感性的な諦観ではなく、時間概念として四季を意味するものであるとする。前出『淮南子』天文訓からの引用にあったように、唐古律の黄鐘《こうしよう》は、五方の中央、五行の土、五音の宮、五獣の黄竜、十干の戊己に当たるが、同じく天文訓に「戊己四季、土也」とあるように、「四季」も象徴する。『管絃音義』に「白虎通博物誌云。土主中央。中央主脾。脾主身。土王四季。～（略）～又同書云。中央土。其帝黄帝。佐后土。執綱而制四方。星鎮星。獣黄竜。其音宮。日戊己。味甘。気臭芳。佐主五行官也云々[45]」とあるように、中央、土音、黄色、そして四季を象徴するとされたのは「土音・呂声」の「一越調」であり、これは唐・宴饗楽律名では「黄鐘《こうしよう》」（唐古律名では「太簇」）にあたる。つまり、少なくとも『管絃音義』成立以前、唐古律が用いられていた時期に、「凡、鐘の声は黄鐘調なるべし」という思想が成立していたと捉えることが妥当であるということになる。

さて前述のとおり、現存する中尊寺古鐘は康永二（一三四三）年に鋳造されたものだが、『徒然草』の成立は、ほぼその十数年前の元徳二（一三三〇）年頃とされる説が主流であり[46]、第二二〇段に記された「凡、鐘の声は黄鐘調なるべし」という発想は、人口に膾炙していたと考えてよいだろう。では、現存・中尊寺古鐘の音高が、雅楽十二律で「盤渉調」であるということは、何を意味するのであろうか。

まず、現存の中尊寺古鐘の盤渉調は、前述のように長年にわたる打鐘により撞座が窪んでしまっている状態での音高である。『徒然草』四天王寺の古鐘の音高である唐古律・黄鐘《こうしょう》調は雅楽十二律では「神仙」であり、「盤渉」（洋楽のH音・四八八・二七ヘルツ）とは一律の差となる。たとえば、前出・青木一郎が報告しているように(47)、温度差による梵鐘の音高・周波数の変化は僅かであり、よって撞座の変形によってもその鐘の音高の周波数に与える変化は、少なくとも半音の差ほどはないと考えられる。ということは、中尊寺・古鐘は、敢えて盤渉調で音を調えられたという可能性もある。雅楽十二律の「盤渉」は唐古律では「応鍾」に当たる。『淮南子』時則訓において十月に対応させられた「応鍾」の説明を見てみると、「孟冬之月、招揺指亥、昏危中、旦七星中、其位北方、其日壬癸、盛徳在水、其虫介、其音羽、律中応鍾、其数六。其味鹹、其臭腐、其祀井、祭先腎。（以下略(48)）」とあり、前掲の『管絃音義』の盤渉調の説明と重なることがわかる。前掲の中川真が示してみせた平安京の音のコスモロジーに倣えば、それは平泉という都市の北方守護のために配されたということになり、事実、平泉において中尊寺は北方に位置する。あるいは、中尊寺供養願文に照らせば、この寺は鳥羽天皇の御願寺として建立された「鎮護国家大伽藍一区」であり、天皇が住まう平安京（中央）からみて、この国の北方あるいは東北（ともに盤渉調）守護という象徴的意味が古鐘に込められているとも考えられよう。

もちろん、現存の中尊寺古鐘は平安時代のものではないため、同じ音律をもった鐘であったかどうかはわからない。しかし、たとえば、『徒然草』に出てきた四天王寺の梵鐘は一九四五年の戦火で焼失したため、その代わりに新しく一九四九年に鋳造された現・四天王寺梵鐘は、誤解から雅楽十二律の黄鐘《おうしき》調で調音されたものである。中尊寺梵鐘にしても、元の梵鐘が火災で焼失した六年後に鋳造されている。盤渉調は、雅楽十二律にしかない音名であるため混同のしようもなく、鋳造にあたっては同じ音高の梵鐘を再現したと考えるのが自然である。現在の中尊寺・新鐘の音は一越調、すなわち、唐古律ではなく唐宴饗楽律の黄鐘《こうしょう》調に調えられている。そのことはとりもなおさず、中尊寺が金色堂に象徴される平泉の「中心地」となったことを象徴しているとも捉えられうるのである。

おわりに

以上みてきたように、都市・平泉においては、「鐘声」が重要な音風景＝サウンドスケープとして意図的に配置された可能性が考えられる。そもそも、平泉・白山社遺跡で十二世紀後半と比定される梵鐘鋳造遺構が見つかっているように[49]、平泉、特に三代秀衡には鐘にまつわる伝承が数多く残っている。たとえば、相原友直『平泉旧蹟志』（一七六〇年）には、

一、鐘か獄、毛越寺の北の山を云う、昔軍備の為に四十八の鐘を、国中所々の高山の上に掛置て、急を告けると云い伝えり、此山上の鐘も其一つなりと云い伝う、又一説には、中尊・毛越両山会合の時の為とも云う、

〜（中略）〜

一、鐘楼趾、此鐘を伊達政宗公、仙台八ツ塚正楽寺に寄附して旧銘を削り新銘を記す、現今正楽寺鐘門にあり[50]、

という記述が見える。これは、旧仙台藩領内に多く伝承が残るいわゆる「秀衡四十八鐘」についての記述であり、現在仙台市の北原山正楽寺に伝わる古鐘の慶長十三（一六〇八）年の鐘銘には、「正楽寺華鯨一口不新鋳成物古来有鐘不知何代成伝云平泉秀衡之四十八箇之内其一也敢未知其実状而已後政宗君剃古鐘改銘辞曰〜」[51]とある。この古鐘は、寺

伝によれば、中尊寺蔵王堂の古鐘とも言われるが、そもそも藤原秀衡には鐘にまつわる伝承が多い。たとえば、一関市東山町の金鉱の上に建てられた月山神社の梵鐘には「藤原秀平公於羽州月山大権現奉勧請」という銘があり、横沢金山で働く者たちの安全祈願のため秀衡が奉納した鐘と伝わる。あるいは、白山三馬場の一つ・福井県勝山市平泉寺町の平泉寺白山神社に伝わる天文六（一五三七）年成立の『霊応山平泉寺大縁起』には、秀衡が平泉寺に赤銅に黄金を交えた梵鐘を鋳造・寄進したこと、そして、自分の住む地名を平泉と改め、その後、愛孫一人を平泉寺に遣わしたこと（金台坊）などが記されており、また、平泉寺の背景の山中に秀衡が寄進した黄金の釣鐘が埋まっているという伝承が残っている。(52) このように、秀衡時代には鐘が重要視されていたと考えられるが、これはすでに初代清衡の時代から始まっていたと考えてよかろう。また、中尊寺供養願文にみられる「広楽」「千僧之声」「草木樹林」といった、「鐘声」以外の重要な音風景に関連するメルクマールからも、音楽というより、金属的な音や騒音の「振動」によってそれぞれの音場を形成し、一種の結界を生じさせることによって、都市・平泉を「聖・浄」に保ち、そこに「界内之仏土」を現出させようという意図が看て取れる。紙幅の都合上、金属音に代表されるノイズに付された超自然性(53)と、平泉の音の古層との関連について論じることはできなかった。別稿に譲る。

註

（1） R・マリー・シェーファー『世界の調律――サウンドスケープとはなにか――』（鳥越けいこ他訳、平凡社、一九八六年）二一一～二二二頁。

（2） 鳥越けい子『サウンドスケープ――その思想と実践――』（鹿島出版会、一九九七年）二二三頁。

（3） シェーファー、前掲書、二一八～二一九頁。

（4）岩宮眞一郎『音の生態学——音と人間のかかわり——』（コロナ社、二〇〇〇年）四頁。
（5）シェーファー、前掲書、二三頁。
（6）本文中、中尊寺供養願文原文からの引用は、二通残る書写本、すなわち、藤原輔方本（嘉暦四・一三二九年）と北畠顕家本（建武三・一三三六年頃）のうち、善本とされる（以下の文献所載の）前者・輔方本に依った。菅野成寛「中尊寺供養願文の諸問題——吾妻鏡との整合性をめぐって——」（『宮城歴史科学研究』第四三・四四合併号、一九九七年）一～二一頁参照。
（7）二〇一二年十月七日に岩手大学教育学部で開催された東北史学会・岩手史学会合同大会中、日本古代中世史部会における同氏の研究発表「「中尊寺供養願文」偽文書説をめぐって——輔方本と顕家本から見えるもの——」による。
（8）藤原広業「法成寺金堂供養願文」（家永三郎校注『日本思想大系8　古代政治社会思想』岩波書店、一九七九年）二七一頁。
（9）前掲・菅野成寛「「中尊寺供養願文」偽文書説をめぐって——輔方本と顕家本から見えるもの——」当日配布資料、七頁参照。
（10）松村博司・山中裕校注『日本古典文学大系76　栄花物語』下（岩波書店、一九六五年）七〇頁。
（11）小林芳規他校注『新日本古典文学大系56　梁塵秘抄・閑吟集・狂言歌謡』（岩波書店、一九九三年）五五頁。
（12）源信撰『往生要集』（高楠順次郎編『大正新修大蔵経』続諸宗部・第八四巻、大正新修大蔵経刊行会、一九九〇年）四〇頁。
（13）道宣荘厳撰『中天竺舎衛国祇洹寺図経』（高楠順次郎編『大正新修大蔵経』諸宗部・第四五巻、大正新修大蔵経刊行会、一九九〇年）八九三頁。『中天竺舎衛国祇洹寺図経』について詳しくは、以下の文献を参照のこと。藤善眞澄『道宣伝の研究』（京都大学学術出版会、二〇〇二年）三七一～四〇一頁および五二三～五六三頁。
（14）以上挙げた『平家物語』『栄花物語』『往生要集』『中天竺舎衛国祇洹寺図経』における〈音風景〉について論じた先行研究に以下のものがある。藤原正己「『平家物語』の〈音〉の風景——「祇園精舎の鐘の声」をめぐって——」（日野照正編『歴史と仏教の論集：日野照正博士頌寿記念論文集』自照社出版、二〇〇〇年）二八五～三〇二頁。
（15）「広楽」については様々な解釈がある。たとえば、『列子』周穆王第三にある「清都紫微、鈞天広楽、帝之所居」という部分に依拠して、「鈞天」も「広楽」も、「清都」「紫微」同様、天帝が住む宮殿名とするもの（吉田賢抗訳注『新釈漢文大系86　史記・六（世家・中）』明治書院、一九七九年、五八九頁参照）や、仙界の音楽とするものがある。また以下の『穆天子伝』の訳書では、旅先で歓待を受けた西周の穆王が奏させた楽曲名と注釈されている。竹田晃他訳注『中国古典小説選1　穆天子伝・漢武故事・神異経・山海経他』（明治書院、二〇〇七年）七六頁参照。なお、ここでは、大矢邦宣「『中尊寺供養願文』を読む」（『中尊寺仏教文化研究所論集』第二号、二〇〇四年、三三頁）の解釈に従った。

(16)　前掲『栄花物語』下、六五～六六頁。

(17)　同前、七二頁。

(18)　鳩摩羅什訳『大樹緊那羅王所問経』（高楠順次郎編『大正新修大蔵経』経集部・第十五巻、大正新修大蔵経刊行会、一九九〇年）三七〇頁。全四巻に亙って音楽的活動が横溢する『大樹緊那羅王所問経』については、以下の文献を参照のこと。片岡義道「大乗教典に現われた音楽観――大樹緊那羅王所問経について――」（『天台学報』第十六号、一九七四年）五二～六二頁。

(19)　唐代に道世が編纂した仏教典籍である『諸経要集』（六五九年）や『法苑珠林』（六六八年）では、ここでの記述を「所有諸山薬草叢林悉皆遍動」と一文にまとめて伝えている。高楠順次郎編『大正新修大蔵経』事彙部・外教部・目録部・第五四巻（大正新修大蔵経刊行会、一九九〇年）三三頁、および、高楠順次郎編『大正新修大蔵経』事彙部・外教部・目録部・第五三巻（大正新修大蔵経刊行会、一九九〇年）五七七頁を参照のこと。

(20)　前掲『往生要集』四五頁。

(21)　同前。

(22)　鳥越、前掲書、一二三頁。

(23)　前掲『往生要集』、四二頁。

(24)　同前。

(25)　橘俊綱『作庭記』（林屋辰三郎校注『日本思想大系23　古代中世藝術論』岩波書店、一九七三年）二二四頁。

(26)　同前、二四四頁。
(27)　同前、二四三頁。
(28)　詳しくは、水野杏紀「四神相応と植物――『営造宅経』と『作庭記』を中心として――」(『人間社会学研究集録』第三号、二〇〇八年、一六一～二〇〇頁)を参照のこと。
(29)　前掲『中天竺舎衛国祇洹寺図経』八八三～八八六頁。
(30)　狛近真『教訓抄』(植木行宣校注『日本思想大系23　古代中世藝術論』岩波書店、一九七三年)一五〇頁。狛近真『教訓抄』(塙保己一編・太田藤四郎補『続群書類従』第十九輯上・管絃部、続群書類従完成会、一九三二年・訂正三版二〇〇二年)一～二一頁。
(31)　輔音一越調の楽理的解釈については以下の文献を参照のこと。田代幸子「『管絃音義』の音世界――楽理がつくる音のコスモロジー――」(『日本文学』第五五巻第六号、二〇〇六年)二五～三六頁。
(32)　中川真『平安京　音の宇宙』(平凡社、一九九二年)二四～五一頁。
(33)　中川真『音のかなたへ　京都・アジア・ヨーロッパの音風景』(日本放送出版協会、二〇〇一年)三三、三五頁より引用。
(34)　青木和夫他校注『新日本古典文学大系12　続日本紀　一』(岩波書店、一九八九年)一三〇頁。
(35)　高平真藤編『平泉志』(再版、鶴揚社、一八九一年)二六～二七頁。また、失われた古鐘については、寛永元(一六二四)年に伊達藩が借り受けたことが、当事の奉行・茂庭周防の証文にあるという。同前、二七～二八頁、および、宮城県史編纂委員会編『宮城県史　第十七巻・金石志』(宮城県史刊行会、一九五六年)二五四～二五五頁参照。
(36)　伊藤喜良「四角四堺祭の場に生きた人々」(『歴史』第六六輯、一九八六年)一七～三七頁、および同「中世における天皇の呪術的権威とは何か」(『歴史評論』第四三七号、一九八六年)三四～五三頁。
(37)　菅野成寛「都市平泉における鎮守成立試論――霊山神と都市神の勧請――」(『岩手史学研究』第七七号、一九九四年)一七～四九頁
(38)　木村直弘「平泉〈音風景〉のアルケオロジー――御一馬をめぐって――」(『岩手大学教育学部研究年報』第七二巻、二〇

一三年）三九～五七頁。

(39) 中尊寺編『中尊寺』（中尊寺、二〇一〇年）二一頁。「盤渉調」の特定方法について中尊寺事務局に問い合わせたところ、雅楽の調子笛によって盤渉調であることを確認したとのことであった。中尊寺の古鐘については、以下の文献を参照のこと。大島延次郎「平泉中尊寺梵鐘考」（『考古学雑誌』第二六巻第九号、一九三六年）五五二～五五九頁。

(40) 凉金『管絃音義』（塙保己一編『群書類従』第十九輯・管絃部・蹴鞠部・鷹部・遊戯部・飲食部、続群書類従完成会、一九三二年・訂正三版二〇〇二年）一〇頁。

(41) 磯水絵「『管絃音義』における『白虎通義』の影響――『管絃音義』の引用について――」（福島和夫編『中世音楽史論叢』和泉書院、二〇〇一年）八一～一一四頁。

(42) 明土真也「音高の記号性と『徒然草』第二二〇段の解釈」（『音楽学』第五八巻第一号、二〇一二年）一～一四頁。

(43) 前掲『管絃音義』二〇頁。この後には、「于時文治元年仲冬二十三日。北山隠倫凉金草之」とあるが、著者「北山隠倫凉金」は偽名で、成立年についても疑義が提出されている。詳しくは、以下の文献を参照のこと。田代幸子「『管絃音義』の構成要素および成立における諸問題」（『古代中世文学論考』第二六集、二〇一二年）二五一～二七二頁。

(44) 山下敬治「第三編　実験音響学」（八木秀次編『音響科学』、オーム社、一九三九年）一一六～一二一頁。

(45) 前掲『管絃音義』九頁。

(46) 『徒然草』の成立年代については諸説がある。詳しくは以下の文献を参照のこと。久保田淳「徒然草、その作者と時代」（久保田淳校注『新日本古典文学大系39　方丈記　徒然草』岩波書店、一九八九年）三九四～三九六頁。なお、本文中、『徒然草』からの引用は、同書・二九〇～二九一頁に依るが、同書では「黄鐘調」に「わうしきでう」とルビがふられている。

(47) 青木一郎『鐘の話』（弘文堂書房、一九四八年）一〇九頁。

(48) 楠山春樹校注『新釈漢文大系54　淮南子　上』（明治書院、一九七九年）二七〇頁。

(49) 八重樫忠郎「平泉・白山社遺跡の梵鐘鋳造遺構」（『季刊考古学』第六二号、一九九八年）五五～五八頁。

(50) 平泉町史編纂委員会編『平泉町史　史料編　二』（平泉町、一九八五年）九二頁。

（51）前掲『金石志』一〇一頁。あるいは、この古鐘自体については、以下の文献を参照のこと。坪井良平『日本の梵鐘』（角川書店、一九七〇年）三五三頁。

（52）『国史跡平泉寺の整備情報誌 平泉寺かわら版』第三四号（勝山市教育委員会史蹟整備課、二〇一一年七月号）三頁参照。同じく勝山市下毛屋付近にあった水田を釣鐘田といい、それはこの秀衡が寄進した多量の黄金混じりの鐘を勝山の商人が買い取り、金を取り出そうと破砕したが、金がないので田に捨てたところ、その周辺から赤錆びた水が湧出し、耕作できなくなったという伝承もある。また、平泉史家・大矢邦宣は、いわゆる「天平産金」の地である涌谷町黄金迫の近くの箟峯寺境内に白山社があり、その本尊が白山妙理大権現の本地・十一面観音であることなどから、白山信仰と産金とが結びつく可能性を示唆している。大矢邦宣『平泉 自然美の浄土』（里文出版、二〇〇八年）一四二～一四五頁参照。ちなみに、現在の岩手県西磐井郡平泉町の町役場のある地名は「平泉志羅山」である。また、平泉と直接的な関連はないが、鎌倉時代初期に成立した源顕兼編の説話集『古事談』第五・神社仏寺の「園城寺鐘、竜宮鐘也」の項には、「鎮守府将軍清衡、施砂金千両於寺僧千人」という記述がみえる（川端善明・荒木浩校注『新日本古典文学大系41 古事談・続古事談』岩波書店、二〇〇五年、四八二頁参照）。「園城寺鐘」とは、「勢の東大寺鐘」、「姿の平等院鐘」と並んで「声の園城寺鐘」（近江八景の「三井の晩鐘」。「残したい日本の音風景百選」にも選定）として日本三名鐘の一つに数えられる一六〇二（慶長七）年製の梵鐘のことだが、それは大きさなど、同寺金堂西方の霊鐘堂に安置される奈良時代の古鐘「弁慶引摺鐘」にならって新鋳したとされている。竜宮で大蛇を退治した礼として竜王から粟津冠者が得たとされるこの竜宮鐘は山門の末寺・広江寺に納められたが、その後、寺門の三綱が前掲・清衡から寺僧五十人分の砂金五十両を乞い集め、没落した広江寺の住持に渡し、その代わりにこの鐘を得、夜中に転がして園城寺（三井寺）へ運び納めたとされる。また別の伝説では、その後、山門と寺門との争いの際、弁慶がこの鐘を奪い比叡山へ引き摺っていったが、鐘を撞くたび三井寺に「いのう（去のう）」と鳴るので、山から蹴落とされ、破れ鐘になったとされる。この伝説には、清衡（や「千僧」）だけでなく弁慶も登場し、また、「弁慶鐘」にならって鋳造された「三井の晩鐘」の音高が中尊寺の古鐘と同様（雅楽の調子笛で）盤渉調であることから、当事の認識として、平泉のイメージが鐘と関連づけられるものであった可能性もある。

（53）　金属音の超自然性については、中川、前掲書（一九九二年）二八七～二九一頁、アラン・コルバン『音の風景』（小倉孝誠訳、藤原書店、一九九七年）、笹本正治『中世の音・近世の音　鐘の音の結ぶ世界』（講談社、二〇〇八年）などを参照されたい。

《蝦夷王義経誕生》序説

中村一基

はじめに

文治五（一一八九）年四月三十日、源義経は泰衡の兵に襲われ妻子とともに自殺した（『吾妻鏡』第九）。林鵞峰編『続本朝通鑑』（寛文十〔一六七〇〕年序）も、『吾妻鏡』に基づき、高舘での《義経の死》を記す一方で、「俗伝又曰。

衣河之役義経不死。逃到蝦夷存其遺種」と、義経生存・蝦夷渡海、さらに義経の子孫の存在を「俗伝」として載せている。この「俗伝」が、《義経入夷説》の初出だとされる。生存伝説と蝦夷が島渡海伝説とが結びつくことが、義経北行伝説の前提であった。この「俗伝」に関しては、鵞峰も〈義経の死〉を認めながらも、「俗伝」の内容に合理的解釈をくだせなかった(1)。

蝦夷が島でのシャクシャインの反乱（寛文六年）が契機となって、義経北行伝説が誕生したというのが通説である。だが、松宮観山の通詞談話筆記『蝦夷談筆記』（宝永七〔一七一〇〕年成）の「義経の事をうきくると云。弁慶をハ其儘へんけいと申よし。義経むかし此国はゐと云所へ渡り、ゐその大将の娘になちミ、秘蔵の巻物を取たりと云事をしやうるりに作り、彼らか内にて智恵の勝れたる者ともかたり候由。義経をハ殊の外尊敬いたし、其城跡へも足踏不仕候よし(2)」を見る限り、『御曹子島渡り』と高舘での《義経の死》を認めない義経生存・入夷伝説とが混同されて、松前蝦夷地に伝承されていたことがわかる。観山は、白石の『蝦夷志』に先立つ十年前、幕府巡検使に従って蝦夷が島に渡った人物である。

義経が蝦夷が島に渡る御伽草子『御曹子島渡り』は、平家との戦いに向けて兵法書を獲得する物語であったが、江戸時代の義経入夷伝説に大きな影響を与えた。奥州を脱して、蝦夷が島に渡るだけでなく、そこで蝦夷千島の大王の入婿となった義経の伝説を作り上げるだけでなく、「夷（エビス）等、義経を神に崇め、（ヲ）キクルミと号し尊めり(3)」という「義経＝オキクルミ」説や、「義経は島の王となり給ふのみにあらず、限りなき長寿を保ち玉ひ、殊に子孫永く蝦夷の棟梁と成り玉ふ(4)」という《蝦夷王義経》とその子孫の存在に関しての伝説の成立をも導いた。その後、新井白石『蝦夷志』（享保五〔一七二〇〕年）の「俗尤敬神。而不設祠壇。其飲食所祭者、源廷尉義経也(5)」や、『津軽一統志』（享保十六〔一七三一〕年）の「義経平定夷島(6)」に見られるように、《蝦夷王義経誕生》は伝説の前提となった。これには、江戸時代の源為朝の琉球王朝始祖伝説を始めとする中世の英雄伝説復活の現象との関わりという視点も欠かせない。蝦夷地での義経王伝説と、為朝の琉球王朝始祖伝説との比較なども興味深い。(7)

北方では、前九年・後三年の〈蝦夷〉征服戦争のなかで鮮明化されていった〈征夷〉という言葉に象徴される、源氏の〈武威〉の問題がある。(8) 江戸時代、「征夷」の戦いの実質が失われても、徳川幕府の将軍は「征夷大将軍」であった。中世の英雄たちの「異域渡航伝承」(国内の合戦において敗れた英雄達が、辺境ないし〈異国〉に渡航する、そして征服を遂げるといった物語)の中に、義経北行伝説も位置づけられる。(9) 義経北行伝説のなかでも、王朝始祖伝説は、金・元・清という歴史的国家との関わりのなかで存在する。最も有名なのは、義経＝成吉思汗説である。江戸時代初期、《蝦夷王義経誕生》伝説が中央の知識人の想像力によって生まれたという説がある。新井白石の『蝦夷志』を始めとする儒者の歴史考証・歴史観が働いたのは事実だが、蝦夷が島への渡航に関しては、『御曹子島渡り』の伝説化をベースとして、〈蝦夷が島に渡った義経一党〉の伝承が、北東北で生まれていたと推測できないか。奥州藤原氏、安藤(東)氏が持つ「エミシ」の頭領の意識が《蝦夷王義経誕生》伝説に投影されたのではないか。この伝説の成立に関しては、菊地勇夫の幕藩制国家の華夷秩序システムに都合のよい物語として、中央の知識人によって創り出された面が強いという説(10)や金時徳の「蝦夷征伐」の歴史と近世の対ロシア関係の中に位置づける説(11)などがあるが、辺境の〈境界権力〉の存在をこの伝説の誕生と結びつけられないか。「境界権力」とは、境界領域を場として、一方では中央につながり、他方では、異民族にもつながる地域権力をいう。(12)

現在、民衆の《判官びいき》説にもとづく「牧歌的な英雄伝説」という言説は後退して、義経北行伝説研究は「異国征伐の論理」「ナショナリズムに関わる政治的な言説」との関連を問う視点へと大きく変化している。(13) さらに、「英雄の空想的な異界における戦い」と「〈異国〉征伐の物語との連関のあり方」も一つの課題として提示されている。(14)

先行する為朝や朝夷義秀渡航伝承に触発されて、近世前期に顕在化・流布、その後、蝦夷地の支配の進展・強化とロシアの脅威の増大を受けての様々な変容も考えられる。(15)敗将、反逆・逃亡の身でありながら、日本の先兵であるかのごとく、自らの「武威」をもって日本人による支配地を広げていく。その理由を、近世期の日本型華夷秩序の意識と、日本人が日本を「武威」の国と認識していたことが、現実の対外関係に触発されて発露したという部分も大きい。(16)中世文学研究者小峯和明によって、古代・中世の英雄たちの再生・巨大化のプロセスの問題、「蝦夷軍記」というジャンルへの注目、「異界論も視野に入れた異国論」に立ち、それぞれのテキストの位置・位相論が重要であり、さらに、対外認識を読者がどのように形成していったか、という読者論的な視点も、提示されている。(17)

本稿では、義経北行伝説の思想史的な考察の一歩として、平泉及び北東北文化圏の視点から、《蝦夷王義経誕生》の考察を行ってみたい。

一　義経北行伝説と〈異域〉

歴史学者桜井好朗によれば、辺境と畿内との文化が、対等の関係で相克しながら共存できたところに、『義経記』の本質があるという。(18)義経伝説とは、義経が奥州から京へ、京から奥州へと流離する、という構造を持つ貴種流離譚であった。だが、義経の〈異域〉蝦夷が島への渡航は、流離ではなく目的をもった旅となった。十八世紀末の天明・寛政期に、義経の渡航伝説が入夷から入満伝説にまでも拡大したのは、日本の海防意識が活況を呈し、海禁というアジア的システムが揺らぎ始めたことによる。(19)華夷秩序や王化思想の視点からは〈異域の終焉〉〈異域の内国化〉であった。異域の境界は伸び縮みするが、〈異域〉そのものが、内在化と外国化の両義性に引き裂かれる地域でもあった。(20)

その意味で、入満伝説以前の《蝦夷王義経誕生》は、〈異域〉である蝦夷が島の伝説であり、平泉、さらに北東北の「境界権力」の存在を示唆する伝説と考えられる。

『義経記』では、平泉での《義経の死》は、「高舘の戦い」に集約されている。林鵞峰編『続本朝通鑑』では、『吾妻鏡』に基づく《義経の死》の一方で、義経生存、蝦夷渡海、さらに義経の子孫の存在を「俗伝」として載せた。林家史学が、義経北行伝説の存在を「俗伝」という形ではあったが認めた。言い換えるならば、義経北行伝説は、伝説として公認されたのである。『続本朝通鑑』では、入夷後の義経が、蝦夷が島の王となった伝説には触れず、蝦夷が島に源氏の御曹子義経の血を引く者がいることを伝えている。蝦夷のなかに、義経の系譜が存在するというのである。

松宮観山『蝦夷談筆記』に「はゐと申処ハむかし義経此嶋へ渡り給ふ時仮に居住の所にて、此所より出る者すべてはゐくると申候。鬼ひしも此所より出候故、和国へ方人仕り、更に別心なき者ニて候故、しゃくセンか所行を見、彼か振舞傍若無人の躰甚以奇怪なり」(「しゃむしゃゐん一揆之事」)(21)と、始めは、寛文九(一六六九)年に反乱を起こした蝦夷の酋長シャクシャインに敵対した「鬼ひし」の義経後胤説が流布した。後に、シャクシャインにも義経後胤説が言われたのは、「正大夫」という和人がシャクシャインの入り婿となったことが、「御曹子島渡り」の中で、「義経入婿伝説」として語られていたことが共鳴したと思われる。義経が蝦夷が島の「かねひら大王」の娘「天女」との結婚により王権継承者となるのである。蝦夷地に義経の子孫がいるだけなら、生脱説話としての入夷伝説を必要としない。(22)また、義経入夷説が流布し始めるのは元禄以降、『本朝武家高名記』等の《通俗史書》が刊行されてからだった。(23)鬼ヒシ・シャクシャインの義経後胤説は、蝦夷が島に「境界権力」を可能にする説であった。義経入夷伝説と蝦夷蜂起は、互いの影響のもと、潤色増補され成長したのである。(24)

二　奥州藤原氏・安藤（東）氏と〈境界権力〉

藤原清衡が「中尊寺」建立に関する「願文」に、自らをエミシの頭目と見なし「東夷之遠酋」「俘囚之上頭」（「中尊寺供養願文」）と称した。奥州藤原氏は平安末期の「境界権力」者であった。十三湊を拠点にした安藤（東）氏も、自己のルーツを中世神話の反逆の王・蝦夷の祖「安日王」とするなど、「境界権力」を自認した。《蝦夷王義経誕生》に、この「境界権力」が深く関わるのではないか。寛文九年の蝦夷の酋長シャクシャイン義経後胤説は、《蝦夷王義経》の伝承を垣間見せている。奥州と蝦夷が島とは、東アジア海域という観点からは、歴史的に辺境、エミシの国であり、とりわけ蝦夷島はエゾの住む〈異域〉であった。藤原清衡が「東夷之遠酋」「俘囚之上頭」（「中尊寺供養願文」）と自称したことは周知の如くである。北東アジア海域として見るならば、北東北地域と蝦夷が島とは、和人と蝦夷がお互いに海を渡る海域交流の場であった。鎌倉幕府によって、奥州が日本の版図として組み込まれるまで、奥州は〈異域〉であり、〈境界権力〉の地であった。蝦夷が島の最初の和人は、奥州藤原氏の残党と考えられている。蝦夷が島の一角に、奥州藤原氏の残党が土着化することで、《海峡を渡る義経一党》という伝承が、自己の投影として語られ始めたのではないか。その〈語り〉を増幅したもう一つの要因として、鎌倉時代以後、南の鬼界ガ島に相当する北の《流刑地》だったことである。海賊・夜盗の類の流刑地だった。鎌倉時代以後、逃亡者や罪人が向かわざるを得なかったのが蝦夷が島だった。《流刑地》は「日本国内における不吉の物象を、境界の外側に追放して危機を回避する志向性に従ったもの」[25]（入間田）であり、その意味でも蝦夷が島は〈異域〉だった。蝦夷が島という地域的特性が、《海峡を渡る義経一党》の幻影を増幅した可能性が考えられる。

『義経記』によれば、義経の一党は、鈴木三郎は山賊、弁慶は悪僧、というふうに、悪党集団であった。義経に関しても、室町時代の《判官物》で、五条の橋で千人切りを行う義経は、弁慶の上を行く《悪党》であった。[26] 奥州藤原氏滅亡の際、多くの遺臣が蝦夷に入ったという伝説。奥州から逃れるように、海峡を渡り、蝦夷地に定着していった彼らが「渡り党」だったという説もある。この《流刑地》の管理を委ねられたのが、北条家の「蝦夷管領」安藤（東）氏だった。[27]「蝦夷の沙汰」をまかされた安藤（東）氏が、「日本将軍」という称号を名乗っていた。さらに、自らのルーツを、神武天皇に抵抗した「安日長髄」に求めた。入間田宣夫は、「日本将軍」「安日王」などの表現が、蝦夷「中華」認識のあらわれ（自称）とされたり、日本国の北方支配とその認識または板東武士団の蝦夷認識にかかわる表現であった（他称）とされることに対して、鬼王安日の伝説が本来はすぐれて中世的で、あまりにも中央的な人びとのあり方をしめす、とした上で、室町の後期に至って、奥北の人びとが、その伝説を受容して、換骨奪胎のプロセスを経て、自らの祖先伝承（創世神話）を形作ったこと、その意識は中央のものとは全く異なる位相であったとする。中央志向の対極で、「安日王」を朝敵であることも主張された。[28]「明暗ふたつのアイデンティティーの共存」[29]（入間田）「境界権力・安藤氏ならではの特徴的な事態」[30]（入間田）ではあるが、この事態は安藤（東）氏だけでなく奥州藤原氏においても同様であった。安藤（東）氏の「「異端的かつ正統的なる二つの要素」が共存する家譜意識」は、「境界権力としての安東氏の特性」に起因した。[31]「他化自在天」（「欲界の六天」の最高位）の「第六天魔王」が、仏法の流布を妨げ、天皇の統治を妨げているという認識は、中世の人びとに共有されていたという。中世神話において、天照大御神を相手に魔王が国譲りをするという神話が流布していた（『太平記』『沙石集』）。その第六天魔王の孫が「安日王」であり、その子孫が安藤（東）氏となった（『下国家譜』『新羅之記録』）。これは〈反逆・異端の系譜〉の始祖神話である。さらに、天照大御神を「虚言ヲ仰ラル丶神」（『倭朝論鈔』）として、天孫の支配神話に対する根源的な批判が戦国期の関東に存在していた。「朝敵認識の逆転」が関東に起こった。「魔王こそが日本国の本来の主なりとする関東の観念が、奥州・津軽方面まで波及したことによって、魔王を安日長髄の先祖なりとする安東の系譜が生成されたと想定することも不可能ではない[32]」という視点は非常に興味深い。《第六天魔王》伝説と《蝦夷王義経》伝説とが、未だ細い糸としか認識できないが、確実に繋がっているように思えてならない。安藤貞季が十三湖入口に、福島城を築城した正和年間（一三一二〜一七）、十三湖は十三湊として、夷船、京船が群集し市をなしていた（『十三往来』）。まさに、中世の交易経済の拠点港の様相を呈していた。江戸時代の北巡り巡航船以前、すでに蝦夷地と北陸・京都・大坂とは交易を行っていた。京坂の文化は、平泉経由でなく十三湊経由で、蝦夷地に流れ込んでいた。室町時代後期に、『義経記』だけでなく、御伽草子・幸若舞・謡曲等の芸能諸ジャンルの《判官物》が、蝦夷が島に渡った可能性は否定できない。「御曹司島渡り」が、中世末期には蝦夷が島に持ち込まれていた可能性が高い。すなわち、安藤（東）氏を中心とする和人集団の〈語り部〉達の、義経渡海伝説を自らの伝説として語る契機は存在していた。

三　『義経記』と平泉伝説

義経の死は『平家物語』では語られてない。同時代の記録では、藤原兼実の日記『玉葉』が高舘での義経の自死を記録している。さらに、『吾妻鏡』が高舘での自死を記録し、『義経記』も義経の死を描くなど、室町時代まで、記録等では義経の死は確定的なものだった。《判官贔屓》を基盤にした〈判官物〉が現れたのも、義経の死を〈悲劇〉と感じる心性を前提としていた。『続本朝通鑑』も『吾妻鏡』に基づき義経の死を史実とする[33]。一方、林鵞峰によって義経北行伝説が「俗伝」として記録されたのは、江戸時代初期、『吾妻鏡』『義経記』が版行・流布していっている最中であった[34]。

〈判官物〉の流行の背景に、《判官贔屓》と呼ばれる心性があったが、『義経記』を基盤とした義経伝説は、平泉高舘での義経の死を否定するものではなかった。一方、蝦夷地では、大王の娘を誘惑して、彼女の手を借りて、秘蔵の兵法書を獲得して平泉に戻るという《悪党義経》が語られていた。平泉文化圏でも、『義経記』が出版されることで、義経の死が周知徹底されていく。『義経記』巻八「衣河合戦の事」「判官御自害の事」や、謡曲・幸若舞「高舘」などで、義経の死を前提とした義経と弁慶との今生の別れの場面や、弁慶の壮烈な戦いによる立往生などが描かれた。奥州独自の奥浄瑠璃や『奥州本義経記』でも、義経の死は前提であった[35]。

義経は悲劇的英雄として奥州の民衆のなかにも浸透していく。そこに、江戸時代になって、平泉周辺に、衣川の戦の朝、忽然と身を隠した常陸坊海尊や喜（鬼）三太が現れる。不老不死となって、四百数十年生き残り、残夢や清悦という名前で源平の戦い、とりわけ衣川の合戦について語るという事態が生じた。残夢については、林羅山の『本朝神社考』にも触れられている。後に、清悦の言行に関しては、「清悦物語」（寛永八〔一六三一〕年成）[36]、「鬼三太残齢記」（寛文七〔一六六七〕年成）[37]と、まとめられて流布した。彼らの〈語り〉は、『義経記』の内容を相対化するものだった。「清悦物語」の異本と見られる「鬼三太残齢記」では、衣川の合戦に神仏の怒りあり、天変地異起こり、その騒動に乗じて「君今夷カ千島ニ落サセ給フトモアレ敵トハ心掛者アルヘカラス（略）行信ヲ御身替ニ立テ」という杉目行信の身替わりの進言で、義経は蝦夷が島を目指す。「清悦物語」では義経は死ぬが、「鬼三太残齢記」では義経は死なないことを暗示する。寛文年間（一六六一～七二）、杉目行信身替説が、「鬼三太残齢記」で語られる。その一方で、「清悦物語」では、義経の墳墓をめぐる伝説が生まれていた。義経の首は本物であり、その首を頼朝が涙を流して見たとある。さらに、義経の首の口のなかに「含状」があり、そのことで、頼朝が「梶原が讒言」によって、咎のない義経を追い詰めたことを後悔、梶原親子を誅罰。その後、義経の葬儀を「沼倉」で行ったという伝承が語られている。

義経の幽魂は、仙台藩士佐藤信要の「義経、高舘に自刃す。後、沼倉小次郎高次はこれをこの地に葬る。以てその墓を立つ。この地高次の古舘[38]」を嚆矢として、佐久間義和の『奥羽観蹟聞老志』巻九に「衣河舘　今日高舘」の項で「（高舘）上義経有古墳」「天和中我前太守（伊達）綱村君建祠堂祭義経幽魂」とあるように、仙台藩（伊達藩）によって護られてきた。義経の霊廟の「大功徳主」として仙台藩主が登場してきたことは、高舘での義経の死が公的に管理されたことを意味した。この墳墓説は、相原友直『平泉雑記』（安永九〔一七八〇〕年成[39]）などにも継承されている。彼らは、義経の死を前提とした義経伝説の守り人であった。義経の死後、（一）義経の首級は鎌倉へ送られ、実検の上、藤沢市内に葬られた。（二）高舘には義経の墓があった。そのほとりに義経堂を建てて祀った。（三）また、沼倉村（宮城県栗原郡栗駒町）に、沼倉小次郎高次が、義経を葬り墓を築いた。（四）隣村衣川雲際寺には、義経の位牌が祀られた、という平泉伝説の守り人だった[40]。平泉からは、義経生存説が生まれることはありえなかった。

四　『異本義経記』の成長

成立年次は、江戸時代初期から元禄時代と推定されているが、身替り説を含め、義経の高舘からの脱出・蝦夷への逃亡説を語る『義経知緒記』・『義経勲功記』という『異本義経記』の一群が現れる。柳田國男は、海尊や喜三太が、不老不死者となり、「残夢」や「清悦」と呼ばれたことを信じた者が、新たな『義経記』の出現を許したという[41]。彼らの語る〈事実〉を受け入れる形で、『異本義経記』は成長していった[42]。『義経知緒記』は、『義経記』の異伝・異説を収載する義経の一代記であり、『異本義経記』の増補本と考えられ、『異本義経記』と纏めて扱われることが多い[43]。

そこでは、鷲尾兼久の義経身替り説（杉目行信身替り説以前）や、秀衡の計略説や泰衡との協力説までが、義経伝の異説として登場していた。『義経記』の出版が続くなかで、「義経モ兼テ持仏堂ノ掾ノ下ヨリ抜坑ヲ拵置日頃儲置タル舟ニ乗テ蝦夷ニ至玉フト云リ」（『義経知緒記』）[44]などと、義経生存・北行伝説が描かれた。悲劇的主人公の義経が消え、義経伝説の変質が起きていく。[45]文治五（一一八九）年、頼朝の奥州攻めのときに、泰衡が平泉を落ち、再興を果たすべく、蝦夷を目指している途中で、殺されたという記録（『吾妻鏡』）や、藤原氏の残党が多く、津軽・下北半島から、蝦夷地に落ちていったという記録（『福山旧事記』）も、義経入夷伝説を考える上で見逃せない。

さらに、見逃せないのは、鎌倉時代から南北朝時代にかけて、《悪党》といわれる者たちが存在した。楠正成も河内の土豪とも悪党とも言われる。「渡党」蝦夷とは、西国から蝦夷島へ流刑された《悪党》が、蝦夷地的再生を果たして、一種の「先祖がえり」したものである。[46]「糠部、津軽より人多く此国に逃げ渡って居住す」（『新羅之記録』）という記録があるように、西国から蝦夷地への流刑者が土着化して「蝦夷」となり、「蝦夷地的悪党」となったのが「渡党」であった。[47]

前述したように、奥州藤原氏の残党が、逃亡先に蝦夷が島を選んだことは、十分に考えられる。蝦夷地での義経・弁慶や藤原氏残党にまつわる多くの伝説が、蝦夷が島に渡った藤原氏残党によって流布されたとする通説[48]も、義経に死をもたらした泰衡の残党と考えると奇妙だが、鎌倉による滅亡という点では同一である。義経北行伝説が、藤原氏残党による可能性も否定できない。[49]『義経知緒記』が、泰衡の蝦夷への逃亡の事をあげ「兼テ義経ト示合セタルカ」と推測し、その根拠として、臣下たちの密談をあげ「是等ノ事ヲ思フニ蝦夷へ落玉フ事モ泰衡兼テ示合セタルニヤ」という合議説の根拠となっている。

『異本義経記』『義経知緒記』では、「永禄評定記」永禄十二（一五六九）年の記録が取り上げられ、将軍足利義昭が津軽の商人に蝦夷が島について問うたところ「二百里計通リ見候テ其奥ハ知ラス」と答えたが、その後、松前の者で奥蝦夷に一年ほど逗留した者が、奥蝦夷は端蝦夷と違い「人ノ形モ風俗モ寛」で、さらに「源義経衣川ノ舘ヲ落テ此嶋ニ渡リ給テ嶌ノ司トナリ、今義経大明神ト崇、日本ニテ伊勢大神宮ノ如ク恐怖候、云々」という見聞談の根拠となっている。つまり、《蝦夷王義経誕生》《義経とその一党の神格化》が行われていたという。

「永禄評定記」という書の真偽も定かではない。ただ、中世末の蝦夷での義経北行伝説の〈語り部〉が、室町時代「守護職」蠣崎一族や松前大舘の商人たちへと変容したことはあっても、蝦夷が島における《蝦夷王義経誕生》《義経の神格化》が、《松前人》の伝承として、京都にまで伝わった可能性がゼロとは考えられない。『異本義経記』では、義昭が義経の子孫について尋ねたところ、子孫についてては何も聞いてないと答えたという。ただ、「衣河之役義経不死。逃到蝦夷存其遺種」（『続本朝通鑑』）という伝説が、江戸で作られたとは思えない。京坂での《判官物》の刺激を受けて、《蝦夷王義経誕生》《義経の神格化》伝説が確固なものになった可能性はないだろうか。

五　《征夷》という宿命

佐伯真一は、東北地方の征服の進行で「東夷」「夷狄」という言葉が現実味を失っても、《征夷》という認識の枠組みは残ったことで、武家の代表の呼称として「征夷大将軍」が選ばれたという。(50)『続本朝通鑑』「俗伝」が、知識人の想像力を刺激して、江戸時代中期から後期にかけて、義経の《蝦夷征伐》物語を続々と生み出していく。(51)蝦夷への亡命が、《蝦夷王義経誕生》《義経の神格化》に到った思想史的背景に、源氏の《征夷》という宿命が顕わになる。

中世の蝦夷地とは、「異域としての蝦夷地」が確立する十七世紀後半までの約五〇〇年間の蝦夷地をさす。中世蝦夷地は「島」概念と一体化したものであった。『御曹司島渡り』では、蝦夷地を「蝦夷カ千島」という言い方で表しているのに対して、近世前期では、松前蝦夷地は「東夷」「西夷」と呼ばれている。近世的な蝦夷地と和人地の区別が、明確化したのは正保期から元禄期であった。[52] 即ち、約一〇〇年の間に、「異域としての蝦夷地」が確立したことになる。そして、この時期こそ《蝦夷王義経誕生》《義経の神格化》が確立した時期だったと思われる。「近世の蝦夷地は、幕藩制国家にとっての唯一の陸続きの「外国」であったのである」。[53] ただ、「外国」の窓口は松前藩に限定されていた。近世、《蝦夷地「隔離」体制》が出来上がっていく。この「異域としての蝦夷地」は、幕末期、急激に解体していく。安政二（一八五五）年以降、「内なる民」への編成替えが進行、その結果、ロシアを「赤蝦夷」と呼び、ロシアの「異域」化が進む。一方で、江戸城のなかで松前藩主が「蝦夷大王」と呼ばれる事態があった。これは、安藤（東）氏が「蝦夷ノ管領」として、蝦夷が島流刑を執行したことで、鎌倉幕府の代官でありながら、自他ともに「蝦夷そのもの」に位置づけられたことと同じ構造である。中世、安藤（東）氏の十三湊は北東アジアの流通路の一大結節点であり、蝦夷地の人々の活動範囲は、北東アジアの海域全体に及んでいた。朝鮮国王に「夷千島王」と自称したのは、その海域交流を管轄した安藤（東）氏である可能性が最も高い。その十三湊の安藤（東）氏も、十五世紀半ばには滅んだ。南部政経は「征夷惣大将源朝臣南部政経」として、下国安藤（東）氏への軍事行動を起こしたという。[54]

以上のことから、「源」と「征夷」の組み合わせは切り離せない。

蝦夷が島は流刑地であり、安藤（東）氏の残党も蝦夷が島に渡海していく。蝦夷が島の役割は、幕末の五稜郭の戦いにまで続く。義経は、源氏の御曹子である限り「征夷」の旗を降ろせない。《蝦夷王義経》が成立する構造は、安藤（東）氏の両義性よりも複雑である。源氏は本来《清和源氏》というように、天皇制に組み込まれている。ただ、義経伝説では、義経は天狗・悪党の守護を得るなど、異端の色が濃い。朝廷、鎌倉幕府が正統性を主張して連携する世界で、異端王義経の生きられる世界は、日本にはない。松前藩主が、他藩から「蝦夷大王」と、怖れにもからかいにも似た呼称で呼ばれた理由の根は深い。なぜなら、中世では奥州が辺境であり蝦夷地であったが、近世の蝦夷地は〈異域〉となり、日本の外に存在したからだ[55]。《蝦夷王義経》とは、「蝦夷大王」松前氏が辺境から〈異域〉蝦夷が島に渡った自らを投影した王の像でもあった。

六　蝦夷神話と〈中世神話〉

安藤（東）氏は、「安日王」という朝敵の末裔を、先祖神と任じていた。このことを、海保嶺夫は「蝦夷〈中華〉意識」と呼び、鎌倉時代前期に、この意識が成立したという。「安日王」が蝦夷の祖先神として位置づけられていた。〈境界権力〉の王権意識として注目される。蝦夷における王権意識の背景に、「蝦夷〈中華〉意識」があり、《蝦夷王義経誕生》は、この意識と関連するのではないか。中世の「夷千島王」は、「日本国王」の権威を相対化するように「蝦夷であることに価値を置き、反朝廷的思考を明確にさせている「安日王」伝承こそは、強制的に早期流産させられた「東北国家」自身の創世神話なのではないか[56]」。長髄彦の兄で、生駒山に住み、神武天皇と「代」（世）を争った安日王が敗れる。そして、安日王は「外ヶ浜」に流され、その子孫が蝦夷となったという。蝦夷は流された神の子孫であり、安藤（東）氏は自らの祖を安日王とする以上、蝦夷なのである。義経という貴種が、日本の天皇制から生まれた反逆の王、安日王を先祖神とする伝承に連なることで、蝦夷の《神話の王》の系譜に連なる。この伝説は、蝦夷が島に流刑になった人びとの転生のプロセスを抽象化したものではないか。この伝承の作成者が、「渡党」蝦夷という説は興味深い。この伝説は、《蝦夷王義経誕生》伝説を照射する。

また、「義経大明神」という《義経の神格化》も、「源義経衣川ノ舘ヲ落チ此嶋ニ渡リ給テ嶌ノ司トナリ今義経大明神ト崇」（『義経知緒記』）と、早い段階で見られる。その後、江戸中期ではあるが、馬場信意『義経勲功記』（正徳二〔一七一二〕年版）に「夷（エビス）等、義経を神に崇め、（ヲ）キクルミと号し尊めり」(57)や、古川古松軒『東遊雑記』（天明八〔一七八八〕年成）が松前で「夷人は義経公の名をオキクルミと称し、弁慶の名をシャマクルミと称し」(58)という蝦夷の「義経＝オキクルミ」説や、「オキクルミ誰が家の先祖へ入婿に入給ひ」（同）と「オキクルミ入婿」説も記録している。「オキクルミ」はアイヌの「創業の神」である。「義経大明神」という義経の神格化の問題は〈中世神話〉の問題であり、「義経＝オキクルミ」習合説は、蝦夷神話と〈中世神話〉との習合の問題である。蝦夷の義経伝説では、「義経入婿譚」が流布していた。『御曹子島渡り』の伝説化である。そこに、「義経＝オキクルミ」習合説が現れた(59)。オキクルミは「創業の神」でありながら、蝦夷地に留まらず、隣国へ去った神であった。日本神話の「スクナビコナの神」を想起させる神。この伝承を創作した人物は不明だが、蝦夷神話に通暁した「渡党」蝦夷が創作した可能性が高い。義経を蝦夷神話の神と同一視する説が、蝦夷人から生まれてくる可能性はない。蝦夷であることの正統性は、蝦夷神話にあるからだ。安日王は、大和の王権から産出された反逆の神であり、蝦夷の祖先神とされる。そのことを信奉したのは、蝦夷（エミシ）系豪族であった。彼らは、安日王の系譜、蝦夷の神の血を引く者のなかに自らを位置づけた者たちである。ただ、義経は蝦夷系豪族の系譜に位置づかない。清和天皇の系譜上に位置づく《源氏の御曹司》、即ち《貴種》である。神としては《来訪神》である。アイヌ神話を謡うユーカラでは、アイヌの神オキクルミカムイがピラトリの丘に降臨したとある(60)。オキクルミカムイは英雄神であったが、最後は、隣国へ去っていく(61)。

義経が蝦夷地で神として祀られたという情報に接し、儒者安積澹泊は「今に至るまで、夷人、義経を崇奉し、祀りて之を神とす。之を情理に揆るに、其れ或は然るか(62)」と、事実ではないかと推断した。『義経知緒記』でも〈義経の蝦夷での死・子孫はアイヌの酋長・義経大明神という義経の神格化〉まで語られている。ただ、馬場信意『義経勲功記』では、〈蝦夷が島の主・義経の後裔・大陸渡航はない〉などと『義経知緒記』と同様ではない。《異本義経記》では、《蝦夷王義経誕生》《義経の神格化》が表出されているが、「義経＝オキクルミカムイ」説は表出されていない。

十八世紀中期までの義経入夷説は、蝦夷地に建国される源氏の国は、日本の領域外、〈異域〉と認識されていた。源氏の繁栄が異国に及ぶという認識や、日本の領土拡大の意図は見えない。ところが、十八世紀後期の義経入夷説では、ロシアなどの外圧が強くなり、古松軒が「義経公の韃靼へ渡りし事は好事家の説成べし。此事いまだ詳ならず」と疑問視しているように、蝦夷を内国に編入しながら、義経の大陸渡航伝説は強くなる。《異域の内国化》[63]が起こっている。初期蝦夷軍記では、義経への恩と蝦夷への威が《蝦夷王義経誕生》《義経の神格化》の背景としてあったのが、後期蝦夷軍記では、義経の蝦夷に対する力と謀が《蝦夷王義経誕生》《義経の神格化》の背景となる。[64]「義経大明神＝オキクルミカムイ」説が、積極的に主張されていくのは、この時期である。

おわりに

平泉政権滅亡によって、奥羽の地の完全な日本国への統合が完成した。北方自立の道の流産。法華経による平和が否定され、八幡宮が国家守護・夷族征伐のシンボルとして、奥州各地に建立されていった。征夷大将軍源頼朝は、坂上田村麻呂になぞらえられた。頼朝の進攻を『吾妻鏡』では「奥州征伐」「奥入り」と呼ぶ。平泉と奥州藤原氏には日本国の枠にはおさまらないきわめて豊かなものがあったという（入間田）[65]。その収まりきれない豊かなものへの夢が、《蝦夷王義経誕生》伝説を生み出していったのではないか。蝦夷が島が《辺境のユートピア》として幻視されていく。

義経の遺児の子孫が、シャクシャインという風評が流れる。平泉での〈義経の死〉は、平泉での〈義経の生〉によって書き換えられていく。奥州は、本当は何を望んでいるのか。奥浄瑠璃「高舘」は、『奥州本義経記』と同じく、義経一党の最期の戦いの場面を語る。『奥州本義経記』は、奥州の言葉で綴られている。まさに、奥州の民による鎮魂の語りであった。海尊の不死伝説、語り部残夢の出現が、義経一党を悼む〈再語り〉〈語り直し〉を現出する。〈生き証人〉と称する者の、歴史の〈再語り〉を望む者は誰なのか。義経入夷伝説が、蝦夷が島に逃げ込んだ藤原氏や安藤（東）氏の残党たちの、自らを投影した〈語り〉に始まるのではないかと思う。

状況証拠ばかりの展開となるが、津軽藩主津軽信政の弟、権僧正可足による「可足の筆記」（天和・貞享〔一六八一～八六〕頃成立）[66]には、津軽氏の祖は、藤原秀衡の弟秀英であり、十三湊を支配していたとある。奥州藤原氏の滅亡の時、領主津軽秀元であり、義経は平泉を脱出して、十三湊を目指し、さらに三廏から海峡を渡ったという伝説が記されている。伝説が証明しているのは、「征夷大将軍」頼朝と「蝦夷王」義経という対峙構造である。『異本義経記』では、秀衡存命時、義経のもと、白川で、鎌倉勢を奥州から押し戻す「白川合戦」という〈幻の合戦〉があったことになっている。鎌倉勢を退けたが、秀衡の死後、不穏な空気が平泉を覆う。『異本義経記』では「義経も兼ねて心得給いて、文治四年の頃より、常陸坊海尊を蝦夷へ遣わし、日頃、彼の島の者共を受付け給えり。其の外、片岡、武蔵坊弁慶なんども人知らず渡海したると云々」と、義経北行伝説の背景を記す。『異本義経記』は『義経記』ではなく、『吾妻鏡』をベースにすることで、もう一つの『義経記』として登場できたという説もあるが、確かに、軍記物語というよりは偽史的な性格が強い。義経北行伝説が歴史的文脈に近づく。そこには、林鵞峰のような儒者の影が見え隠れする。『続本朝通鑑』に「俗伝」として義経北行伝説を載せたことに対して、安川実は「異説を併して」「伝承を敢えて記したことに、事実と伝承を厳別しようとした歴史科学的な意識の低さがよく示されている」[67]という。官撰史書と『前太平記』『前々太平記』のような《稗史》（歴史小説）・《野史》（私撰史書）との境界が曖昧なのである。《稗史》《野史》と《伝奇小説》は接近し、史実と伝説のはざまに存在する。

江戸時代とは、「敗者の復活」が、伝説を介して歴史に蘇った時代である。(68) 義経北行伝説も、《源義経の復活（義経外伝）》であり、史実と虚構が渾然一体となり、新しい義経伝説として創造されていく。新井白石のような朱子学の儒者も、義経北行伝説を歴史的な視点から見て、その可能性に惹かれている。義経北行伝説の中で《蝦夷王義経誕生》《義経の神格化》を中心に思想史的な問題を、神話・歴史・文学・思想という〈幻想領域〉を発掘する作業のなかで行ってきた。

本稿は、奥州藤原氏・平泉と《蝦夷王義経誕生》《義経の神格化》の問題を中心に論じてきた。義経北行伝説は、思った以上に手強い伝説である。《大陸の王義経》と《判官贔屓》の問題は、さらに、思想史的な足場を固めて挑戦したい。

〔附記〕この論考は、平成二十四年度科学研究費助成事業（学術研究助成基金助成金）（挑戦的萌芽研究）「「義経北行伝説」の思想史的研究」の研究成果の一部である。

註

（1）岩崎克己編『義経入夷渡満説書誌』解説（岩崎克己）、一九四三。

（2）海保嶺夫翻刻・解説『北方史史料集成』第四巻（北海道出版企画センター、一九九八）。

（3）馬場信意『義経勲功記』（正徳二〈一七一二〉年。黒田彰・岡田美穂編『軍記物語研究叢書』第四巻「未刊軍記物語資料集」四、クレス出版、二〇〇五）。

（4）同上。
（5）『新井白石全集』第三巻（国書刊行会、一九七七）。
（6）前掲註（1）書。
（7）関幸彦『蘇る中世の英雄たち――「武威の来歴」を問う――』Ⅳ章為朝と義経～異域の射程～。（中公新書、一九九八）。
（8）同上。
（9）佐伯真一「日本人にとって〈異国〉とは、合戦とは何か」（青山学院大学文学部日本文学科編『日本と〈異国〉の合戦と文学』笠間書院、二〇一二）。
（10）菊地勇夫「義経蝦夷渡り（北行）伝説の生成をめぐって――民衆・地方が作り出したのか――」（『キリスト教文化研究所研究年報』三九、二〇〇六）。
（11）金時徳『異国征伐戦記の世界――韓半島・琉球列島・蝦夷地――』第四章義経入夷説と朝鮮軍記物、笠間書院、二〇〇四。
（12）保立道久「平安時代における奥州の規定性――九世紀陸奥海溝地震を切り口に――」二〇一一・一〇・六、岩手大学講演資料。
（13）註（9）と同じ。
（14）註（9）と同じ。
（15）徳竹由明「敗将の異域渡航伝承を巡って――朝夷名義秀・源義経を中心に――」（前掲註（9）『日本と〈異国〉の合戦と文学』）。
（16）同上。
（17）『日本と〈異国〉の合戦と文学』第三部「討議」発言。
（18）桜井好朗「英雄の彷徨――義経記の成立をめぐる畿内と辺境――」（『中世日本人の思惟と表現』未来社、一九七〇）。
（19）関幸彦、前掲註（7）書。
（20）同。

(21)　前掲註(6)書。
(22)　金田一京助「アイヌの義経伝説」「義経入夷伝説考」(『金田一京助全集』第一二巻アイヌ文化・民俗学、三省堂、一九九三)。
(23)　倉員正江「近世における義経伝説の展開――入夷伝説の再検討――」(『日本文学　研究と評論』第二九号、早稲田大学、一九八五)。
(24)　同上。
(25)　入間田宣夫・豊見山和行『北の平泉、南の琉球』〈日本の中世　五〉(中央公論新社、二〇〇二)。
(26)　浅見和彦「都市人の夢と遊楽――『義経記』と『一寸法師』――」(『國文學・解釈と教材の研究』學燈社、一九九四―〇一)。
(27)　神道大系編纂会編『神道大系　神社編五一　北海道』解題(能戸邦夫)。昭和五八。
(28)　入間田宣夫『中世武士団の自己認識』Ⅲ安東の系譜にみる中世語り物の世界、九章中世奥北の自己認識――安東の系譜をめぐって――(三弥井選書二七、一九九八。二四二頁)。
(29)　前掲註(25)書。
(30)　同上。
(31)　入間田宣夫、前掲註(28)書、Ⅲ、一一章津軽安東の系譜と第六天魔王伝説。二八七頁。
(32)　同上。
(33)　家康の命で『吾妻鏡』は、慶長十(一六〇五)年活字版が版行されて以後、寛永三(一六二六)年の寛永本、寛永本再版本、寛文元(一六六一)年と版行が重ねられている。
(34)　室町時代、幸若舞などで多くの〈判官物〉が出回った。『義経記』も元和木活字本から、寛永年間の流布本、さらに万治二年(一六五九)の整版本と版行が重ねられている。
(35)　坂口弘之編『奥浄瑠璃集　翻刻と解題』和泉書院、一九九四。
(36)　『南部叢書(九)』昭和四十六(一九七一)。

(37) 『諸国叢書』第一一集。成城大学民俗学研究所、一九九四。
(38) 『封内名蹟志』寛保元年(『仙台叢書』第八巻)。
(39) 菊地勇夫「地誌考証と偽書批判——相原友直『平泉雑記』の義経蝦夷渡り説否定論を中心に——」(宮城学院女子大学『キリスト教文化研究所研究年報』四三、二〇一〇)。
(40) 同上。
(41) 「義経記成長の時代」『雪国の春』大正十五(一九二六)。
(42) 同上。
(43) 岡田美穂「国立国会図書館蔵『義経知緒記』解説」(『軍記物語研究叢書』第四巻、未刊軍記物語資料集4義経知緒記・義経勲功記)。
(44) 同上。
(45) 姉崎彩子「近松の素材利用——義経蝦夷渡り伝説と『源義経将棋経』——」(『国語国文』七三—三、二〇〇四)。
(46) 海保嶺夫『中世の蝦夷地』(中世史研究叢書、吉川弘文館、一九八七)。
(47) 同上。
(48) 松前町町史編集室編『概説松前の歴史』(松前町、一九九四)。
(49) 同上。
(50) 前掲註(9)書。
(51) 前掲註(11)書。
(52) 前掲註(46)書。
(53) 同上。
(54) 同上。
(55) 前掲註(7)書。

(56)　前掲註（46）書。
(57)　註（43）と同じ。
(58)　『日本紀行文集成』（日本図書センター、新装版、一九七九）。
(59)　金田一京助「アイヌの義経伝説」。
(60)　山本多助『カムイ・ユーカラ　アイヌ・ラックル伝』（平凡社ライブラリー、一九九三）。
(61)　同上。
(62)　『大日本史列伝賛藪』巻四「源義経伝の賛」（『近世史論集』日本思想大系四八、岩波書店、一九七四）。
(63)　前掲註（7）書。
(64)　前掲註（11）書。
(65)　前掲註（25）書。
(66)　『青森県史』第一巻。
(67)　『本朝通鑑の研究～林家史学の展開とその影響～』（言叢社、一九八〇）。
(68)　前掲註（7）書。

世界文化遺産平泉の調査を振り返って

林　士民
大井　さき　訳

はじめに

平泉は、東北地方の岩手県に位置する。筆者はこれまでに二度、招かれて現地に赴き、調査や交流をした。平泉の仏教建築、庭園建築の遺跡及び考古学に関する遺跡群に対して実地調査・観察を進めていくと、平泉の文化遺産や歴史的遺物の豊富さが深く感じられるようになった。その豊かな文化が内包するものは、いずれも中国古代の文化と深い関わりがある。平泉は、文化遺産が地域性を備えるだけでなく、国際性をも併せもっていることをはっきりと示している。

一　調査の振り返り

事の始まりは二十一世紀初頭、岩手県教育委員会の責任者と岩手大学の藪敏裕教授ら一行が寧波を訪れ、平泉の世界文化遺産登録を申請するという問題について交流を行ったことにある。当時、筆者はちょうど寧波市で「海のシルクロード（大運河も含めて）」というプロジェクトを申請するため、世界文化遺産事務室に勤務しており、申請に関する一連の事項を担当していた。岩手の人々と交流する中で、平泉も世界文化遺産への登録を申請していることがわかった。学術的な交流や現地調査を進めるうちに、私は、平泉が豊かな文化遺産をもつだけでなく、美しい自然の景観も備えていることを強く感じた。これらの遺跡はただその真正性を示すだけではない。平泉の人々は、先祖代々残されてきた歴史的遺産の保護のために大変尽力してきた。とりわけ地下の遺跡群は、その発掘と保護によって、当時の平泉の繁栄ぶり、興隆の様子が明らかになった。遺産のこうした点も、世の人々に注目されている。

二　遺産の特長の考察

（1）一際目を引く中尊寺

最も直接感覚に訴えかけ、深い印象を与えるのが中尊寺である。中尊寺は宗教的建築物で、金色堂、金色堂覆堂を含む。この寺は特徴的な金色の建物以外にも、寺の中に経が収蔵されており、それには由来が二通りある。一つはこの寺で転写され、受け継がれてきた経であり、もう一つは中国江南の明州港より中尊寺に伝来した宋版『一切経』である。

仏教寺院としての中尊寺は、天台宗に属す。一方、明州港は中国仏教の天台宗が伝播してゆく窓口となっている。最も早いものとしては、八四〇（承和七）年に日本の名僧、最澄が浙東の天台山で天台宗を学んで帰国し、比叡山にて天台宗を開いた例がある。平泉の中尊寺は、天台宗の東北大本山に当る。寺伝では八五〇（嘉祥三）年、天台宗の高僧、慈覚法師円仁により開山されて弘台寿院と名付けられ、八五九（貞観元）年に中尊寺と改名された。一一〇五（長治二）年から、奥州の豪族藤原清衡が二十一年間にわたって建設を進め、一一二六（天治三）年に落成した。全盛期にはすべての寺に堂があり、塔は四十棟あまり、宿坊は三百棟あまりあった。まさに岩手県平泉の名刹というべきものである。

この名刹にある建物のうち、金色堂はその中核となっている。ただ構造が斬新で規模が大きく、技巧が凝らされているだけではなく、少しの損傷もなく保存されているため、歴史的に貴重な日本の宝となった。それは、平泉の仏教（浄土教）建築の代表であると同時に、黄金文化を代表するものでもある。(1) 金色堂が建てられたのは一一二四（北宋の宣和六）年である。その時代について論ずれば、中国の保国寺大殿の建造より百年遅く、宋代における世界建築の大著『営造法式』が正式に出版され広まったのに遅れること十数年である。この建築技法は東アジア文化圏に広く普及しており、平泉の金色堂建築はまさに『営造法式』が伝わったことを示す実例の一つなのである。金色堂の建築技法と、『営造法式』にある建物の様式・構造などの規則は、みな同じ流れを受けている。例えば柱頭にあって軒を支える斗組の利用やその組み合わせ方、飛檐と翼角の配置、筒瓦（牡瓦）や屋根瓦、瓦当の作り方などは、いずれも中国宋代の建築物と似通っている。間口・奥行きがそれぞれ三間の金色堂の建物は、屋根を除いたすべての箇所に金箔が貼られている。中でも中央の部屋にある四本の柱は、金箔が貼られているだけでなく、さらに明州で流行した宋代式の螺鈿の象眼細工が施されており、その装飾は緻密で華麗だ。ゆえにこの建物全体が、雄大で荘厳なのである。

金色堂の中央には、阿弥陀如来、観音菩薩、勢至菩薩など、金箔貼りの仏像が十一尊ある。こうした仏像の配置も、中国江南の寺院の正殿に並ぶ諸仏像とよく似ており、仏像の祭り方の共通性が見てとれる。これらの仏像は彫刻が緻密で、金箔は光り輝き、悠久の時を経ており、まさに日本の重要文化財である。

須弥座には、藤原清衡《きよひら》、基衡《もとひら》、秀衡《ひでひら》、泰衡《やすひら》四代の遺体などが安置されている。この方法は、中国の寺院には先例がない。これは、当時の藤原氏の頭首が寺院を建立した動機と関係するものだろう。

それから、金色堂保護のために、当時、金色堂の外にさらに保護用の建物が建てられていた。もともと金色堂が建っている場所に重ねて新しい建物を建てたものだが、金色堂建造から一六〇年あまりを経た一二八八（正応元）年、その覆堂を修復している。以後は、保護用建築物（金色堂覆堂、重要文化財の一つ）の窓越しに祭祀し、参拝するようになった。

中尊寺の経蔵は、一一二二（保安三）年に建てられ、内蔵には金銀文書の『一切経』（中尊寺経）五四〇〇巻がある。金銀で書写した経で、八年間かけて写されたものである。その持続期間の長さ、規模の大きさは珍しく、しかも完全な姿で保存できていたため、国宝に指定されている。(2)

中尊寺に収められている明州の宋版『一切経』は、宋代にすでに平泉の中尊寺に伝来していた国宝の一つである。この『一切経』は明州開元寺の版本で、「成富論」上帙十一巻の中に「明州城下吉祥院大蔵経」という縁取りのない朱印が押されている。『法苑珠林』巻八十八にも「捨銭印造墨書」という前書きがあり、そこには次のようにある。「清信《しょうしん》弟子　兪宗爽の母　簾四娘の合家等、謹んで『法苑珠林』乙函十巻を捨し、吉祥寺大蔵の内に入る」。これは、この宋版本と『一切経』が混在した状態で「吉祥大蔵内」に貯蔵してあることを述べている。中尊寺蔵『華厳経』の年代が一一七六（安元二）年八月二十四日、明州開元寺の宋版の印刷が紹興二十一（一一五一）年であることから、伝来は一一七六年よりは遡ることになる。

次に、中尊寺の建築様式についてである。宋代には、浙東の建築様式が直接日本に取り入れられ、鎌倉時代の建築スタイルの新たな様式として「天竺様」あるいは「大仏様」と称された。中尊寺が火災で焼け落ちた後で再建された建物は、「天竺様」建築の流行と関連がある。特に日本の高僧、重源が三度訪中して明州にある阿育王寺などで建築を学び、さらに日本から材木を運送し、明州阿育王の寺の舎利殿建設を援助したこととの関連は深い。その後、重源は帰国し、一一八一（養和元）年、かの有名な東大寺再建の大勧進の任に就いた。そして、宋の明州の有名な建築士、陳和卿ら一行に対し、来日して東大寺建設に協力するよう求めた。東大寺南大門、大仏殿などの建造物及び大仏殿にある世界で二番目に大きな大仏は、いずれも陳和卿《ちんなけい》の傑作である。後世の「鎌倉の大仏」も、陳和卿が銅の仏像を鋳造した技術を参考にして作られたものである。当時は「中国風」建築が尊重されていたため、中尊寺の建築物と仏像の彫塑・鋳造技術にも、このような文化の融合が見られるのである。

（2）　遺跡群の発掘が示す文化の内容

毛越寺、無量光寺、金鶏山、柳之所などの遺跡群の発掘は、考古学的復元により、古の建築物の配置、規模、技巧などの真正性を保っているだけでなく、当時の繁栄の歴史を蘇らせるための一次資料を与えてくれた。遺跡の発掘では、主体となる建物が十分精密に整えられているだけでなく、特に古代の庭園が真正性（訳者注①十二世紀の古代庭園の本来の姿を後代の改変を受けることなくそのまま伝えていることを言う）を示しているために、当時の平泉地域の庭園建築と東アジア、特に中国の庭園との繋がりがあったことを明白に知ることができる。

寺院建築の重要な構成要素は庭園であり、「中でも庭園遺跡は重要な地位を占めており、中尊寺大池伽藍遺跡、毛越寺大白遺跡、観自在王院舞鶴池遺跡及び無量光院庭園遺跡などが含まれる」(3)。こうした人工の庭園はみな、当地の奥州藤原氏による地方政権が十一世紀末から十二世紀半ばにかけて相次いで建造したものである。十二世紀末に敗退した後は、地下で完全な状態を維持し続けた。ここ数十年の考古学的発掘と保護により、元通りの姿はようやく世に現れた。建物や庭の構造、規模、建設技術及び庭園と主な仏教建築の融合関係、それらが体現している「浄土式庭園」の理念などはみな、歴史的、芸術的、科学的に極めて高い価値をもっており、さらに十二世紀という時期における東アジアの庭園建造の理念と趣向と技術を代表するものでもある(4)。以上から、こうした遺跡群の考古学的発掘は、真正性を維持しているだけでなく、十二世紀前後の歴史の特長を復元させるものだと言うことができる。

上述した遺跡の考古学的発掘においては、陶磁器の出土品が最も多く、そのほとんどは中国伝来のものである。平泉から出土した陶磁器の中で、顕著な特徴を備えているものとしては、青白磁（影青）の執壺、碗、小箱などが挙げられる。こうした器物は明州港の埠頭や住居の遺跡、都市建築の基礎の部分から度々発見され、特に目新しいものでもない。研究で明らかにされたことによれば、こうした製品はいずれも江西省の景徳鎮で生産されたものらしい(5)。日本で出土した青白磁器は、その多くが明州港から輸出されており、年代は南宋から元までのことである。平泉から出土した器物を見ると、小箱と、その他の器物でも釉薬を塗っていない素地の部分は桃色、釉薬は青白色で薄く塗られ、蓋の上には文様が刻まれている。内の浅い盤（碗）は、青白の釉薬が薄く塗られ、比較的むらなく塗ってある。青白磁の碗の内側には、竹の櫛で文様が刻まれている。年代は南宋（一一二七〜一二七八）のものだろう。今のところ、日本では三十六の県や市で景徳鎮の青白磁が出土しており、中でも鎌倉、佐賀、福岡などに最も多い。主な器物の形は、碗、盤、鉢、罐、瓶、壺、小箱などである。日本の学者の認識は以下のようである。十二世紀後半から十三世紀に中国から輸入した陶磁器で代表的なのは、青白鑲辺芒口碗で、日本各地で最も多く発見される陶磁器の一つである。(6) 水注（水差し）は各地で多く出土している。小箱は多く経塚の中より見つかっており、その分布面積は広大で、統計によると一〇〇点あまり出土している。梅瓶は日本での出土数がほぼ磁州窯の製品に次ぐ量である。平泉では、青白磁器の小箱だけでなく、梅瓶の破片も出土している。

次に、龍泉窯の青磁についてであるが、この種の青磁は太宰府、博多、平泉、熊本県祇園で多く出土している。これについて、私は次のように考える。平泉で出土した浙江省龍泉窯の磁器は、釉薬が緑色、素地の色が青灰色である。特に緑の釉薬が塗られた龍泉青磁は、北宋のものではありえない。なぜなら北宋期は龍泉窯で焼き物が作られ始めた時期で、厚い素地に薄く釉薬を塗る手法が用いられ、その色は青が主流だったからである。こうした時期の器物が輸出されたはずはない。そのため筆者は、龍泉窯の青磁が、南宋前期に制作されて日本に輸出されたとする説に賛同する。南宋末期になると、薄い素地に厚く釉薬を塗るのが主流となり、釉薬の色は粉青、梅子青、蟹殻青、豆青（訳者注②中国青磁特有の色調分類用語である）などのものが製造された。各地で出土する遺物の多くはこの手のものである。

平泉から出土する白磁は、典型的といえる形に四系罐、芒口碗、執壺（水差し）などがある。実際に確認できる器物からは、以下のような特徴を挙げることができる。まず、製作時に素地を伸ばし形を整えた痕跡が、器物の周囲を繞るようにはっきりと残っていること。次に、施された釉薬は、薄くてむらがあること。さらに、素地の色が桃色であることである。以上の特徴を見れば、河北省の定窯の白磁であるはずがないことは一目瞭然である。この種の白磁製品は、明州港の埠頭の遺跡と住居遺跡、中国「二〇〇二年度十大考古新発見」の一つ永豊庫からそれぞれ出土しており、平泉出土の器物と比較すると、非常に似通っている。筆者はこれらが南方で生産された白磁なのではないかと考える。

市舶司の設置は、国が対外貿易権を制御したことを表している。北宋の明州は、中国の「三司」（広州、明州、杭州）の一つであり、南宋には戸部の直轄下で管理され、元代も「三司」（広州、泉州、慶州〔寧波〕）の一つであった[7]。そのため、およそ広東や福建の商船で、日本や高麗へ行くものは、みな明州で公式な証明書を発行してもらう必要があり、それがあって初めて出国することができた。この件は、文献の記載の中に頻繁に見られる。このようにして、白磁の一部が明州港を通って輸出されたのである。

明州港→五島列島→日本の博多港→京都→平泉。このように伝来した中国の陶磁器は、通商貿易が行われていたことを示す有力な証拠であり、海の陶器の道は、日中友好の象徴でもある。換言すれば、宋代明州港と平泉とでは、海の道を通じて両国民の友情が結びつき、一つになっていたのである。

（3）　稀少な荘園の景観

現地調査においては、建築物と庭園の様子に十分注意を払って見てきたが、自然の景観にも、忘れがたいものがある。それは、平泉の指導者と学者がわざわざ紹介して下さった、農村と田畑の風景である。これについては、中尊寺を見学した当初に遡って語りたい。当時私とともに見学に行った学者たちと中尊寺の住職（方丈）は、十四世紀作の中尊寺蔵『陸奥国骨寺村絵図』について紹介して下さった。この絵は、中世の寺がある地域の集落の景観を詳細に描写している。当時、ここは荘園と称されていた。このような自然の風景は、岩手県一関市の西外れに僅かに残る農村の光景として、今に至るもなおその真正性が残されている。それは、十四世紀に描かれた農村の様子と完全に一致する。そのような荘園は、他ではほとんど見られない。当地の荘園は一九九五年、国の重要文化財に指定されている。荘園の風景は、地域の人々による生産や風土、人情の本当の記録で、生きた文化遺産である。そのため、これも平泉という世界文化遺産の重要な構成要素なのである。

おわりに――文化の融合――

上述した考察から、私は以下のように考える。平泉は世界文化遺産への登録を願い出たが、最大の特徴は現在残されている遺物や遺跡のもつ真正性である。さらに、その多くの項目は重要文化財に含まれ、地域性と国際性を併せもっており、文化の交流・融合の結晶でもある。建造された寺院や庭園建築などは、みな仏教（浄土）に属している。そのため、申請書の「平泉――仏国土（浄土）を表す建築・庭園及び考古学遺跡群――」という名称は、理に適っているのである。そして二〇一一年六月、平泉はユネスコによって世界文化遺産に登録された。これによって東アジアの平泉は、世界の平泉になった。なぜなら、平泉の文化遺産は、世界で所有するものになったからである。我々は平泉という世界遺産が、今後必ずますます的確に保護されるようになり、子々孫々受け継がれていくことを信じている。

平泉と明州との関係は密接である。平泉がすでに世界遺産に登録された今、我らも、より一層の努力をしなければならない。「海のシルクロード」のプロジェクトは今なお継続中であり、中国大運河（浙東の運河、寧波段を含む）の世界文化遺産登録についてユネスコは二〇一四年には登録するよう計画している。大運河の寧波の市街地における主な記載項目には次の三箇所があり、一つは宋代の水測碑（亭）、二つ目は元代の永豊庫遺跡、三つ目は水上運輸貿易のさまを映し出している慶安会館である。以上はいずれも、全国重点文物保護単位となっている。

註

（1）孫宝玉『世界旅游名勝詞典』（日本条）、中国旅游出版社一九九九年五月版。
（2）同前。
（3）劉海宇・劉東「以登州為中心的東亜海上交流与造園思想的伝播」、『海上絲綢之路与蓬莱古船・登州港国際学術討論会論文集』、黄海数字出版二〇一二年四月版。
（4）同前。
（5）林士民「従寧波出土文物看景徳鎮宋元時期的陶瓷貿易」、『景徳鎮陶瓷』一九九三年第三巻第四期。
（6）同前。
（7）林士民「浅談寧波海上糸綢之路歴史与分期」、『寧波海上糸綢之路学術討論会論文集』、科学出版社二〇〇八年十二月版。

世界遺産教育「平泉」の可能性

今野日出晴

はじめに

二〇一一年六月、第三五回世界遺産委員会において、「平泉――仏国土（浄土）を表す建築・庭園及び考古学的遺跡群」（以下、「平泉」）は世界遺産一覧表への記載が決定された。[1]「全人類のための世界の遺産」として登録されたということは、「この無類のかけがえのない物件を保護することが世界のすべての国民のために重要で」（前文）あるということを意味している。つまり、「平泉」は、「顕著な普遍的価値を有するもの」（第一条）として、「保護し、保存し、整備活用し及びきたるべき世代へ伝承することを確保することが本来自国に課された義務」（第四条）であると位置づけられたのである。そのため、「締約国は、あらゆる適当な手段を用いて、特に教育及び情報を通じて」、「自国民の認識及び尊重の念を強化するように努力する」（第二七条）ことが求められる。[2] 本稿では、この「教育」を通じて、「自国民の認識及び尊重の念を強化する」ということの意味と意義を明確にするために、「世界遺産教育」の現在を概観し、単元名「身近な地域の歴史――平泉の歴史的価値とは何だろう――」（授業者：上田淳吾教諭）の実践に検討を加えながら、「世界遺産教育」としての「平泉」を考察してみたい。ただし、それは具体的な授業モデルを提案するというものではなく、今後、各学校種で、さまざまな教科・科目で進められるであろう「世界遺産教育」としての「平泉」を構想するに際して、基軸に据えるべき視点とは何かということを考察し、定立しようとする一つの試みである。

一　「世界遺産教育」の現在

一九九〇年代に入り、「ツーリズムによる景観の破壊、生態系の切断などの被害を受ける世界遺産が増加した」[3] ことをうけて、ユネスコ世界遺産委員会は一九九四年に公式の活動として、世界遺産教育事業（World Heritage Education Project）を開始した。それは「世界遺産の保存の促進への若者たちの参加」（Young People's Participation in the World Heritage Preservation and Promotion）と呼ばれるパイロット・プロジェクトとしてスタートし、世界遺産青少年フォーラムの開催などをへて、一九九八年には、教師用教材として『若者の手にある世界遺産』[4] が作成された。そして、それは、「ユネスコ協同学校（Associated School Project = ASP）」に参加する学校に配布され、世界遺産を教材とする教育活動が進められてきた。[5] この活動は、世界遺産委員会が、「世界遺産条約履行のための作業指針」[6] で規定する「Ⅵ　世界遺産条約を推進するための支援」としてあげられた「普及啓発及び教育」に該当する。そして、「締約国は、世界遺産の保存の必要性についての普及啓発を行うこと」（第二七段落）と「世界遺産に関する教育活動を、可能な限り、学校、大学、博物館及びその他の地域、国の教育機関の参加を得つつ実施することが推奨される」（第二二〇段）ことになる。

日本においては、当初、「ユネスコの教育を実践するユネスコ協同学校の加盟校が非常に少なく、あっても活動は『休眠状態』」であったことから、「世界遺産教育をめぐるユネスコの動向は、日本の教育現場には浸透しなかった」[7]と評される状況であった。しかし、日本ユネスコ国内委員会は、二〇〇八年には、ユネスコ協同学校をより親しみやすいものとして、ユネスコ・スクールと改めて、加盟校の増加に積極的に取り組み、二〇〇七年には二十校に満たなかったものが、二〇一二年九月現在、五一九校の幼稚園、小学校・中学校・高等学校及び教員養成系大学が参加するまでになった。[8]また、二〇一一年には、日本ユネスコ協会連盟が、三菱ＵＦＪフィナンシャル・グループの協力をえて、世界遺産の学習を通じて、持続可能な社会づくりについて学習するための教材『守ろう地球のたからもの――持続可能な社会をめざして――豊かな世界遺産編』[9]が作成され、普及がはかられている。それは、かつての「世界遺産教育への取り組みもほとんど行われていない」[10]という状況から、世界遺産を有する自治体を中心にして、「世界遺産教育」が進められ、相互に交流する段階に至っていることを意味している。そして、その「世界遺産教育」の中心を担っているのは、奈良市教育委員会と奈良教育大学とが連携して進めている「世界遺産学習」であることは多くの人の認めるところであろう。

以下、奈良市の取り組みを概観して、その成果を確認する。[11]奈良市では、一九九八年に「古都奈良の文化財」が世界遺産に登録されたことを契機として、二〇〇〇年には世界遺産学習資料『世界遺産のあるまち奈良』を刊行し、小学五年生を対象に、フィールドワークを中心とした「世界遺産学習」を実施してきた。しかし、一種の「遠足」の域を出なかったために、「世界遺産からＥＳＤに発展できる学習への再編を意図し」て、二〇〇七年度に「新しい世界遺産学習構築のための検討委員会」（翌年からは、「世界遺産学習推進委員会」）をたちあげ、「世界遺産学習」の目標、学習方法、教材等について、継続的に検討を重ね、そこでの提案が具体的に実施にうつされていった。この委員会は、奈良教育大学、奈良国立博物館、奈良文化財研究所、東大寺、「なら観光ボランティアガイドの会」、そして、奈良市教育委員会や市立小中学校校長会などの関係機関から構成され、「世界遺産学習」を一体となって推進しようとする画期的なものであった。

そこでは、「世界遺産教育」の概念を整理し、「一、世界遺産についての教育」「二、世界遺産のための教育」「三、世界遺産を通しての教育」の三つに分類して実践を構想しようとした。「世界遺産についての教育」は、「世界遺産条約が締結された理由」や「世界遺産の種類」、それぞれの世界遺産の構成資産、登録の「基準」などを学習の対象とするもので、「世界遺産の価値を内面化させるのに有効な学習内容」として想定されている。「世界遺産のための教育」は、「世界遺産の保存や保全に対する態度、世界遺産を保護して次世代に伝承しようとする当事者意識」を育成しようとするもので、「世界遺産」に対しての「倫理やモラルの教育」とされた。「世界遺産を通しての教育」は、「世界遺産を切り口にして、国際理解教育、平和教育、人権教育、環境教育などに迫る教育」とされた。それは、危機遺産などを事例として、「国際理解や国際協力の重要性に気づかせ」、「平和や文化的な寛容や社会的な公正の意義」を確認することができるのであり、それらの尊重される社会こそが「持続可能な社会」であるとして、ＥＳＤに結びつけられたのである。

そして、「世界遺産学習推進委員会」は、「世界遺産学習」の目的を、「①奈良の良さを深く理解し、奈良に愛着を感じ、奈良を誇りに思う子どもを育てる」、「②文化遺産の創造や継承、保護またはそれらを取り巻く自然環境の維持に長い年代を通じて取り組んできた人々の思いや努力を共感的に理解し、文化遺産や自然遺産を尊重する態度を育てる」、「③奈良の文化財や自分の生活を通して国際理解や環境、平和、人権などの現代的な諸課題について意欲的に学ぶ力を育てる」と定式化した。ここで、世界遺産を切り口として、ＥＳＤに発展する学習という「世界遺産学習」の方向性が明示され、その目的に示された「子どもの育成」が目指されたのである。

　そのために、まず、教材としての「副読本」の作成が試みられ、さきの『世界遺産のあるまち奈良』が全面的に改訂され、全く新たな世界遺産学習資料『奈良大好き世界遺産学習』が刊行された。そして、この副読本とともに、教師用指導書として『奈良大好き世界遺産学習　ティーチャーズガイド』が、市内の幼・小・中・高等学校教員に配布された。そして、特筆すべきは、「世界遺産学習の教材開発」、「実践内容の充実」を図るために、二〇〇七年度から「奈良市世界遺産学習推進委員会作業部会」が設置され、「若い世代の実践者の組織化と実践成果の記録化」が進められ、意欲的な実践報告が共有されていったこと[12]である。また、小学五年生でのみ実施されていたものが、二〇〇八年度からは、小学校五年生から中学校三年生の「総合的な学習の時間」で年間十から十五時間程度に設定され、「世界遺産学習」の充実が図られた。こうした「世界遺産学習」を実行にうつすためには、教員の「意欲と実践力を高める」ことが不可欠であり、そのために、初任者研修などの基本研修やテーマ研修（十講座）、ホリデー研修（世界遺産 Walking）、イブニング研修（世界遺産学習授業力ＵＰ講座）など、さまざまなかたちの教職員研修が計画され、年度を経るごとに充実したものになっている。

　さらに、こうした取り組みを基盤に、二〇〇八年二月には「第一回世界遺産学習実践研究会」として、日本国際理解教育学会実践研修会などと兼ねて開催され、翌年一月には、「第二回世界遺産学習実践研究会」として、ユネスコスクールの研修会も兼ねて開催された。そして、十二月、「第三回」にあたる実践研究会が、「世界遺産学習全国プレサミット」として開催され、これにあわせて、相互に情報交換をおこない、「より効果的な世界遺産学習の学習モデルの創造を目的」に、「世界遺産学習に取り組む教育委員会や学校間のゆるいネットワーク」が提起され、奈良市、斑鳩町、橿原市、桜井市を正会員とする「世界遺産学習連絡協議会」が設立された。ここに至って、奈良市単独の「世界遺産学習」から、他の自治体とも連携したものへと展開した。二〇一〇年一月には、「世界遺産学習全国サミット」が開催され、以後毎年「全国サミット」と「連絡協議会総会」が執り行われることとなった。特に、「連絡協議会」は、「教育委員会相互の緊密な連携のもとに、世界遺産学習並びにＥＳＤ（持続発展教育）の研究及び具体化を図るため[13]」に世界遺産を有する自治体、あるいは、これから世界遺産登録を目指す自治体などの教育委員会が加盟し、二〇一三年一月現在で、二十二の教育委員会[14]が正会員となっている。協議会は、「（1）世界遺産学習全国サミットの開催（2）世界遺産学習、ＥＳＤの研究及び授業モデルの開発（3）教育委員会相互間の情報交換及び実践交流」などを事業としておこなうものであり、名実ともに、日本における「世界遺産教育」を代表するものになっている。

以上、簡単に概観しただけでも、この「世界遺産学習」が、ユネスコの主導する「世界遺産教育」の理念を体現するものであり、現在の「世界遺産教育」の到達点をつくっていることは直ちに理解できる。例えば、ユネスコの世界遺産教育事業において、教師用世界遺産教材として作られた『若者の手にある世界遺産』で「世界遺産の教育手法」、すなわち、「世界遺産を保護することの大きな価値と普遍的重要性」という課題が、「独創的な、多教科による、そして、教科をまたがる（学際的な）教育と学習の機会[15]」になると提起されていたが、この「世界遺産学習」は、その教育手法を現実に実践して、きわめて多様で豊かな成果を生みだしている。『ティーチャーズガイド[16]』には、「総合的な学習の時間」を活用した実践が多く掲載され、東大寺や薬師寺、平城宮跡など（世界遺産「古都奈良の文化財」の構成資産）を見学したり、そこを訪れる観光客にインタビューして奈良の町を再発見したり、あるいは、現地調査をもとにその魅力をパンフレットにして発信したり、フィールドワークや体験学習がさまざまなかたちで組み込まれている。「自ら課題を見付け」「問題の解決や探究活動に主体的、創造的に取り」組むという、「総合的な学習の時間」の趣旨が十分に活かされていると言って良い。そして、奈良に関する俳句や古典、書写に焦点をあわせた国語的な実践、あるいは、奈良公園でのシカや樹木、さらに岩石の観察や調査など理科的な実践、東大寺の大仏の絵を描いたり、仏像の鑑賞など美術的な実践というように、「古都奈良の文化財」に対して、さまざまな教科の視点から多様な実践を展開している。その意味では、世界遺産がもっている、学際性と総合性にかなうものとなっている。さらに、「古都奈良の文化財」と〝負の遺産〟である「原爆ドーム」を比較して、平和教育にアプローチする実践や各地の世界遺産を調べて、それを「外国の方々に世界遺産を発表して伝え」ようとする国際理解教育の実践など、さきの「世界遺産を通しての教育」もおこなわれている。これらの実践報告は「全国サミット」での分科会でも報告され、一つの水準をつくっている。

しかし、その一方で、奈良市の「世界遺産学習」では、幼稚園から小学校の実践が多くを占め、中学校や高校の実践が限られ、さらに、小・中学校の連携も想定されておらず、検討すべき課題として残っている。『ティーチャーズガイド』（ⅡからⅣまで）では、実践事例の総数五十七のうち中学校十三、高校ゼロとなっている。それは、さきの『若者の手にある世界遺産』が、中等教育に焦点をあわせていたことに比すると、大きな相違になっている。奈良市の「世界遺産学習」は、初等教育に力点を置いているということがその理由なのかもしれない。『若者の手にある世界遺産』をみてみると、それは、「世界遺産の教育手法」、「世界遺産条約」、「世界遺産とアイデンティティー」、「世界遺産と観光」、「世界遺産と環境」、「世界遺産と平和の文化」の六つの柱から成り立っていることがわかる。その構成は、最初に「世界遺産の教育手法」として、世界遺産教育全体を通じての教育方法が提示され、次に、「世界遺産条約」そのものについて、遺産保護の過程や登録基準など、かなり詳細な学習活動が組み込まれ、それを前提にして、「アイデンティティー」「観光」「環境」「平和の文化」という主題が展開されている。原理原則としての「世界遺産条約」についての理解を深めるために、かなり丁寧に時間をかけた学習活動が組まれていることは、注目されて良い。それは、「この登録基準は世界遺産保護にとってきわめて重要な要素であり、世界遺産教育のあらゆる局面で銘記すべき基準(17)」であるという認識によっている。つまり、「登録基準の理解」こそが、該当の遺産が世界遺産として保護され、後世に残されていくものとして価値があるのか、という文化遺産の保護という最も本質的な部分に関わることだからであろう。同時に、「世界遺産条約は世界遺産への登録のいかんにかかわらず、自国の遺産を特定し保護するように」求めていることも明示され、自国の国内遺産委員会に対して、自分の地域にある遺産を推薦するという、学習活動も組まれて、具体的な推薦書の作成や推薦する際の意思決定の過程が模擬的に実施されるのである。こうした学習を通じて、文化遺産とは何か、遺産を保護するとはどういうことなのか、「世界遺産教育」のもっとも核心的な部分が形成されるのである。これは、さきの「世界遺産教育」の三つに分類されたうちの「世界遺産についての教育」に該当するのだが、奈良市の「世界遺産学習」での実践事例では、小学校での学習ということもあって、この「登録基準の理解」ということが「世界遺産教育のあらゆる局面で銘記すべき」ものと位置づけられ、実践されていないようにみえる。世界遺産に登録されているという現実から出発し、「顕著な普遍的な価値」が自明の前提になってしまうことで、「登録基準」そのものを吟味し、問い直し、理解するというような視点がうまれにくいことによっているのかもしれない(18)。そのため、地域遺産を扱った実践においても、結局は、世界遺産に比すれば、際立った価値を有しない二級品のように、遺産そのものを序列化する意識へとつながってしまうことも否定できない。その意味では、地域遺産と世界遺産を序列化するのではなく、それぞれの固有な価値を見定めて、保存継承するという、遺産保護本来の姿勢を育成するためにこそ、「登録基準」そのものを検討・考察して、遺産の価値の質[19]を正面から問うような学習が必要とされるのである。

二　世界遺産教育「平泉」の可能性

中尊寺、毛越寺（観自在王院跡を含む）、無量光院跡、金鶏山、柳之御所遺跡、達谷窟、白鳥舘遺跡、長者ヶ原廃寺跡、骨寺村荘園遺跡と農村景観、の九つの資産で構成された「平泉――浄土思想を基調とする文化的景観」は、二〇〇八年の世界遺産委員会で世界遺産一覧表への記載が延期された。その後、イコモス勧告や世界遺産委員会の決議をうけて、達谷窟、白鳥舘遺跡、長者ヶ原廃寺跡、骨寺村荘園遺跡と農村景観を除外して、中尊寺、毛越寺、観自在王院跡、無量光院跡、金鶏山、柳之御所遺跡の六つの構成資産として「平泉――仏国土（浄土）を表す建築・庭園及び考古学的遺跡群」を再推薦し、冒頭に記したように、二〇一一年に世界遺産一覧表に記載されたのであった。しかし、その際、資産全体は「登録」となったが、柳之御所遺跡は「浄土思想に直接関係が認められない」として、構成資産から除外されたのである。二〇一二年には、除外された柳之御所遺跡以下五つの資産の拡張申請のための追加記載を求め、ユネスコは九月に世界遺産暫定一覧表への追加記載を決定した[20]。今後、正式な推薦のために、調査研究が進められ、「顕著な普遍的価値」が証明されていくことになるであろう。

こうした複雑な経緯で世界遺産となった「平泉」であるが、児童・生徒たちにしてみれば、中尊寺や毛越寺、柳之御所遺跡など、まったく変わらずに眼前にある遺産が、世界遺産に登録されたり、登録が延期されたり、あるいは除外されたりするのか、なぜそんなことがおきるのかという、素朴な問い、そしてきわめて根源的な問いがうかびあがってくる。なぜ、延期されたのか、その理由は妥当なのか、世界遺産に登録されるとはどういうことなのか、「平泉」を対象に「世界遺産教育」を行う場合には、そうしたことに触れざるを得ないのである。すなわち、「平泉」は、世界遺産への登録が延期されたという、まさにそのことによって、世界遺産の「登録基準」そのものに眼をむけ、その基準を問い直し、文化遺産の価値の質を正面から問うような学習を必然化させるのである。世界遺産「平泉」がそうした条件をもっていることで、他の世界遺産とは異なった、世界遺産教育「平泉」の可能性をひらくことになるのではないだろうか。

二〇一〇年十一月二日に、岩手大学教育学部附属中学校一年D組を対象におこなわれた中学校社会「身近な地域の歴史――平泉の歴史的価値とは何だろう――」（授業者：上田淳吾教諭）の実践は、(21)「平泉」が世界遺産に登録される約半年前の実践であり、厳密に言えば、「世界遺産教育」の対象といえないかもしれない。しかし、逆に、そうした時期におこなわれた実践であるがゆえに、「世界遺産に登録されようがされまいが、平泉の歴史的価値は変わらない」という視点でおこなわれ、さきに述べた文化遺産の価値の質の問題を基本の部分で捉えようとした実践なのである。それは、登録をめざす動きのなかで、「浄土」「仏教都市」というキーワードだけがクローズアップされて、本来の歴史的価値に関わる側面が見落とされてしまうのではないかという問題意識を前提にしていた。

授業は、全三時間の単元で、一時間めは、「金色堂の文化財としての価値を理解する」ことをねらいとして、金色堂の修復に焦点をあわせ、次の二時間めは、この金色堂を建立した奥州藤原氏とはどのような存在であったのか、『吾妻鏡』の「寺塔已下注文」などの資料を読み解いて、平泉の経済的な豊かさをとらえさせようとする。特に、柳之御所遺跡などで出土した膨大な量の「かわらけ」に注目し、その実物を教室に持ち込み、生徒たちに、奥州藤原氏が貴族的な生活をおくっていたことを推測させる。同時に、柳之御所遺跡が藤原氏の政庁「平泉館」であり、ここでの儀礼的な饗宴の意味――東北地方の豪族をここに集めることによって、確認される統治のかたち――、いわば、政治・行政上の拠点としての平泉ということを考えさせようとした[22]。そして、単元の三時間めとして、「中国産白磁、渥美焼・常滑焼などの出土品から、平泉が当時の日本を代表する消費都市であったことを考えさせ」、あわせて「中国産白磁が出土した事実をもとに、平泉がヨーロッパからアジアにわたる『海のシルクロード』の東の終着点であったこと」を理解させることをねらいとしていた。授業の導入で、平泉から出土した陶器と磁器が持ち込まれ、生徒たちは、それを手に取り、その厚さや重さを比較する。そして「当時国内では磁器をつくる技術がなかったこと」を知り、中国産の「陶磁器が平泉で出土したことからどのようなことがわかるか」という学習課題に取り組むのである。まず、十二世紀の東北地方の渥美焼・常滑焼、手づくねかわらけの出土地図などから、渥美焼や常滑焼が太平洋側の海路を通り、北上川の水運を利用する流通ルートを推測する。次に、平泉出土の中国産磁器が、「華南地方の窯」から寧波を経由してきたことを知り、日宋貿易の地図から、博多〜瀬戸内海〜京都という流通ルートを読み取る。そして、さきの渥美・常滑からの太平洋ルートとをつなげて、中国から平泉までの流通ルートを思いえがき、平泉の「国際性」を理解するのである。そして、「なぜ、中国からとりよせたのか」という授業者の問いかけから、「交易品にするため」という意見もでてくるが、生徒たちは、中国産磁器の価値の高さ、希少性に気づいてくる。そこで、授業者は、藤原氏が自らの権威をあらわすための「威信財」としていたのではないかとまとめていく。他がもちえない財物を所有することで、自らの威信をあらわし、他の豪族を糾合していこうとする意味を提示する。陶磁器が平泉で出土したということから、「国際性」を理解するとともに、それが地域のなかで果たす役割を考えていくのである[23]。

この実践は、近年の平泉研究の成果をいかし、そこから平泉の「歴史的価値」を考えようとするものであった。確かに、直接的な「世界遺産教育」を目的にしたものではないが、しかし、ここでの実践のような理解を前提にしてはじめて、「世界遺産」の「登録基準」そのものを吟味し、考察しうる視点が生まれるのではないだろうか。しかし、このままでは、「世界遺産条約」と「登録基準」の理解は深まらないので、「平泉」の具体的な登録経過を含めて、「世界遺産教育」としての「平泉」を構想する必要が生じてくる。

日本が推薦した「平泉――浄土思想を基調とする文化的景観」の主題は、「日本の北方地域における政治・行政上の拠点であった平泉が、十二世紀を通じて、周辺の環境をも含め、広く浄土思想を基調とする文化的景観として完成を遂げた」ということであった。藤原氏は、周辺の自然環境を包摂した、寺院や庭園群を造営することによって、現世に「浄土世界」を再現しようとしたのであり、それが荘園遺跡と農村景観も含めて「文化的景観」をなしているということであった。しかし、「浄土思想との関係を確実に証明しきれない構成資産が含まれていること」、さらには九つの資産が「文化的な景観としての」「面的な広がり」をもっていないことなどから、世界遺産一覧表への記載が延期された。そこで、「顕著な普遍的価値」を漠然とした「浄土世界」の観点に求めるのではなく、「仏国土（浄土）を表現」するために「現世に創造された作品群としての建築・庭園および考古学的遺跡群に焦点を」あわせて、主題を再設定するとともに、構成資産を六つに絞って再推薦することになったのである。そして、二〇一一年、柳之御所遺跡は「浄土思想に直接関係が認められない」と除外され、「平泉――仏国土（浄土）を表す建築・庭園及び考古学的遺跡群」として、五つの構成資産による登録となった(24)。

かりに、この世界遺産「平泉」の世界遺産一覧表記載までの経緯を、さきの中学校社会「身近な地域の歴史」に続けてみると、おそらく、生徒たちは、「浄土思想」というものの評価の高さに驚くかもしれない。むろん、教科書的には、浄土教が阿弥陀仏の極楽浄土に往生し成仏することを説く教えとして、平安時代に多くの人びとに受け入れられたことや、その代表的な建築として、平等院鳳凰堂とともに、「金色堂」があげられることは知っているだろう。

しかし、それがなぜ「顕著な普遍的価値」を有するものとして世界遺産足りうるのかという点には理解がおよばない。つまり、日本仏教の成立と展開という、一国単位の教科書的な文脈からでは「顕著な普遍的価値」へは到達できないのである。世界遺産「平泉」の「顕著な普遍的な価値の評価基準」として適用されたのは、中心的には、評価（ii）「建築、科学技術、記念碑、都市計画、景観設計の発展に重要な影響を与えた、ある期間にわたる価値観の交流又はある文化圏内での価値観の交流を示すものである（「世界遺産条約履行のための作業指針」第七七項）であった。そして、具体的には、「平泉の寺院と浄土庭園は、仏教とともにアジアからもたらされた作庭の概念が、日本独特の自然信仰である神道に基づきどのように進化を遂げ、結果的にそれが日本に独特の計画、庭園の意匠設計の概念へとどのように発展を遂げたのかを顕著に明示している」とされ、「平泉の庭園と仏堂は、その他の都市の庭園・仏堂にも影響を与え、特に鎌倉には中尊寺に基づく仏堂のひとつ（永福寺）が存在」（「平泉文化遺産」平泉町世界遺産推進室）しているのであった。つまり、浄土庭園にみられるように、一国を超えた広がりをもって、価値観の交流がおこなわれていること、そしてそれは単なる移入ではなく、古来の自然信仰という固有な地域文化との接触と融合、そしてその独特な発展のあり方が「顕著な普遍的価値」として言明されていることがわかる。つまり、世界遺産「平泉」という視点を入れると、一国単位で完結しがちな歴史の見方に修正を迫り、さきの「中国産白磁」の流通ルートから類推した「平泉」の「国際性」を、文化という軸をいれて、補強するものになっていく。さらには、政治史偏重ともいわれ、文化はいつも添えもののように扱われがちな歴史学習のあり方を根底において見直すものとなっていく。政治権力のあり方とは異なった、文化という、普遍的で豊かな世界というものが視野にはいってくるのである。

しかし、その一方で、生徒たちは、世界遺産「平泉」の構成資産から柳之御所遺跡が除外されたことへの疑問も浮かび上がってくるだろう。藤原氏の政庁「平泉館」として、政治・行政上の拠点としての平泉の様相を学んでいればいるほど、違和感が生じてくる。なぜ、浄土思想に貫かれた「平泉」という空間をつくった、藤原氏の権力の源泉がはずされるのかという問いである。そして、それは、ＩＣＯＭＯＳの評価書で「平泉の浄土庭園群が他の事例と異なるのは、政治権力及び富みの場である平泉と深く関連していることだ」としながら、政治権力の拠点である柳之御所を否定することは非論理的であるという指摘と同じ場所にたっている。[25]それは、「藤原氏の卓抜した構想力によらなければ、中尊寺も、毛越寺も、無量光院も、それらの仏堂と庭園のアンサンブルも、さらには金鶏山を扇の要とする仏教的な都市景観も」「地上のものとなることが叶わなかった」のであり、「その仏国土（浄土）の建設者たるべき藤原氏の暮らしぶりを鮮明にしてくれる類希なる遺跡である」「柳之御所遺跡が資産内容から除外されていること」には「納得がいかない[26]」ということなのである。

こうして、世界遺産「平泉」が浄土思想というところに価値を見いだして構成されたものであることが理解される。そして、このことによって、新たな視野が開かれるとともに、仏堂と庭園だけで平泉の価値がはかれるのかという問いも生じてくるのであり、さまざまな価値との葛藤もあらわになる。それゆえに、世界遺産教育「平泉」は、「遺産が伝える価値の質」を、さまざまな価値の葛藤を通じて問うことを可能にするのである。

さらに、重要なことは、遺産は「現在において認識された遺産」であり、「現在に対する視線が深まれば、それだけ遺産として保護すべき対象が拡大する[27]」ということである。そもそも、「平泉」の一覧表への記載延期から登録までのあいだは、まさに、「世界遺産」としての「顕著な普遍的価値」を証明していく過程であった。中国・韓国を含めて、造園思想の理念・意匠・技術の伝播の過程および遺存事例の究明がすすみ、「東アジア地域における理想郷を表現した庭園の系譜的研究」としてまとめられたからこそ、「平泉の浄土庭園群の国際的な位置づけ」がさだまり、「顕著な普遍的価値」が証明された。[28]同様に、例えば、平泉の都市としての性格についても、「先祖の霊廟を始めとする寺院群と武家の居館兼政庁の取り合わせを基本とする都市モデル」は、辺境の一地方都市という枠組みではなく、「その後の城下町のモデルのプロトタイプ（原型）」として、「東アジア世界における中世都市の典型」[29]と位置づけようとする構想もある。このことも、さまざまな事実の発見や解釈によって、これから定まってくるかもしれない。つまり、遺産の価値の質を問うということは、現在の地点にたって、未来に向かって豊かな価値をどのように発見していくのか（もちろん、きちんとした根拠をもって）ということにほかならない。とすれば、地域遺産が、世界遺産に比すれば、際立った価値を有しない二級品のように、遺産そのものを序列化するという意識の問題性も容易に理解される。別の言葉でいえば、地域に残された遺産に対して、豊かな価値を見いだしていくことができるかどうか、それは、私たちの現在に対する認識にかかっているということであり、それを根元の部分で育てようとするのが「世界遺産教育」であると考えたい。「世界遺産でなければ価値はないのか」という問いを根底におきながら、地域に残された文化遺産をとらえかえしていくということ。地域から遊離した観光資源としての「世界遺産」を学ぶのではなく、価値の葛藤を通じて、現代の認識を豊かにするものとして「世界遺産」を学ぶということ。「世界遺産教育」の基軸にはこうした視点を据えてみたい。

おわりに

「世界遺産」だけでなく、ユネスコの他の事業とも比較関連させて検討することは、「世界遺産教育」にとって重要な示唆を与えてくれる。例えば、「世界遺産」が有形の遺産を対象に保護の枠組みをつくっていたことに対して、二〇〇三年には、伝統的な芸能（民族音楽・舞踏・演劇など）、伝承、社会的慣習や儀式、祭礼、工芸技術など、無形の文化財の保護を目的に、無形文化遺産の保護に関する条約（無形文化遺産保護条約）が採択された（二〇〇六年発効）。日本でも、能楽、人形浄瑠璃文楽、歌舞伎、そして、雅楽や早池峰神楽などが登録された。現在、韓国済州島の「海女博物館」と三重県鳥羽市の「海の博物館」が連携して、日本と韓国に脈々と続いてきた「海女文化」をこのユネスコ無形文化遺産へ登録しようという運動がおこなわれている。これは、二〇〇〇年代に、韓国で、「女性による潜水漁業（海女漁）」そのものや、その生業技術、海女社会の儀礼や慣習を、「海女文化」とまとめたところから出発した。現在では、韓国済州島と日本の鳥羽や志摩というローカルな場が国境を越えて直接結びつき、その共通する文化を東アジアの価値ある資源として、意味づけようとするものになってきた。この運動は、「ユネスコの世界文化遺産の基準では、特定の文化が特定の地域や国、民族と結びついて当該民族・国民のアイデンティティの核を成すというような」「近代的な意味での文化」の捉え方になってしまい、「特定の文化が特定の地域や国、民族の境界を越えて分散して存在し、ネットワーク状に結びついている」文化のあり方に対応できないのであり、それを承認させようとする運動として評価されている。(30) 海女漁という、素潜りによってアワビやサザエをとるという、原初的な一つの生業が、その歴史、技術、道具、操業の方法、風習、信仰、祭礼などなどが明らかになることによって、文化としてのかたちをあらわしてくる。こうした視点が、文化というものの奥行きの広さを意識させ、私たちの生活のなかにある文化にも眼を向けさせる。

ここにも、「現在に対する視線が深まれば、それだけ遺産として保護すべき対象が拡大する」ということがあらわれている。そうすれば、「世界遺産教育」が培うべきは、文化についての見方・考え方をどのように豊かなものにできるのかということであることもわかってくる。そこに生まれた文化を発見し、その文化をつくる人間の営みを慈しむような振る舞いなのであり、それは、荒廃していく地域を棄てるものでもなく、地域を根底から支え復興させるものとしてあり、仮に地域を離れても、自らが暮らしていく地域における文化を大事にできるということなのである。地域を支え、文化を支え、その根をつちかうためにこそ、「世界遺産教育」は構想されるべきなのである。

註

（1）「世界遺産登録推薦書」は、「文化遺産オンライン」（文化庁）で見ることができる（http://bunka.nii.ac.jp/jp/world/suisensyo/hiraizumi/start-j.html）。

（2）いわゆる世界遺産条約の第一条及び第二七条から抜粋したもの。訳は、文部科学省のユネスコ関係条約一覧の「世界の文化遺産及び自然遺産の保護に関する条約（仮訳）」よる（http://www.mext.go.jp/unesco/009/003/013.pdf）。

（3）田渕五十生『世界遺産教育は可能か――ESD（持続可能な開発のための教育）をめざして――』（東山書房、二〇一一年）二六頁。

（4）対象は、十二歳から十八歳までの中等教育段階の生徒を指導する教師であり、原書名は、『World Heritage in Young Hands: an educational resource kit for teachers』（一九九八）で、二〇〇〇年に開催された「世界遺産会議」にあわせて、鹿児島県が翻訳した（『若者の手にある世界遺産：学び、育み、行動する：教師用世界遺産教材』）。ユネスコの世界遺産センターのサイト（http://whc.unesco.org/）から入手することができる（http://whc.unesco.org/uploads/activities/documents/activity-54-5.pdf）。

（5）長谷川俊介「世界遺産の普及啓発と教育」（『レファレンス』平成二十二年五月号）、祐岡武志・田渕五十生「世界遺産教育実践の事始め――ユネスコ『教師用世界遺産教育教材』を素材として――」（『教育実践総合センター研究紀要』第一六号、二〇〇七年）。

（6）「世界遺産条約履行のための作業指針」は、「文化遺産オンライン」で見ることができる（http://bunka.nii.ac.jp/jp/world/h_13.html）。

（7）田渕、前掲書、二八頁。

（8）ユネスコスクール公式ウェブサイト（http://www.unesco-school.jp/?page_id=34）。ユネスコスクールは、「ユネスコ憲章に示されたユネスコの理想を実現するため」に創設され、「①地球規模の問題に対する国連システムの理解、②人権、民主主義の理解と促進、③異文化理解、④環境教育、といったテーマについて、質の高い教育を実践する学校」（「ユネスコスクールガイドライン」）と位置づけられている（http://www.unesco-school.jp/?action=common_download_main&upload_id=5736）。

（9）「①文化の多様性と異文化理解、②環境と生物多様性、③平和と人権、④連帯、協力」という四つのテーマのもと、十四の独立したワークで構成され、小学校五・六年生、中学生、高校生を対象に、総合的な学習の時間や社会科、理科などで活用できるもので、各学習活動では、ワークシートや写真・映像が用意され充実した内容になっている。監修は田渕五十生であり、奈良市の「世界遺産学習」の取り組みの成果がいかされている。

（10）中澤静男・田渕五十生「地域学習としての『世界遺産教育』」（『奈良教育大学紀要』第五七巻第一号、二〇〇八年）一三〇頁。

（11）奈良市の取り組みについては、中澤静男「世界遺産教育の構築――奈良市教育委員会における取り組み――」（『国際理解教育』第一五号、二〇〇八年）、田渕前掲書を参考にした。最近の動向は、二〇一〇年より毎年開催される「世界遺産学習全国サミット」での配布資料に「奈良市の世界遺産学習における取組」としてまとめられている。

（12）『奈良大好き世界遺産学習　ティーチャーズガイド』は、その後も、『ティーチャーズガイドⅡ』（二〇〇九年）、『ティーチャーズガイドⅢ』（二〇一一年）、『ティーチャーズガイドⅣ』（二〇一二年）として継続して刊行されている。

（13）「世界遺産学習連絡協議会　規約」http://www.city.nara.lg.jp/www/contents/1330064726737/files/sekaiisanrenrakukyougikaikiyaku.doc。

（14）正会員は、奈良市、斑鳩町、姫路市、橿原市、桜井市、深浦町、平泉町、気仙沼市、多摩市、珠洲市、彦根市、長浜市、堺市、豊中市、藤井寺市、五條市、安堵町、明日香村、大田市、大牟田市、屋久島町、読谷村の二十二の教育委員会である。

（15）前掲『若者の手にある世界遺産：学び、育み、行動する：教師用世界遺産教材』（日本語版）、四二頁。

(16) ここでは、具体的な実践事例が掲載されている『ティーチャーズガイド』のⅡからⅣを対象にした。
(17) 前掲『若者の手にある世界遺産：学び、育み、行動する：教師用世界遺産教材』（日本語版）、七九～八一頁。
(18) その点において、危機遺産に着目して世界遺産をとりあげた、谷口尚之「『世界遺産を通しての教育』への試み」（『人が好き、まちがすき、奈良大好き世界遺産学習』第一回奈良市世界遺産実践研究会資料、二〇〇八年）や「木の文化」と「石の文化」を対比させながら法隆寺の世界遺産登録をとりあげた、祐岡武志「『木の文化』を未来に伝えるには」（『世界遺産学習全国サミット二〇一〇ｉｎなら』資料、二〇一〇年）が、ここで構想する「登録基準の理解」につながっていく実践と考えられる。
(19) 「遺産が伝える価値の質を問うこと」が遺産保護の基本をなすという点は、稲葉信子「世界遺産条約の現状と今後」（『月刊文化財』第五八〇号、二〇一二年）に大きな示唆を得た。本稿はそれを学習論へと展開したものである。
(20) 本中眞「『平泉――仏国土（浄土）を表す建築・庭園及び考古学的遺跡群――』の評価・審査をめぐって」、佐藤嘉広「『平泉――仏国土（浄土）を表す建築・庭園及び考古学的遺跡群――』の紹介」（いずれも『月刊　文化財』第五八〇号、二〇一二年）参照のこと。
(21) この授業は、平成二十二年度岩手県社会科教育研究会の提案授業としておこなわれ、あわせて、平成二十二年度岩手大学教育学部プロジェクト推進支援事業「地域の歴史を対象とした歴史教育内容開発研究プロジェクト」（研究代表者：今野）として進められた。なお、実践記録は、授業者の上田淳吾によって、公表されており（「平泉の歴史的価値とは何か―東アジアの中の平泉」『歴史地理教育』第七九一号、二〇一二年）、本稿では、このほかに当日に配布された学習指導案等を参考にして検討した。
(22) 「手づくねかわらけ」や渥美、常滑の国産陶器も「壺」、輸入の「白磁四耳壺」を「平泉セット」とし、その分布から奥州藤原氏の支配領域が想定されている（八重樫忠郎「平泉藤原氏の支配領域」入間田宣夫・本澤慎輔編『平泉の世界』高志書院、二〇〇二年）。また、二〇〇五年に発見された衣川遺跡群の「接待館遺跡」からは、大量の「手づくねかわらけ」が出土し、柳之御所遺跡と同様政治的儀礼の場と考えられている（斉藤利男「北方世界のなかの平泉・衣川」、及川真紀・福島正和

「衣川遺跡群とは何か――前平泉と平泉の接点――」いずれも『歴史評論』第六七八号、二〇〇六年)。
(23) 近年の研究成果をコンパクトにまとめながら、平泉政権が日本国の枠におさまらない可能性をもったものとして位置づけたものに、斉藤利男『奥州藤原三代』(吉川弘文館、二〇一一年)がある。
(24) 本中眞「『平泉――浄土思想を基調とする文化的景観』の評価・審査をめぐって」(『月刊　文化財』第五四一号、二〇〇八年)及び、同註(20)論文を参照のこと。
(25) 本中、前掲註(20)論文、三〇頁。
(26) 入間田宣夫「平泉の世界文化遺産登録によせて」(『學士會報』第八九三号、二〇一二年)一七頁。まさに、柳之御所「遺跡の保存をめざす取り組みが、世界遺産登録の原動力になっていた」のであり、こうした取り組みこそが、ユネスコの「世界遺産」の理念にもっともよく合致している。
(27) 増渕徹「文化財と世界遺産」(佐藤信編『世界遺産と歴史学』山川出版社、二〇〇五年)六六頁。
(28) 本中、前掲註(20)論文、二九頁。
(29) 入間田、前掲註(26)論文。
(30) 上杉富之「近代的『文化』概念への挑戦――日韓の『海女文化』の創出とユネスコ世界無形文化遺産への登録運動」(上杉富之・及川祥平編『共振する世界の対象化に向けて――グローカル研究の理論と実践――』成城大学民俗学研究所グローカル研究センター、二〇一一年)。

〔付記〕　奈良教育大学の加藤久雄氏・中澤静男氏、奈良市教育委員会の西口美佐子氏、岩手県教育委員会の佐藤嘉広氏、平泉町教育委員会の千葉信胤氏からは、資料の提供をうけるとともに、貴重なお話しを聞くことができた。記してお礼を申し上げたい。

第二部　東アジアにおける平泉庭園

飛鳥から平泉へ——発掘庭園史から——

三浦謙一

はじめに

岩手県平泉町は平安時代末期の十二世紀、約一〇〇年にわたって奥羽に権勢をほこった平泉藤原氏が拠点都市を営んだ地であり、関連する文化遺産や遺跡が数多く残されている。平成二十三（二〇一一）年六月、平泉藤原氏関連の寺院を中心とする建築や庭園・遺跡群は、「平泉――仏国土（浄土）を表す建築・庭園及び考古学的遺跡群――」として世界遺産に登録された。具体的には、中尊寺と毛越寺・観自在王院跡・無量光院跡・金鶏山の五つの資産で構成され、金鶏山を除く四つの資産は寺院に伴う園池を持つ。それらは造園時の姿をよく残してきた、あるいは残したまま地中に埋もれていたことが発掘調査で明らかになり、毛越寺と観自在王院跡ではその成果に基づいて園池を中心にした庭園が復元整備され、附属する建築物は失われているものの、周囲に残る自然景観と相俟って十二世紀当時を彷彿とさせる姿を見せ、日本庭園史のなかでも高い評価を受けている。

本稿は、平泉の庭園が日本の古代庭園の中でどのように成立してきたかを発掘庭園を通して概観するが、東アジア、特に中国と韓国の発掘庭園が日本の古代庭園とどう関係してきたのかについても触れていく。

一　発掘庭園

「発掘調査によって発見された庭園遺構」は「発掘庭園」と呼ばれる。(1)『発掘庭園資料』は、日本の古墳時代から明治時代までの発掘庭園及び関連する古墳時代の祭祀遺構を含めた二七三件を一覧に掲げているほか、主要な遺跡の概要を記載し、日本庭園史研究に欠くことのできない基礎資料となっている。その後に発見された発掘庭園は奈良文化財研究所（以下、奈文研と略称）がホームページ上に公開している「発掘庭園データベース」に追加され、平成二十四（二〇一二）年八月現在、三三七件が登載されている。

発掘庭園は、発掘調査によって「園池」あるいは「苑池」(2)として認識されて池ないしは池状遺構などの名称で報告される場合が一般的である。しかし、発掘調査の多くは調査地点や面積が制約を受け、池あるいは池状遺構の全体が調査できる例は稀であるだけでなく、庭園空間を構成する他の要素、例えば「庭」そのもの、園池に伴う築山や出島・石組・植栽など、また本来、庭園と一体となって地割を構成する建物などに関する情報を欠く場合が多い。

奈良市の平城宮跡東院庭園の発掘調査が昭和四十二（一九六七）年から開始され、それまで全く知られていなかった奈良時代の園池が姿を現したことは発掘庭園史における大きな画期であった。また、飛鳥地方においては昭和四十五（一九七〇）年の古宮遺跡をかわきりに、島庄遺跡や宮滝遺跡・石神遺跡ほかの飛鳥時代の園池が次々と発掘調査されてきた。

『発掘庭園資料』の刊行以降、日本の発掘庭園に関する調査研究は一段と進み、例えば奈文研は平成十三（二〇〇一）年度から二十一年度にかけて「古代庭園に関する調査研究会」をⅡ期にわたって開催し、考古学研究者のみならず文献史学や建築史・絵画史・植生史ほかの研究者を加えて平安時代までを対象にした研究を行い報告している。さらに、平成二十三（二〇一一）年度からは中世の庭園に関する調査研究をスタートさせている。

一方、飛鳥時代や奈良時代の発掘庭園の事例の増加は、例えば奈良県立橿原考古学研究所が昭和六十三（一九八八）年に講演会「発掘された東アジアの古代苑池」を開催したように、早い段階から東アジアとの関係に研究の眼を向けてきた。奈文研は中国社会科学院考古研究所と共同で唐長安城大明宮太液池の発掘調査を平成十三（二〇〇一）年度から五カ年にわたって実施した。その成果を受けて飛鳥資料館は展覧会「東アジアの古代苑池」を平成十七（二〇〇五）年に開催して、飛鳥時代・奈良時代を中心とした時期の日本と中国・朝鮮半島の苑池の独自性と相互の関連等に言及した[3]。また、平泉の世界遺産登録にもかかわることであったが、奈文研と文化庁は「東アジアにおける理想郷と庭園に関する国際研究会」を平成二十一（二〇〇九）年に開催し、中国と韓国の研究者を招聘して浄土庭園を中心にしたテーマについて討論を行い、大きな成果をあげた。

日本以外の東アジア、中国と韓国に眼を向けると、古代の発掘庭園の例は必ずしも多くはない。中国では、一九八〇年代の唐洛陽城九州池や上陽宮苑池、一九九〇年代の南越国王宮遺跡や偃師商城遺跡、二〇〇〇年代に入っては先述の唐長安城大明宮太液池が代表的なものであろう。偃師商城遺跡が約三四〇〇年前の商代前期、南越国王宮遺跡が紀元前二世紀であるほかは唐代のものである。なお、八世紀後半から九世紀初頭の造営とされる渤海上京龍泉府の苑池は昭和八（一九三三）年と九年に東亜考古学会によって調査・報告されている。

朝鮮半島における情報はほぼ韓国のものに限られている。一九七〇年代前半は新羅・雁鴨池、一九八〇年代以降は官北里百済遺跡や定林寺跡、益山王宮里遺跡、宮南池など百済の園池、一九九〇年代末からは新羅・龍江洞苑池や九黄洞苑池が発掘調査されてきた。

二　時代別の概要

（1）飛鳥時代の発掘庭園

「発掘庭園データベース」の飛鳥時代（五九二〜七一〇）の発掘庭園は十五件である。明日香村十一件のほか、桜井市や宇陀市・吉野町と周辺の市町に三件が散在し、飛鳥時代の政権の本拠地とその周辺に集中する。残る一件は飛鳥地方から遠く離れた、地方官衙で陸奥国の行政の中枢だった宮城県仙台市郡山遺跡である。

この時代の園池は、方形の平面形をもち方池あるいは方形池と呼ばれるものと岸が曲線をえがく曲池のほか、例えば玉石組の小池と玉石組小溝で構成される明日香村古宮遺跡のようにそれらに含むことのできないいくつかの形態があるのは、用途・機能の違いを反映するものであろう。

方池の全形が調査された例は明日香村石神遺跡にある。二カ所の方池は、一辺が約三・二メートルと六メートルと違いはあるが、正方形の形状、石積みの護岸、小振りの石を敷き詰めた底、また給水・排水の施設を伴わない点に共通点がある。共に七世紀後半代のもので、「宮殿相当の遺跡に設けられた鑑賞あるいは儀礼のための装置」[4]と考えられている。明日香村島庄遺跡の方池は部分調査であるが、一辺四二メートルで外側には幅一〇メートルの堤を伴う。垂直な石積の護岸は高さが約二・五メートルで、池底には敷石がみられる。遺跡は嶋宮推定地一帯に広がり、『日本書紀』や『万葉集』に見える蘇我馬子の「飛鳥河の傍の家」や草壁皇子の「嶋宮」が存在したとされており、それらとの関連が考えられる。時期は六世紀末から七世紀初頭である。明日香村坂田寺跡の例は底に敷石がみられず、七世紀中頃には存在した坂田寺に伴う蓮池あるいは放生池の可能性が指摘されている。

方池に対置される曲池としては飛鳥京跡内郭苑池、吉野町宮滝遺跡、宇陀市中之庄遺跡の庭園遺構があげられる。飛鳥京跡内郭の中枢部に造られた苑池は、小規模であるが浅い窪みに洲浜状に砂利をていねいに敷き詰め、岸に出入りがある曲池の範疇に含まれるものである。天武・持統天皇の飛鳥浄御原宮（六七二〜九四）の時期のもので、天皇の私的空間である正殿に隣接して造られている。宮滝遺跡と中之庄遺跡のそれは素掘りであるが、七世紀中ごろ造営の前者は吉野宮、七世紀後半〜末の後者は『日本書紀』や『万葉集』にみえる古代「阿騎野」の推定地であり、その中心施設の一部の可能性がある。

現在も調査が継続されている飛鳥京跡苑池は大規模で、渡堤で仕切られた南北二つの池（南池・北池）があり、北池からは水路が北へ延びている。南池は約六〇×六五メートルの不整四角形に近い形で、大きな石による護岸、石が敷き詰められた池底、中島や島状石積み遺構を伴い、流水施設である石造物と石槽が設置されている。北池は四六〜五四メートル×三三〜三六メートルの長方形状の池で、やはり池底には石が敷き詰められている。七世紀第4四半期以前に完成していた可能性が高いとされ、『日本書紀』天武天皇十四（六八五）年十一月六日条にみえる白錦後苑に比定される可能性が高い。

飛鳥時代は朝鮮三国、そして統一新羅の時代と重なる。百済の発掘庭園で方形の形態をもつのは、六世紀中頃とされる定林寺跡の東西の方池、百済泗沘期（五三八～六六〇）の王宮に附属していたとされる官北里遺跡の長方形の蓮池、七世紀前半と推定される益山王宮里遺跡などである。定林寺跡や官北里遺跡の園池は石積み護岸であるが、池底は素掘りである。また、百済には『三国史記』の武王三十五（六三四）年三月条「穿池於宮南。引水二十余里。四岸植以楊柳。水中築島嶼。擬方丈仙山」に相当する宮南池があり、発掘調査によって岸の一部などが確認されている。[5]「擬方丈仙山」に中国の神仙思想の影響をみることができる。

百済は六六〇年に滅亡し、朝鮮半島には統一新羅（六七六～九三五）が成立する。新羅の発掘庭園としては慶州の雁鴨池（六七四年造営）、二時期あって第一次が七世紀中頃、第二次が八世紀前半とされる九黄洞苑池、そして時代は下がるが八世紀を中心とする龍江洞苑池が知られる。雁鴨池は西岸と南岸は直線的であるものの、北岸の大部分と東岸には半島や入江、築山を伴い、大中小三つの中島を持つ石積み護岸で、臨海殿などの建物群を伴う。朝鮮三国時代からの伝統と唐の影響を受けているとされる。[6]折衷的ではあるが曲池の範疇に入るであろう。海にみたてた苑池に三つの中島を伴うのは神仙思想にもとづくものである。

一方、六～七世紀の中国は隋・唐の時代である。唐の発掘庭園のうち、唐長安城大明宮太液池は、先述のように奈文研と中国との共同による発掘調査が東西二つの池のうちの西池を中心に広範囲に行われた。西池は楕円形を呈し、径四八四メートル×三一〇メートル、深さ四～五メートルと規模の大きなものである。護岸や中島、導水施設などとともに、関連する建物や回廊・道路・塀・井戸などの一部が調査された。太液池は六三四年に造営を開始し六六三年に完成した大明宮と共に造られ、十世紀初頭の長安城の破却時まで存続したとみられ、宮に伴う苑池の姿が明らかになった。洛陽城上陽宮は六七五年に建築が始まり、八世紀末～九世紀初頭の時期に廃絶したとされる。それに付随する苑池の一部が発掘調査された。幅三～五メートル、深さ一・五メートルの溝状の池は屈曲しながら東西に延びる。太湖石を池岸に積み、池底には版築した上に小円礫を敷く。池周囲には園路が巡り、築山が築かれ、池を跨ぐ建築物も発見された。「観賞や遊興に主眼をおいた、より皇帝の私的空間的色彩の強い苑の中心的な施設」(7)とみられる。

飛鳥時代の方池と曲池の二つの系統のうち、方池については百済の方池との関連が意識された(8)。また飛鳥時代の庭園の特徴として、方形など幾何学的平面形を持つ池、その護岸としての石積み、精巧な加工を施された石造物の三つをあげた小野健吉氏は、そのルーツは「百済からもたらされたデザイン」とする(9)。さらに、方池のデザインの淵源が百済にあることを認めながら、飛鳥地域には宮殿設計のトータルデザインがあり、「それを基に百済の方形池デザインを飛鳥の方形池デザインに変換させたうえで、苑池の造営に当たった」とする見解がある(10)。

飛鳥京跡苑池は天武朝の七世紀第4四半期に改修される。その結果、直線的な護岸に曲線的な中島を共う調和を欠いたものとなるが、粟野隆氏は、当時頻繁に交流のあった新羅から曲池スタイルが持ち込まれたことによるもので、方池から曲池への移行過程を示すものという(11)。小規模ながら明確に曲池と認められる飛鳥京跡内郭苑池についても新羅からもたらされたデザインとする見解がある(12)。

（2）　奈良時代の発掘庭園

「発掘庭園データベース」による奈良時代（七一〇～九四）の発掘庭園は二十三件である。平城京が十八件のほか、京都府向日市長岡京跡二件、山形県酒田市城輪柵跡、千葉県夷隅郡法興寺跡、山口県防府市周防国府跡が各一件である。

松林苑は平城宮の北西に造営された天皇の後苑で、平城京がモデルにした唐長安城の禁苑に倣ったものと推測される遺跡であるが、発掘調査はごく一部に限られ、古墳の堀や周濠を利用した園池の存在が確認できるものの、情報はまだ断片的である。

平城宮跡内にあってその全体が発掘調査された東院庭園は大きくは三時期に分けられる。第Ⅰ期は和銅六（七一三）年～養老四（七二〇）年頃、第Ⅱ期は養老四年頃～神護景雲元（七六七）年、第Ⅲ期は神護景雲元年～延暦三（七八四）年に比定されている。第Ⅰ期は部分調査であるが、L字を左右逆転させたような直線的な石積み護岸のものと考えられ、飛鳥時代の方池の系譜を引いていることが推測される。第Ⅱ期は第Ⅰ期園池の位置や規模を踏襲しながらも明確な地割がなされ、岬を設けて岸に変化をつけ、建物や園池に接続する蛇行溝を伴う。次の第Ⅲ期は、岸の出入りは大きく中島や築山・石組を伴うなど、後の日本庭園に一般に見られる要素を具える。

平城京左京三条二坊六坪宮跡庭園もほぼ全容が明らかになった。六坪のほぼ中央を蛇行する河川の旧流路を埋め立てて整地を行い、粘土の上に石を貼って築かれた幅二～七メートル、延長五五メートルの園池である。屈曲する形は「流れ」を重視した設計になっていて、全面石貼りの池底、石が立てて並べられた汀線とその外側の洲浜、九カ所の石組、三カ所の岩島をもつ。伴う建物群は変遷があるものの、当初は園池の西側の建物から園池を鑑賞したと考えられている。饗宴の場、特に曲水宴と関連した施設である。造営は天平宝字年間（七五七～六五）とされる。

一方、天平宝字五（七六一）年の造営とされる法華寺阿弥陀浄土院の園池は、部分的な発掘調査のため全容は明らかではないが、追善供養のための仏堂と堂舎、園池が一体となって阿弥陀浄土を象徴する空間となっている。平安時代に盛行する浄土庭園に共通する要素が認められるものの、現段階では後続例は知られていない。

飛鳥時代の園池は幾何学的な平面形から抜け出すことがなかったが、東院庭園にみられるように、奈良時代に入るとその初期段階で自然風景的な曲池に変わり、後半段階には洲浜などの護岸、石組み、築山などの意匠や技法は大きな変化をとげる。唐や新羅からもたらされたであろう園池に関する情報にとらわれず、後の日本庭園にみられる基本的な様式が確立した時代といえる。

（3） 平安時代の発掘庭園

ア 概 観

「発掘庭園データベース」による平安時代（七九四～一一九二）の発掘庭園は八十二件を数える。そのうちの六十五件は京都市や宇治市など、かつての平安京とその周辺部に集中するが、平泉藤原氏に関連する発掘庭園が岩手県平泉町と宮城県・福島県、平氏に関連するそれが兵庫県神戸市に検出されている。園池を伴う遺跡の種別では、離宮や後院、里内裏、貴族や武家住宅、別業、寺院や神社、国府など多様である。

この時代は約四〇〇年間と長い。小野健吉氏は庭園史の観点から三期に区分し、前期（七九四年から十世紀半ば）は平安京内外に天皇・皇族により大規模な池庭が築造される時期、中期（十世紀半ばから十一世紀後半）は寝殿造庭園様式の確立と浄土庭園の出現、後期（十一世紀末から院政期）は浄土庭園とともに院御所の庭園が特徴になるとしている。(13)

イ 神泉苑と寝殿造庭園

平安京遷都時に造営された離宮である神泉苑は平安宮の南東隣接地に東西二町、南北四町の広大な敷地を占めていた。神泉苑に関しては太田静六氏による推定復元図がよく知られている。(14) 九世紀前半、嵯峨天皇の弘仁頃を復元したもので、中央に中島をもつ大規模な園池があり、その北岸には乾臨閣と左右の閣、そして左右の翼廊が園池に向かって伸び、先端にはそれぞれ釣台を伴う。神泉苑は数次にわたる発掘調査が行われ、園池の北岸や船着き場と推測される遺構、遣水などが確認されているが、部分的な解明にとどまっている。

神泉苑は唐長安城の禁苑との関係が問題にされる。太田氏は唐長安城興慶宮の影響を受けていることを指摘し、長安城における西内苑や禁苑的な性格をもっていたこともうかがえるとする。[15] 小野健吉氏は神泉苑の「コ」字配置の殿舎群の前に池を配置するあり方が渤海上京龍泉府禁苑に類似するとしたうえで、両者のモデルは唐長安城興慶宮にあると推測する。[16] また、北田裕行氏は上京龍泉府宮苑が宮城の東南に位置するのは唐長安城大明宮の東南にある東内苑龍首池にならったものとし、配置の点では平城宮東院庭園とも類似するとしたうえで、「唐に実在した池を伴うコの字翼廊建物の庭園の形式が日本に伝わり、平安京の神泉苑などに影響を与えて寝殿造庭園として発展」したと考えている。[17] 寝殿造の起源は中国住宅の三合院あるいは平安宮内裏の紫宸殿、さらには浄土変相図に求める見解などさまざまあるが、神泉苑の様式が原型の一つとされる。

平安京の発掘調査が進むにつれ、寝殿造建築あるいはそれに類似する遺構が一町規模で明らかになる例が出てきた。例えば九世紀前半の遺跡である平安京右京六条一坊五町跡は、北半は庇付きが少なく規模も小さな建物群で構成されるのに対し、南半は寝殿造様の建物群が占めるが、そこには園池を造るような空間は残されていない。斎宮の邸宅と考えられる平安京右京三条二坊十六町は九世紀後半～十世紀初頭の遺跡で、一町規模の邸宅の園池と建物の関係が初めて明らかになった。北半中央から西にかけて検出されたそれぞれの建物群と園池との関係が推測できたが、建物群はいわゆる寝殿造建物とは異なる形態である。また、南半は北半とは対照的な建物群が建ち、斎宮の家政機関を構成するものと考えられた。九世紀後半代を主にした遺跡で、右大臣藤原良相（八一三～六七）邸の推定地である平安京右京三条一坊六町跡は複数次にわたる発掘調査が北半で行われ、東西二カ所に園池が見つかり、関連する建物跡の一部が検出されている。しかし南半は発掘調査が及んでおらず、一町全体の様子の解明には至っていない。

このように、広範囲の発掘調査が行われた平安京右京の一町規模の邸宅では園池をもつ例が九世紀後半代から知られ、伴う建物の在り方も徐々に解明されつつある。時代は下がるが、十世紀以降に里内裏としてしばしば利用された堀河院跡の発掘調査では南北二町のそれぞれに園池が検出された。堀河院については太田静六氏の復元図があり、寝殿造建築あるいは寝殿造庭園について発掘調査成果と比較検討することが可能になりつつある。

ウ　浄土庭園と平泉

慶滋保胤の『池亭記』は天元五（九八二）年に成ったもので、小池と築山を造り、池の西に阿弥陀像を安置した仏堂、北に住居、東に書籍を収めた建物を建てたという。住宅であっても、園池とその西岸の仏堂を一体化する考え方は阿弥陀如来の西方浄土を意識したものだろう。日常の居住空間に自らの信仰を重ね合わせた庭園を伴う邸宅様式が十世紀末には具現化されていたことを示す例である。

平成二十一（二〇〇九）年に開催された「東アジアにおける理想郷と庭園に関する国際研究会」では日本と中国・韓国の庭園に関するそれぞれの国の研究者による討議が行われ、浄土庭園の本質と定義、その系譜、そして十二世紀の一群の浄土庭園が現在もよく残る平泉の顕著な国際的価値等が主題になった。結論的には、各国・各地域の庭園に共通する性質と同時に、それぞれの歴史的、文化的背景にもとづいた固有の性質が認められること、中国から朝鮮半島、そして日本へと伝わった作庭思想はそれぞれ独自に発展過程をたどり、各国に固有の庭園文化として定着していったこと、仏の浄土世界を理想郷とみなし、それを具体化する日本の浄土庭園の様式は他地域には類例をみない日本固有のものであることなどが指摘された[18]。

平安時代の浄土庭園の典型例の初出とされるのは法成寺である。藤原道長が造営したもので、寛仁四（一〇二〇）年に無量寿院と号した九体阿弥陀堂を建立し、治安二（一〇二二）年の金堂の供養とともに法成寺と改称している。無量寿院時代は寝殿造の構成法を寺院に応用したとみることができ、その基本的性格は大伽藍が完成し法成寺となった後も持続された[19]。園池とその西に九体阿弥陀堂を造営した初期段階で自己の極楽往生を願う装置としての建築は一応の完成をみていたもので、「浄土教寺院の持つ特色はその大半が法成寺においてすでに示されていた」と評価されているが[20]、発掘調査の手はほとんど及んでいない。

法勝寺は白河天皇の御願寺として造営され、承暦元（一〇七七）年に金堂・五大堂・阿弥陀堂・法華堂など、永保三（一〇八三）年には八角九重塔・薬師堂などが供養された。数次にわたって発掘調査が行われ、伽藍配置に占める金堂の位置と伽藍中軸線がほぼ確定したほか、八角九重塔に伴う地業や池の一部が検出されている。八角九重塔建立以前の法勝寺は伽藍配置や規模・形態・安置仏の多くが法成寺に共通するという[21]。

宇治平等院は浄土庭園を語るうえで欠かすことができない。藤原頼通が父・道長から伝領した宇治別業を永承七（一〇五二）年に仏閣に改めて平等院と号し、現在、鳳凰堂と称せられる阿弥陀堂の供養は翌年三月に執り行われた。鳳凰堂の構想と起源について、清水擴氏は浄土変相図に描かれた建築との比較において構成上の類似点を指摘している[22]。保存整備事業に伴う発掘調査は平成三（一九九一）年から十一次にわたって行われ、庭園や鳳凰堂の変遷が創建から現代に至るまで追求され、平安時代は三期の変遷をたどることができる。平等院は、法勝寺や鳥羽上皇の勝光明院、後白河法皇と建春門院滋子の御願寺である最勝光院、そして平泉の無量光院など、後続する寺院に多大な影響を与えた。

平泉の一群の浄土庭園のうち、毛越寺と無量光院は法成寺や法勝寺・平等院の系譜の中で語られることが多い。毛越寺は平泉藤原氏二代基衡によって十二世紀中葉に造営された。浄土庭園の典型であると同時に寝殿造庭園の範疇でも捉えられる。毛越寺を発掘調査した藤島亥治郎氏は毛越寺と法勝寺の伽藍配置の類似性を指摘している。[23] また、基衡の妻室の造営になり毛越寺の東に隣接する観自在王院跡の苑池が、年代の問題はあるものの京都府木津川市浄瑠璃寺のそれと甚だしく類似することに注目した。[24]

三代秀衡の無量光院は秀衡晩年の造営と考えられている。『吾妻鏡』文治五（一一八九）年九月十七日条に「悉く以て宇治平等院を摸する所なり」とあり、昭和二十七（一九五二）年の発掘調査によってそのことが裏付けられた。[25] 近年、内容確認のための発掘調査が継続して進められ、北中島、それと本堂のある西中島を繋ぐ橋跡の発見など、平等院との類似点がさらに増す一方、西中島前面に舞台跡が見つかるなど、違いも明確になってきている。伽藍の中軸線の西方には十二世紀の経塚でもある金鶏山（九八・六メートル）を望むことができ、本堂や園池、各種施設と一体になって西方浄土を再現している。

一方、基衡・秀衡に先立って初代清衡が十二世紀前葉に造営した中尊寺には二つの園池が知られている。一カ所は山上にあって著名な金色堂の北北東に位置する伝三重池である。上中下三段の池が連なって一つの池を構成すると推測された独自の構造は他に類例がなく、浄土庭園の範疇では捉えることができない。ただし、周辺の伽藍配置との関連が不明である。もう一カ所の伝大池は山上南側の低地に位置し、近年の発掘調査の進展により園池の形態や規模、構造が明確になってきた。当初は十二世紀前葉に造られるが、後半代には改修され規模は縮小される。共に中央に中島を伴い、園池だけ見るならば浄土庭園を構成するものであることは間違いない。諸説あるものの、いわゆる『中尊寺建立供養願文』に記された鎮護国家大伽藍一区は伝大池を中心とした一画を指すものと推測されているが、記述された堂塔や築垣、大門、橋などの遺構が発掘調査では明らかになっていない現状があり、位置づけが難しい。

三　『作庭記』と平泉

『作庭記』は日本最古の作庭秘伝書として知られ、藤原頼通の子息である橘俊綱（一〇二八〜九四）によって書かれたとする説が有力であり、十一世紀末頃に成立したと考えられている[26]。最近では高陽院庭園の修造工事を担当し、頼通の死後は橘俊綱の身近に仕えていた人物を編者と想定し、『作庭記』原本の成立年代を十一世紀末か十二世紀初頭とする論考が発表されている[27]。

『作庭記』は寝殿造庭園についての一種の技術書のような性格をもつ。当時の貴族層の日常の行動規範だけでなく文化をも強く規制していた陰陽道が記述の根底にながれていて、それに伴う数多くの禁忌が説かれている。また「宋人云」あるいは「経云」で始まる段があることや、文中に「からの文」、「唐人」と見え、中国からの伝来の書や『作庭記』が書かれた当時の中国の造園や建築などの情報に接しうる立場から書かれている可能性が高い。田中淡氏は『作庭記』には中国の造園手法から直接影響されたと考えられる内容が少なからず含まれているという[28]。

そのような『作庭記』の記述と毛越寺の園池の大海を現す様や遺水、洲浜、荒磯、立石などの意匠や技法が多くの点で合致する。また、観自在王院の園池の荒磯石組に続く滝頭石組は「一、瀧の落つる様々をいう事」のなかの「伝落」の手法を良く伝えている。当時の絵画や文学と同様に、優美典雅な芸術品である「庭園という芸術に関する技術書[29]」という『作庭記』にいくつもの点で合致する庭園が平安京から遠く離れた陸奥国平泉の地に十二世紀半ばに存在したことは注目すべきであろう。

おわりに

飛鳥時代の方池に見られるように、日本の古代庭園は出発点から東アジア、特に中国と朝鮮半島の影響を強く受け、時には模倣しながらも独自の意匠や技法を凝らし、奈良時代には後の庭園に見られる基本的な様式を確立させていった。平安時代初期は、平安京の神泉苑に見られるようにまだ中国の影響を残していたが、中期以降は、寝殿造庭園や浄土庭園のように東アジアの他地域には類例をみない日本固有の様式として結実したことは、数多くの発掘庭園が示しているとおりである。

平安時代の末期、十二世紀に平泉を拠点に権勢を誇った平泉藤原氏三代は仏教に深く帰依し、平安京から遠く離れた辺境の地ともいえる平泉に理想とした浄土世界を現出させようとした。三代は、それぞれの仏教に対する思いや考えに基づいて、初代清衡は中尊寺、二代基衡と妻室は毛越寺や観自在王院、三代秀衡は無量光院と立地をはじめとし、形態や意匠にも独自性をもった寺院を営み、浄土庭園を造ってきた。平泉はそれらを核としながら都市として発展し変貌をとげてきたもので、今後、平泉の庭園研究がいっそう進展すれば、約九十年間における都市平泉や平泉文化の形成と発展の過程、そして本質の解明につながることであろう。

註

(1) 奈良国立文化財研究所編『発掘庭園資料』。奈良国立文化財研究所史料第四八冊、奈良国立文化財研究所、一九九八年。

(2) 発掘庭園に伴う池あるいは池状遺構については「園池」と「苑池」の二つの用語が使われるが、本文では「園池」を用いる。ただし引用の際にはそれぞれの文献の用語に従う。

（3）奈良文化財研究所飛鳥資料館編『東アジアの古代苑池』。奈良文化財研究所飛鳥資料館、二〇〇五年。

（4）西口壽生「明日香村飛鳥所在　石神遺跡の「庭園遺構」」。『古代庭園研究Ⅰ――古墳時代以前～奈良時代――』、奈良文化財研究所学報第七四冊、奈良文化財研究所、二〇〇六年。

（5）藤井英二郎・金眞成・高瀬要一・白志星・小野健吉「近年の発掘調査に基づく韓国・百済の宮南池に関する考察」。『ランドスケープ研究』六五（五）、㈳日本造園学会、二〇〇二年。

（6）奈良文化財研究所飛鳥資料館編『東アジアの古代苑池』。奈良文化財研究所飛鳥資料館、二〇〇五年。

（7）註（3）に同じ

（8）高瀬要一「日本の方池と韓国の方池」。『奈文研紀要』二〇〇一、奈良文化財研究所、二〇〇一年。

（9）小野健吉『日本庭園――空間の美の歴史』。岩波新書一一七七、岩波書店、二〇〇九年。

（10）卜部行弘「第Ⅶ章　総括」。『史跡・名勝飛鳥京跡苑池（1）』、奈良県立橿原考古学研究所調査報告第一一一冊、奈良県立橿原考古学研究所、二〇一二年。

（11）粟野隆「庭園スタイルの模倣と創造――苑池の空間デザインと古代日韓」。『日韓文化財論集Ⅰ』、奈良文化財研究所学報第七七冊、奈良文化財研究所、二〇〇八年。

（12）註（9）に同じ。

（13）小野健吉「平安時代庭園史の概観と研究の現状」。『平安時代庭園の研究――古代庭園研究Ⅱ――』、奈良文化財研究所学報第八六冊、奈良文化財研究所、二〇一一年。

（14）太田静六『寝殿造の研究』。吉川弘文館、一九八七年。

（15）註（14）に同じ。

（16）註（9）に同じ。

（17）北田裕行「渤海上京龍泉府宮苑に見られる寝殿造系庭園とその系譜」。『古代日本形成の特質解明の研究教育拠点　奈良女子大学二一世紀ＣＯＥプログラム報告集』十四冊、奈良女子大学、二〇〇七年。
(18) 奈良文化財研究所編『東アジアにおける理想郷と庭園』。奈良文化財研究所、二〇〇九年。
(19) 清水擴「法成寺の伽藍とその性格」。『日本建築学会計画系論文報告集』第三六三号、㈳日本建築学会、一九八六年。
(20) 清水擴『平安時代仏教建築史の研究』。中央公論美術出版、一九九二年。
(21) 富島義幸「法勝寺の伽藍形態とその特徴」。『日本建築学会計画系論文報告集』第五一六号、㈳日本建築学会、一九九九年。
(22) 註（20）に同じ。
(23) 藤島亥治郎「総合的考察」。『平泉—毛越寺と観自在王院跡の研究』、東京大学出版会、一九六一年。
(24) 註（23）に同じ。
(25) 文化財保護委員会編『無量光院跡』。吉川弘文館、一九五四年。
(26) 田村剛『作庭記』。相模書房、一九六四年。
(27) 飛田範夫「『作庭記』原本の推定」。『長岡造形大学研究紀要』第七号、長岡造形大学、二〇一〇年。
(28) 田中淡「中国庭園の初期的風格と日本古代庭園」。『東アジアにおける理想郷と庭園』、奈良文化財研究所、二〇〇九年。
(29) 註（26）に同じ。

平泉の「都市」計画と園池造営

佐藤嘉広

はじめに

平泉を東アジア史のなかで記述する試みは新しくない。それは、単に貿易陶磁などの文物交流にとどまらず、庭園研究にも及んでいる。一九九〇年代になって、平泉の浄土庭園には、中国古代庭園の思想・情景が残されているのではないかとする指摘があり[1]、さらに近年では、世界遺産との関わりの中で、「東アジアの理想郷と庭園」について国際的な検討が加えられ、浄土庭園が東アジア庭園史に位置づけられている[2]。結果として、ＩＣＯＭＯＳ及び世界遺産委員会は、仏教の伝播と庭園造営にみる価値観の交流に顕著な普遍的価値を認め、「平泉――仏国土（浄土）を表す建築・庭園及び考古学的遺跡群――」が世界遺産一覧表へ記載されることとなった。

しかし、平泉の庭園群と東アジアとの関係を検討するにあたっては、浄土庭園が唯一の視点ではないと考えている。十二世紀の平泉には規格的な地割があることが明らかにされていて、それは、当時の平泉に「都市」計画があったものとして解釈されている(3)。この見解に従うなら、寺院等の諸施設に加え、庭園群もまた、特にもそれによって創出される景観と園池の物理的な導排水が重要な要素となって、計画的に配置されていったものと考えるべきであろう。そして、この十二世紀平泉における庭園の計画的な配置が、規格的な地割とともに、十一～十二世紀の鳥羽・宇治・白河の直接的・間接的影響は当然のこととして、遠くその原点のひとつが隋唐の都城までたどりうるのではないか、その東アジア東端における究極の変容形態が平泉に認められるのではないか、と想定されている(4)。

本稿では、まず、平泉の代表的な園池を伴う庭園について造営順に紹介する。次に、それらが平泉の拠点造営の計画においてどのように位置づけられうるのかについて、地割と配置をもとに考察する。最後に、それらが、東アジアのなかでどのような意義を与えられる可能性を持つのかについて予察する。

なお、平泉の範囲については、東を北上川、西を毛越寺の境内域、南を太田川、北を金鶏山・花立山から高館にかけての範囲を拠点地区(5)とする考え方に従い、中尊寺境内が位置する関山丘陵をその北の外縁としておく（図1）。

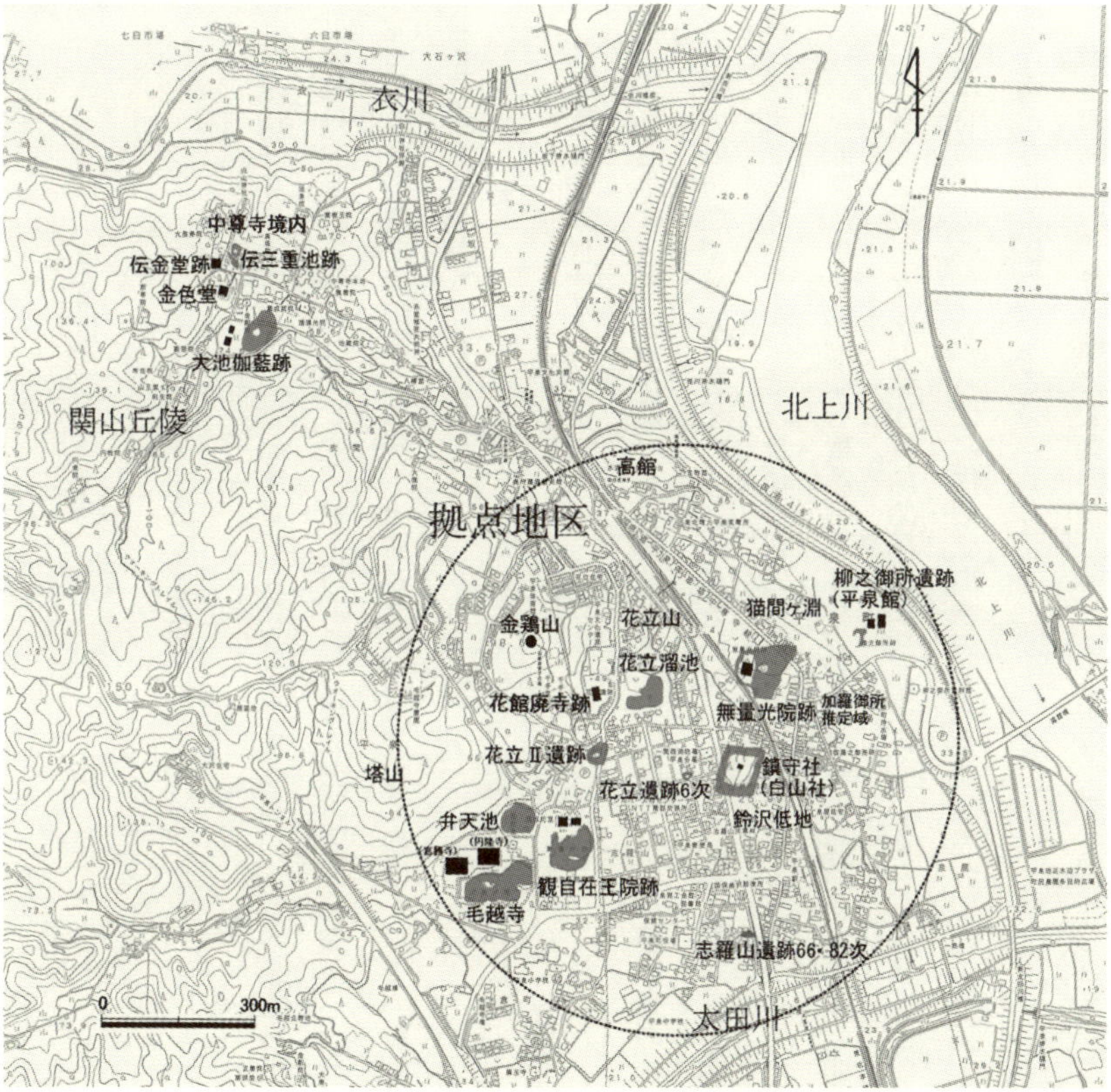

図１　平泉の主要園池の分布と拠点地区の範囲

一　園池造営の変遷

（1）　清衡期（十二世紀第1四半期ごろ）

平泉は、藤原清衡が十一世紀末ごろに拠点を移す以前に、大規模な地形改変をともなうような造成が行われていた可能性は乏しい[6]。清衡は、まず、北上川沿いの柳之御所遺跡に館（以下、「平泉館」）を構え、その後、中尊寺の造営に着手した。清衡期の園池には伝三重池と大池があり、そのほか、この段階で造営された可能性が高いものとして花立Ⅱ遺跡の園池がある[7]。

中尊寺伝三重池（図2）

伝三重池跡は、関山北丘陵の標高約九〇メートルのやや広い平坦地の伝金堂跡の東北東に位置し、現在の弁天堂を囲む池の周辺域で確認されている。一九六〇年～六七年の発掘調査によって、「上段池」及び「中段池」の一部の汀線が検出されているが、その全体構造については不明な点も多い。

伝三重池跡は、曲線的な石積護岸を有し、不整形な平面形状を呈する非常に特徴的な園池である。石積護岸は大小の川原石を数段～十段程度比較的急傾斜に積み上げている。中島は五か所の張り出しを有する不整形を呈する。導水施設は特に確認されておらず、周辺表面水の集水が想定されている。排水は、北西に下がる沢に築かれた第二、第三池に落とされる構造である。

出土遺物から、近世期にも機能していたことが確実である。しかし、遺物中には、十二世紀第1四半期にさかのぼりうる土器（かわらけ）が多数確認されることから、[8] 当初の伝三重池は、伝金堂跡に対応して、一連の中尊寺伽藍造営に伴って造営されたものである可能性が高いと考えられる。

中尊寺大池（図2）

大池跡は、関山の北丘陵と南丘陵を隔てる桜川の上流部、金色堂の南東約一五〇メートルに位置する。標高七〇〜七二メートル前後。現況はほぼ水田となっていて、当時の中島が周囲よりも小高く残り、弁財天を祀っている。園池西側に二棟の礎石建物跡が発掘され、それを含めて『中尊寺供養願文』に記される釈迦如来を本尊とする「鎮護国家大伽藍一区」を構成しているとする見方が有力である。一九六一年以来の発掘調査成果を要約すると、

(1)出土土器から判断すると十二世紀前半に造営され、十二世紀中に一度の造り替えがあった。

(2)当初の規模は、南北一二〇メートル、東西七〇メートル、深さ約一・三メートルである。

(3)護岸に礫は使用されていないことから素掘りと考えられる。

(4)池西から素掘りの導水路が確認されているが、

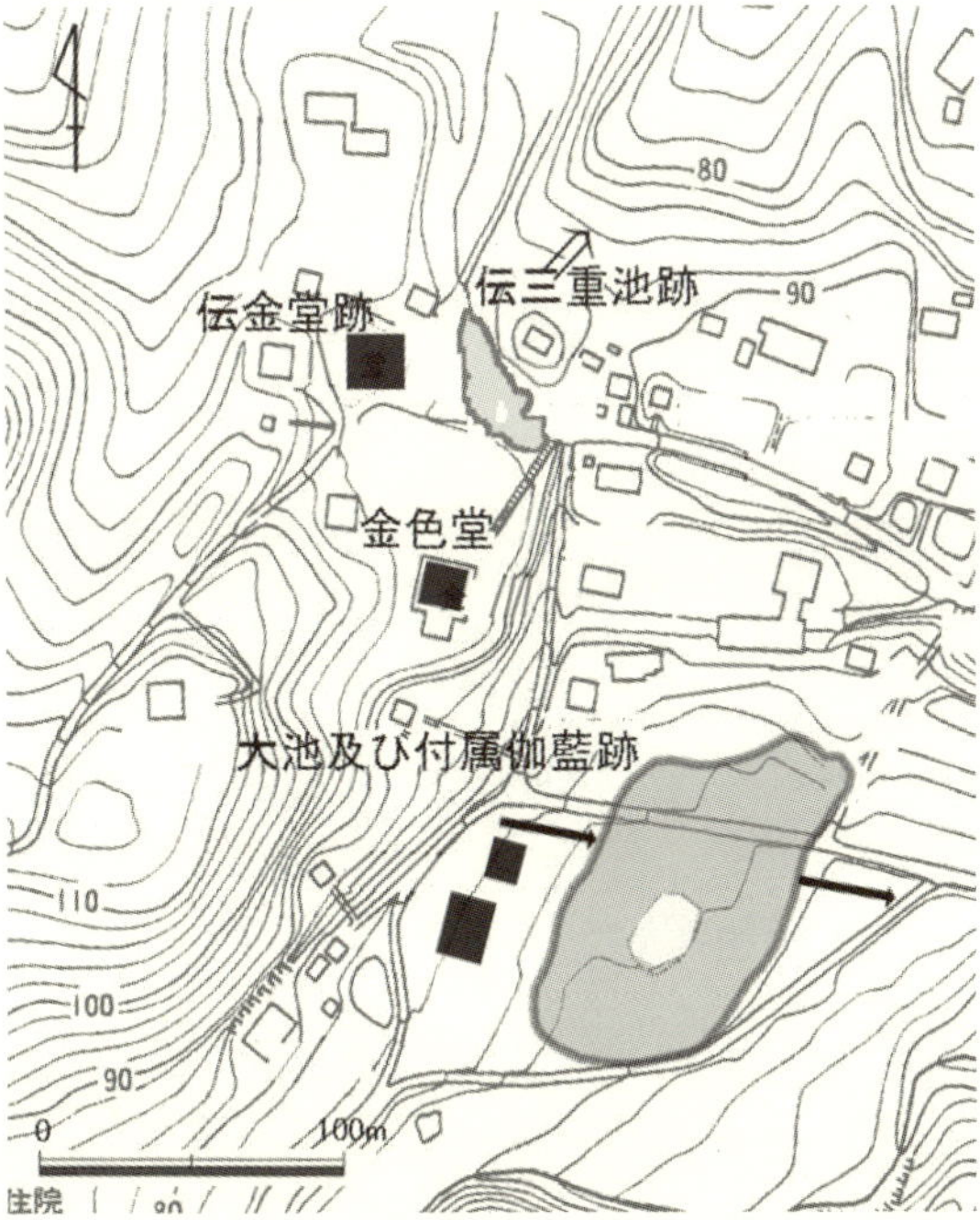

図２　中尊寺伝金堂付近の園池

当初までさかのぼらない可能性が高い。

(5)埋土からハスの果実が出土していることから、蓮池の情景が想定される。

(6)中島付近では、景石状の人頭大の円礫が複数確認されている。

(7)園池の北側斜面では十二世紀第1四半期の生活色の強い遺物がまとまって出土している。

現在までの調査成果では、園池西側の建物が不明瞭であること、出土する瓦が十二世紀中葉以降のもので当初の「瓦葺経蔵」を構成するものではないこと、「斜橋」跡や「反橋」跡が検出されていないことなど、『供養願文』に記載される内容と必ずしも対応していないものの、清衡期の浄土庭園の様相を呈している代表的事例と考えられている。

花立Ⅱ遺跡の園池

花立Ⅱ遺跡は、拠点地区の西側、観自在王院跡の北東部の金鶏山麓に位置している。標高約四〇メートル。二〇〇〇年、温泉施設の建設に先立って発掘調査が行われ、池跡が検出された。池は中島を有し、玉石によって州浜が形成されていた。部分的な調査であるため規模は不明であるが、汀線と中島との位置関係から小規模なものであったと推定される。池跡付近で検出された遺構は十二世紀中に四段階の変遷があるとされている。(9) 詳細な報告が行われておらず、対応する建物跡について検討することが困難であるが、池跡及びその周辺からは十一世紀末から十二世紀前半の瓦が出土していることから、清衡期に造営された園池である可能性が考えられる。

（2）　基衡期（十二世紀第2四半期ごろから第3四半期前半ごろ）

二代基衡の時期は、平泉の「都市」化が急速に進行したと考えられている。この時期、拠点地区が道路等で区画され、さまざまな「都市」的施設が計画的に配置されたものと考えられる。園池も、その一つである。それらは、寺院や神社あるいは居館に付随している。代表的な園池は以下のとおり。

白山社園池（図3）

白山社は拠点地区のほぼ中央に位置している現存の神社である。社殿は近年の建築物であるが、一辺が約七〇メートル高さ三メートルの土塁が神社の三方を囲み、さらにその外側に堀が巡らされる。神社の参道は東に二〇度程度振れる軸方向となる。現在の境内域の南側が鈴沢池と呼ばれる低地に連なり、その部分で園池の護岸及び参道から延びる橋脚が検出されている。標高二三メートル前後。

護岸は部分的な検出ではあるが、二〇度の角度をもって〇・八メートルの高さに玉石が積み上げられている。園池跡の平面形状等は明らかではないものの、鈴沢池の旧地形からおおよその範囲が推測できる。ただし、堀と池との関係については、今後の調査による必要がある。

池底の造成層から、陶器片（常滑Ⅰb型式）及び鏡が出土している。[10] それらの年代から、十二世紀第2四半期の造営と見ることができる。

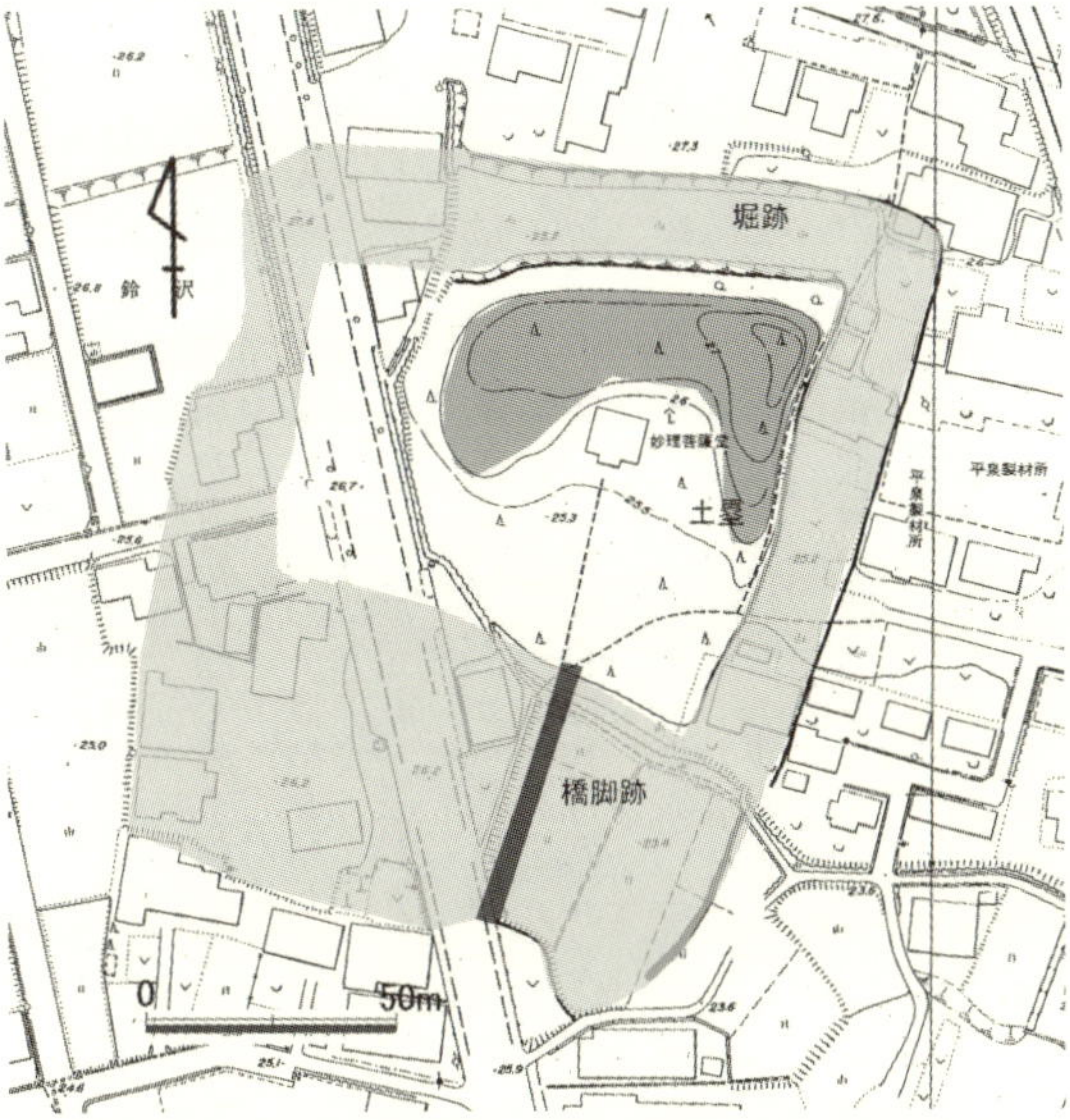

図3　白山社の堀・土塁・社殿に向かう橋脚
（註（10）文献54頁、図6を改変して作成）

毛越寺園池（旧期）

毛越寺は、基衡が建立した平泉を代表する寺院であり、拠点地区の南西部に位置する。金堂は薬師如来を本尊とする。境内の東・南の二方が土塁で囲まれ、北方には塔山がそびえている。南面する金堂の前面に「大泉池」と呼ばれる園池が現存し、浄土庭園の一典型を示している。東辺土塁は金鶏山から真南に延びる軸線と重なり、金堂ほかの堂舎と軸が一致している。標高三五～三七メートル前後。

園池には旧・新の二時期があり、基衡期に造営され、秀衡期に修復が加えられたと考えられている。(11) 旧期園池の規模は明確ではないが、現在の東西約一八〇メートル、南北約六〇メートルよりは小さく、水深も浅いと見られている。三箇所の中島のうち、最大の島が南大門と金堂の中間に位置し、双方から橋で結ばれている。金堂の前面は、建物周辺を含めて玉石敷となっていて、池北岸から東・西岸では州浜が幅広く形成されている。一方で南岸は、現在確認できる築山の下層から礫敷が確認されていることから、旧期ではより単純な護岸形状であった可能性がある。

導水は北東方向からの遣水によって行われており、その水源は塔山の斜面地にあると推測されている。南西隅に排水溝が検出されている。

観自在王院園池

観自在王院は毛越寺の東側、「車宿」とされる広場状の空間を挟んで造営された。四方を土塁に囲まれていた可能性が高いが、土塁区画内の全体的な伽藍等の詳細については、今後の調査を待つ必要がある。『吾妻鏡』には、基衡の夫人により大小の阿弥陀堂が建立されたと記述があることから、園池もまた十二世紀中葉の造営と考えてよい。発掘調査によって出土した遺物の年代観とも整合的である。

園池は東西九〇メートル、南北九〇メートルの不整形で、標高三四〜三五メートル。一九七二年〜七七年の部分的な発掘調査に基づいて修復整備を行っているものの、整備以前の旧地形に十二世紀の汀線形状を残していたことから、真実性の高い修復が実現している。護岸は、北東側の一部で玉石敷の州浜が確認されているが、南西部では滝石組が構築されている。導水路は二時期認められるが、修復対象とした新期の導水路は毛越寺北東部にある弁天池に発し、土塁下を暗渠で通過して西側から池に通じている。排水は池東南方向の鈴沢低地方面と考えられる。

柳之御所遺跡1期園池

「平泉館」とされる柳之御所遺跡は、拠点地区東端の北上川付近に位置する。北西側には四〇メートルの比高差のある高館があり、西側から南側にかけては猫間ケ淵と呼ばれる低地を挟んで無量光院と接していた。幅一〇メートル前後の大規模な二条の堀に囲まれているが、当初から堀が巡っていたかどうか、また、二条の堀が同時に存在していたかどうかについては議論がある。

堀内部の遺構は五期に区分される。園池跡は十二世紀第2四半期ごろに造営された1期園池跡と十二世紀第4四半期に改変された2期園池跡が認められる。1期園池は、堀内部の大規模な改変によって南北軸の中心建物が設置されると、それに付随して造営されたものと考えられる。馬蹄形の平面形状で東西二三メートル、南北四二メートル、深さ約〇・八メートルで、標高二五〜二六m。素掘りで景石等は用いられていない。東西方向に橋脚跡が確認され、池西側は明らかに金鶏山頂が意識されている。

排水については、池の西側に張り出した部分から猫間が淵方面へ向かって暗渠が設置されている。しかし、導水については明らかではなく、自然湧水等を利用したものではないかと推定されている(12)。

（3）　秀衡期（十二世紀第3四半期後半から第4四半期）

三代秀衡と四代泰衡の時期を一括する。基衡期に「都市」化が始まった拠点地区は、この段階にいっそう「都市」的様相が強まったと評価することが可能であろう。また、一一八九年には「平泉館」が焼亡し、拠点地区の遺跡化が一気に進んだと見られる。この時期には、基衡期の区画を基盤として園池ほかの施設が配置されるとともに、既存園池の改変も積極的に行われている。

無量光院園池

無量光院は少なくとも三方が土塁等に囲まれて区画され、その内部に、東西約一五〇メートル、南北約一六〇メートルの平泉最大の園池が造営され、大中小三つの中島を有している。最大の西中島上に翼廊を有する阿弥陀堂が東向きに建立されているが、区画の土塁等を含めて一〇度前後南に振れている。東中島の護岸には、景石が認められる。「梵字池」と呼ばれる園池跡は、現在確認されている限り素掘りの護岸形状である。全体に水深は〇・三メートル前後と浅い。標高二七～二八メートル。導水は、西側の花立溜池を水源としていた可能性が高く、十二世紀と考えられる導水路状の溝跡がその方向に向かって確認されている。排水は東の猫間が淵方面へ流したと考えられる。

近年の調査において、園池跡底面から無量光院造営以前の遺構が確認されつつあるものの、無量光院の造営によって周辺一帯の開発が進められ、平泉の浄土世界が完成に向かったという点については、変更の必要はない。

柳之御所遺跡2期園池

柳之御所遺跡の園池は、無量光院の造営と前後して造り替えが行われた可能性を有している。遺構として確認することはできないが、1期園池の西側に瓦葺の持仏堂があり、その発展形が無量光院であるとする見方もある(13)。

2期園池は、1期園池の上層に玉石で州浜を形成し、護岸の一部に景石を配するもので、規模は1期園池を多少拡張している。中島が作り出されていた可能性も否定しきれないものの、発掘調査結果から証明することは難しい。また、2期園池に対応する建物遺構が確定しきれていないのが現状である。

毛越寺園池（新期）

秀衡期における作り替えの主な内容は、南辺護岸の修復（州浜石敷上に築山ほかの造形物の構築）、中央部中島の拡張、排水路の部分的切り替えなどである。すなわち、現在みられる庭園は、改変後の秀衡期の景観であるとされる。この改変時期は必ずしも明確ではないが、嘉勝寺の完成と対応させる見方がある。

（4）その他の園池

このほか、拠点地区にはいくつかの園池が造営されたことが確認されている。

花立溜池：金鶏山麓の東方、無量光院跡の北西に位置し、現在溜池として機能している貯水域である。東西約一〇〇メートル、南北約七五メートル、標高三七メートル前後。未調査であるため詳細は不明であるが、西側に十二世紀前半の遺物を出土した花館廃寺跡が位置し、奈良・円成寺における仏堂と庭園の関係との類比から、十二世紀に造営された可能性が指摘されている(14)。

志羅山遺跡66次・82次調査区の園池(15)：拠点地区の東南部で毛越寺南大門前から延びる東西大路の南側の埋没沢に形

成された園池で、素掘りである。東西四〇メートル以上、南北約一七メートル程度、深さ〇・五メートル、標高二三メートル前後。池跡底から笹塔婆及び馬具・形代・土器などが出土していることから、水辺祭祀に関連する園池であったと考えられている。導水は西側からで、その発出源は観自在王院園池を経て弁天池にあると予想される。排水は東南方向で、旧太田川に流出する。時期は基衡期～秀衡期である。

花立遺跡6次園池(16)：白山社の西方約一〇〇メートルの地点で確認された素掘りの池跡で、中島を有している。標高二六～二七メートル。部分的な調査であるが、南北二〇数メートル程度で小規模な園池であったことは確実である。導水は、北西部の花立溜池方面から、排水は鈴沢方面に行ったものと考えられる。

二　平泉拠点地区の地割と園池造営

（1）　平泉の「都市」計画

平泉の拠点地区が道路によって区画され、諸施設の配置に一定の計画性があることが証明されたのは、二十世紀末の発掘調査の進展によるものである。それ以前においては、『吾妻鏡』の記載と施設相互の位置関係及び歴史地理学的な状況証拠があるにすぎなかった。この拠点地区における区画及び水利統制を伴う諸施設の計画的な配置を平泉の「都市」計画と呼んでおく。

「都市」計画は、基衡期に顕在化した。その具体的過程は今後さらに研究されなければならないが、清衡期には、関山丘陵を除外すれば柳之御所遺跡周辺及び花館廃寺・花立Ⅱ遺跡周辺など金鶏山東側にのみ遺跡が点在し、拠点地区全体が開発されている状況は確認されていない。金鶏山頂に経塚の造営が始まった十二世紀第2四半期以降、金鶏山が「都市」計画の基点としての役割を果たすこととなったと考えられる(17)。
この観点から、園池の配置について検討を加える。

(2) 丘陵地の清衡期園池

清衡期の園池は、関山丘陵上の造成地又は斜面地に営まれている。いずれも、丘陵上部からの豊富な給水が期待でき、そのまま丘陵斜面を通じて排水が可能な場所である。平泉の園池造成は、対応する施設における園池の必要性は当然としながらも、「都市」計画以前に水の制御が容易な部分から始まったとみてよいであろう。清衡期の園池のなかでは、花立Ⅱ遺跡の園池が拠点地区にもっとも近く造営されている。しかし、小規模な園池であることから、拠点地区の水利計画に与えた影響は限定的であったとみられる。

(3) 基衡期の二地割と園池(図4)

基衡期に行われた地割には、まず、南北正方位を基準とするものがある。この軸方位は、金鶏山から真南に延びるラインが毛越寺東辺土塁と一致し、「東西大路」がこれと直交する東西軸に沿って構築された。「東西大路」は毛越寺南大門前から観自在王院南門前を経由して、一〇〇〇メートル以上東方向に延長されている。この間、少なくとも三箇所の南北路が確認されているが、それは約一二〇メートル(四〇〇尺)ごとの配置であるとされる。これを、「基衡地割A」と仮称する。

この「基衡地割A」に従って、毛越寺園池、観自在王院園池、「平泉館」園池が造営、配置される。前二者はそれぞれ寺院造営の一環として配置されるものであるが、拠点地区の南西部にふたつの大規模な園池が造営されたことは、

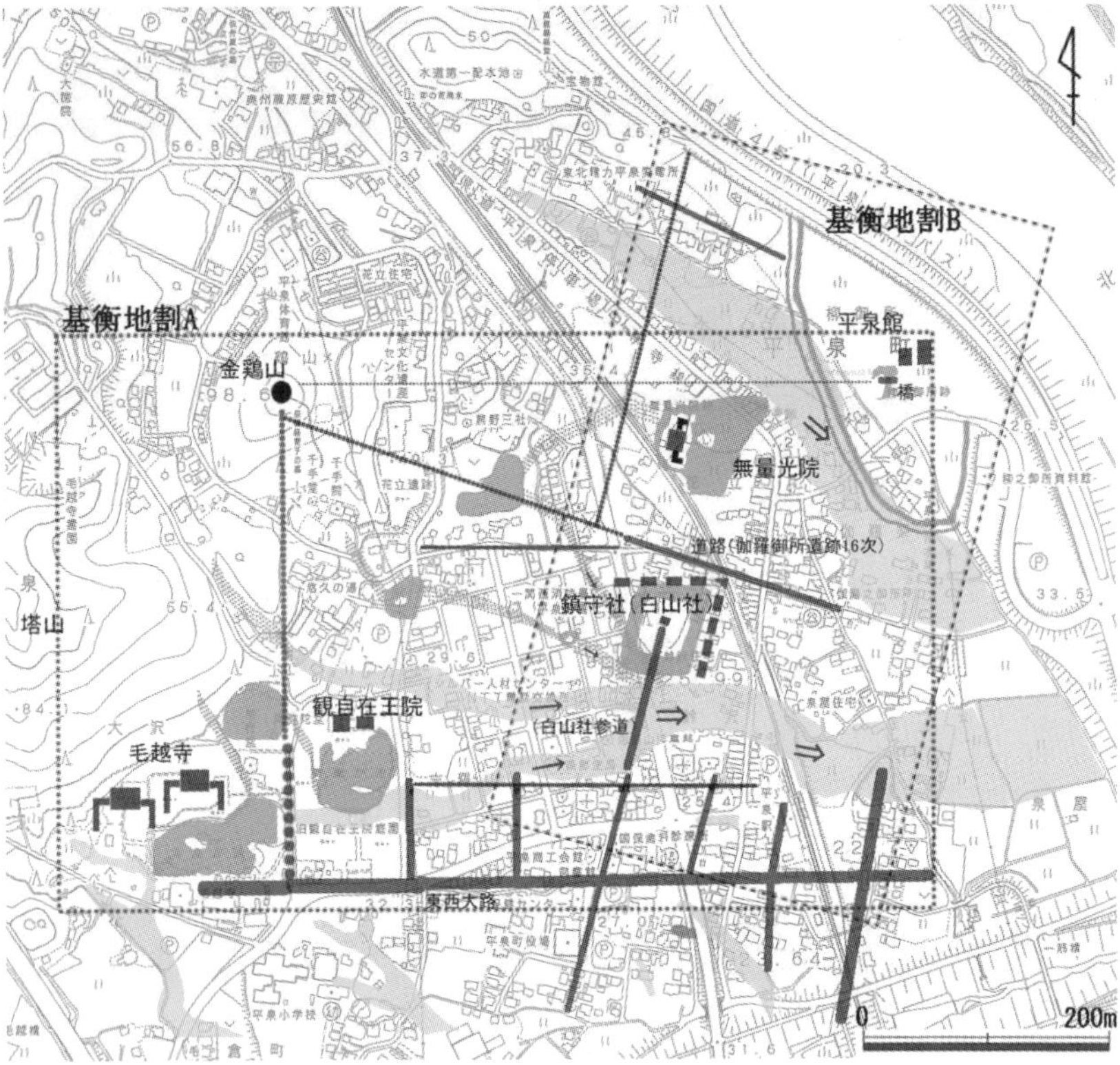

図4　基衡によって計画された二つの地割

鈴沢低地と太田川の間の水利統制に影響を与えたことは疑いない。これらは、いずれも標高三六メートルを前後する地点に造営されていて、太田川沿いの低地との比高は一五メートルほどである。

柳之御所遺跡1期園池は、自然湧水を水源とすることから、上記ふたつの園池とは異なる水利の観点で造営されていると考えられる。これは、堀で区画された場所の特殊性が、拠点地区における一連の園池造営と区別される可能性があることを示している。一方で、園池に架橋された方向が真西の金鶏山頂に向けられることから、金鶏山を中心とする「都市」計画の影響が堀内部にも及び、それらが同時に南北正方位に軸方向を統一して堀内部の建物が配置されていったことに対応するものと考えられる。

一方、基衡期には正方位の「基衡地割Ａ」とは異なるもう一つの地割が行われていた可能性が高いと考えている。それは、今日、白山社参道に典型的に残されるもので、一〇～二〇度東に振れる軸方向のものである。この方向による地割を「基衡地割Ｂ」と仮称しておく。

この方向の地割については、これまで秀衡による平泉の大改造と解釈されていた。その主な根拠は、(1)無量光院の区画軸と同一であること、(2)柳之御所遺跡堀外部の区画溝と同一軸であること、(3)泉屋遺跡第22・23・24次で検出された15号溝と東西大路の重複関係に新旧があること、であった[18]。

軸方向が異なる場合、それを時間差として解釈することは一般的である。しかし、無量光院及び柳之御所遺跡に関しては、すでに存在していた区画軸を用いて秀衡期に造営・区画されたと考えることも可能である。また、道路遺構の重複関係については、明らかな新旧関係として見るためには、今後の調査の補足が必要であるように見られる。むしろ、拠点地区西半部では「基衡地割Ａ」のみが顕著で、東半部では「基衡地割Ｂ」のみが顕著であることは、このふたつの地割が、造営時期に多少の時間差を有しながらも、地域を異にして同時に計画された可能性を強く示唆している。

このことは、拠点地区東端にあたる伽羅御所遺跡の周辺において、鏡が出土していること、瓦葺建物が存在した可能性が高いこと、及び道路遺構が検出されていることなどの、いずれも基衡期に帰属する「都市」的な遺構及び遺物が確認できることからも傍証される。特に、伽羅御所遺跡第16次調査で検出された道路遺構は[19]、そのまま北西方向の延長がほぼ金鶏山頂に延びている。拠点地区北東域における「都市」計画が「基衡地割Ｂ」によって進められ、しかも、「基衡地割Ａ」と同様に金鶏山頂が意識されたものであったことは重要であろう。

さらに、基衡期には、鎮守の勧請が始まったと推定される。その一つが白山社で、『吾妻鏡』の「東方日吉・白山」に比定する考え方がある。[20] ここで注意したいのは、社殿の前面に園池を伴い、四方が土塁と堀で区画される白山社は、その北辺がほぼ真東西の方向（約三度の振れ）で区画されるのに対して、東辺は参道同様に一七度程度東に振れていることである。したがって、北東隅においては約七六度の鋭角に屈曲する堀となっている。このことは、白山社が「基衡地割A」と「基衡地割B」の接点としての重要な役割を果たしていたことを意味すると解釈できるのではなかろうか。金鶏山・花立山に端を発し、花立溜池などを経由した水利系統は、白山社前面の園池において塔山起源・弁天池経由の水利系統と合流した可能性が高いこととあわせ、白山社は金鶏山と並んで平泉の「都市」計画のもうひとつの基点となった可能性を有している。

（4）　秀衡期の園池造営と三つの浄土空間

秀衡期における最大の園池造営は、無量光院の園池である。園池の推定貯水量は四〇〇〇立方メートル程度と見られ、面積に対して池底が浅いという事実は、水量を抑制する効果があったとも考えられる。この完成によって、「基衡地割B」には独自の核が形成され、隣接する「平泉館」・「加羅御所」とともに、御所と御堂がセットとなる空間構成が完成した。同時に、それまで一部の施設に限定されていた阿弥陀如来の西方極楽浄土が、拠点地区全体への広がりを持つこととなった。すなわち、中尊寺伝金堂と伝三重池及び大池を含む「願文伽藍」を中心とする釈迦如来を主とする浄土空間が拠点地区の北の外縁に、毛越寺を中心とする薬師如来を主とする浄土空間が拠点地区の南西域に、そして無量光院を中心とする阿弥陀如来の浄土空間が拠点地区の北東域に形成され、北の外縁地帯を含めて平泉の浄土空間が一応の完成を見ることになったと考えられる。先に検討したとおり、「基衡地割A」と「基衡地割B」が同時に計画されたものであるとするなら、この平泉の浄土空間の全体構想は、基衡期にはすでに完成していたこととなる。

三　園池を伴う拠点造営の類比

平泉の「都市」計画は、鳥羽・宇治・白河のいずれかに対比して解釈されている。これらの地域は、平泉と同様に大規模な園池の造営が行われている。この三地域と平泉との比較において、園池を伴う御堂と御所の組合せとしての浄土空間の観点で鳥羽と、[21]無量光院との類似を重視した場合に宇治と、[22]そして主要伽藍の性格や御所と御堂が道で直線的に結ばれることを重視した場合に白河と類似すると考えられてきた。[23]最近では、秀衡期の中心域については、法住寺殿との類似を説く考え方も出されている。[24]いずれも、平泉が、単に一地方に独立的に発生したのではなく、十二世紀の京都郊外に派生した一連の政治的・行政的・宗教的空間の変異形として解釈されている。

園池を伴う拠点造営という観点においては、平泉における園池は、寺院、居館、鎮守社、邸宅に付属する。邸宅については不明な部分が多いが、[25]園池を伴う他の施設は、拠点地区においてはすべて土塁又は堀、又はその双方によって区画された半閉鎖的空間に造営される。そのため、施設の配置及び区画を計画する段階で園池の導排水を考慮した検討は必須であった。水利統制を伴う「都市」計画としての区画及びそこに配置された施設が、園池の造営に決定的な意味を持ったのであろう。そして、この「都市」計画は、短期間で策定されたと考えられる。

近年、鳥羽、藤原忠実の宇治及び法住寺殿の空間構成を、「葬地」・「御堂」・「御所」の複合としてとらえる見方の有効性が提示されている。[26]御所と御堂のセット空間を、個々の組合せとするだけではなく、全体を政治・生活・聖域という性格が異なる三つの大きなブロックとしてとらえるものである。

この観点から平泉を見た場合、金色堂を中心とする中尊寺境内を「葬地」として、毛越寺と観自在王院によって占められる空間を「御堂」として、「平泉館」・「加羅御所」そして無量光院を含む空間を「御所」として対応させることが可能であろう。園池は、それぞれの空間すべてに付随していて、このあり方は鳥羽と共通する。しかし、鳥羽においては、「葬地」が「御所」・「御堂」と近接すること、平泉における東西大路に相当する道路が確認されていないこと、鳥羽殿の造営計画が段階的に進められたと見られることなど[27]、平泉と異なる点も少なくない。

一方、「葬地」が中心域からはなれて、しかも最も早い段階で形成されるあり方は、宇治との共通点と見なすことができる。宇治と平泉との関係について、平等院阿弥陀堂と無量光院の相似のみならず、摂関家との密接な関係から平泉の「苑池都市」のモデルを師実の宇治に見出せるとする考え方もある[28]。さらに、平等院と御所が東西大路によって結ばれるあり方も、平泉と類似する。しかし、十二世紀前半における宇治の区画が段階的に進められたと見られることや、区画内で別業が優勢になる状況[29]は、邸宅に付属する園池が必ずしも明らかとはいえない平泉と異なっている。

白河に関しては、毛越寺の造営にあたり、法勝寺がモデルとされた可能性はすでに指摘されているとおりである。そして、宇治と同様に寺院と御所を結ぶ東西大路の存在も、平泉と共通する。また、地割が当初から計画された可能性が高いものであることや工房が点在すること及び御倉町の存在が知られることも[30]、平泉との類似点である。しかし、寺院の配置が先行し御所が追随することや、区画された寺院境内において浄土庭園としての園池造営が顕著ではないことなどは、平泉と異なっている。

平泉は、部分的には鳥羽、宇治、白河いずれともよく類似している。平泉の「都市」計画がこれらのいずれかを強く意識して行われた可能性もあるが、拠点地区の「都市」計画に際し、経塚が造営された金鶏山が基点となったこと及び鎮守社が地割の接点として独特の役割を担ったと考えられることは、平安京郊外に派生したこれらの空間との単純な類比が困難であることを示している。

おわりに

このような平泉の「都市」計画を、東アジアにおける都城造営の文脈において検討することは可能であろうか。浄土庭園については、アジアにおける仏教と日本の自然崇拝思想との価値観交流が庭園造営に反映されて生み出されたものと評価された。この価値観交流が、単に庭園の形状及びその造営の思想的背景にとどまらず、庭園が付随した諸施設の配置及びその背景にまで拡大できるとしたなら、平泉にはより大きな意義を認めることができるように思われる。

例えば隋唐長安城では、南高北低の地形によって秦嶺山脈からの豊富な雨水が砂礫層に吸収されて地下水となり、各所に湧泉して大小の池沼を生み出している。曲江池や昆明池もこのような池沼を拡張造成したものであるという。さらに、城内には清明渠、永安渠を初めとする水路が開鑿されて園池造営の条件を整え、八世紀には大明宮に太液池が造営されるに至った[31]。さらに、都城域北部の外縁には、多数の園池を含む広大な苑が形成されるが、こうした都城の造営過程が内外の計画的な水利統制によって完成されたものであることは容易に想像できるだろう（図5）。城域の南東もしくは南西に最大の調整池を配置して城内への導水を図り、区画された各所に苑又は園池を形成するあり方は、地形の制約がもたらす一般的な構造ともいえるが、同じく豊富な水量の統制を図りながら園池を配置した平泉とも通じるものがある。両地域では、いずれも「都市」計画当初に大区画が決定し、その後、水利を生かした園池の配置を行っていた。長安城では、それらの園池は皇室庭園として結実し、平泉においては浄土庭園として表現された。

一方で、平泉においては、隋唐の都城で欠落している重要な「都市」計画の要素があった。金鶏山と鎮守社である。金鶏山は、平泉拠点地区における「都市」計画の基点であり、平泉の浄土庭園群は金鶏山との「調和的組合せ」において配置されている。基衡期における「都市」計画の基点の出現は、拠点地区において条坊に類する方格地割を発生させ、平泉を鳥羽・宇治・白河等との対比を可能にさせる一方で、独特の仏教観に基づいて区画内の各所に園池を伴う浄土空間を順次形成していった。

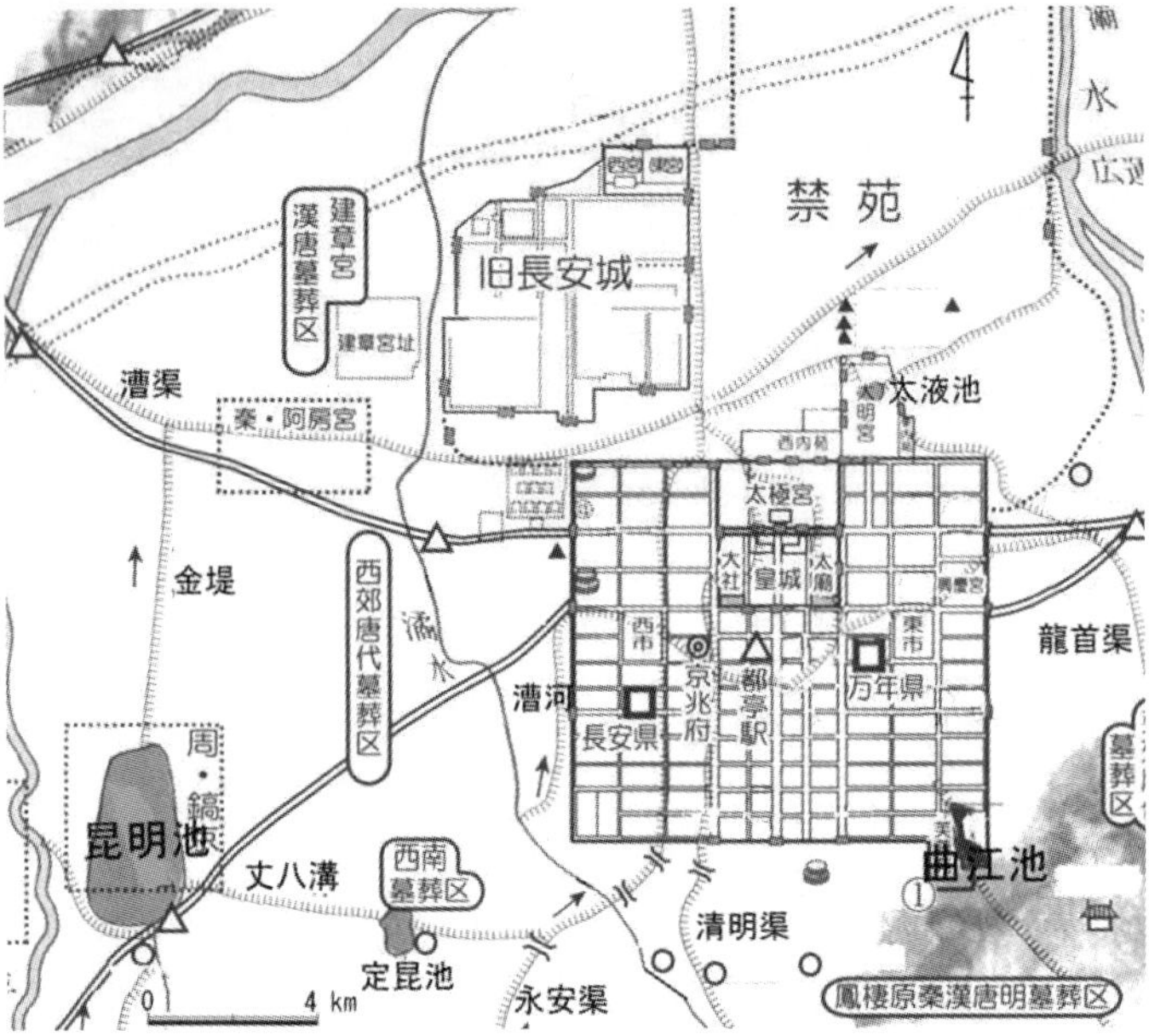

図5　唐・長安における利水（妹尾2011図10を改変して作成）

同時に、もうひとつの中心ともいえる鎮守社白山社が、おそらく「都市」の鎮守として勧請され、無量光院に代表される秀衡期の園池の配置構造に決定的役割を担ったと考えられることは、東アジアの東端を舞台とした人類の価値観交流が、単に浄土庭園のみに認められるものではないことを示すものとして考える必要があるのではないか。すなわち、拠点地区とその北の外縁を含む平泉全体の造営に対して、仏教と日本の自然崇拝思想の交流を認めることが可能なのではないか、と予察しておきたい。

註

（1）田中淡「中国造園史における初期的風格と江南庭園遺構」『東方学報』六二、一九九〇。
（2）本中眞ほか『東アジアにおける理想郷と庭園』奈良文化財研究所ほか、二〇〇九。
（3）羽柴直人ほか『志羅山遺跡第46・66・74次発掘調査報告書』岩手県文化振興事業団埋蔵文化財センター、二〇〇〇。前川佳代「平泉の都市プラン」『寧楽史苑』四五、二〇〇〇。
（4）"Hiraizumi-Temples, Gardens and Archaeological Sites Representing the Buddhist Pure Land" (2010, Japan)
（5）日本考古学協会二〇〇一年度盛岡大会実行委員会編『都市・平泉――成立とその構成――』所収、羽柴直人報告、二〇〇一。
（6）佐藤嘉広「「平泉」の古層」『アジア遊学』一〇二、二〇〇七。
（7）このほか、達谷窟西光寺毘沙門堂に面する蝦蟇池と呼ばれる園池がこの時期に造営された可能性を持つ。蝦蟇池は、中島を有する楕円形の園池で、現在も機能している。護岸は伝三重池跡に類似する石積護岸で、人頭大の川原石を急傾斜に積み上げている。出土した土器の大部分は十二世紀中葉以降のものであるが、わずかに十二世紀第1四半期と考えられる土器が出土している。
（8）中尊寺『中尊寺収蔵の出土遺物整理報告書』、二〇〇〇。
（9）前掲註（5）書所収、及川司報告。
（10）及川司ほか『花立Ⅰ遺跡第2・3・4次、白山社遺跡第3次、西光寺跡第2次発掘調査報告書』平泉町教育委員会、二〇〇四。
（11）八重樫忠郎『特別史跡毛越寺境内　特別名勝毛越寺庭園整備報告書』平泉町教育委員会、二〇〇七。
（12）杉沢昭太郎ほか『柳之御所遺跡――第64次発掘調査概報――』岩手県教育委員会、二〇〇七。
（13）上原真人「秀衡の持仏堂：平泉柳之御所遺跡出土瓦の一解釈」『京都大學文學部研究紀要』四〇、二〇〇一。

(14) 前川佳代「平泉の苑池――都市平泉の多元性――」『平泉文化研究年報』一、二〇〇一。
(15) 前掲註(3)。鈴木江利子ほか『平泉遺跡群発掘調査略報』平泉町教育委員会、二〇〇〇。
(16) 前掲註(5)書所収、本澤慎輔報告。
(17) 柳之御所遺跡調査事務所「柳之御所遺跡堀内部地区の遺構変遷(中間報告その4)」『平泉文化研究年報』八、二〇〇八。
(18) 前掲註(3)前川論文。
(19) 及川司ほか『平泉遺跡群調査略報』平泉町教育委員会、二〇〇三。平泉文化遺産センターに保管されている道路側溝出土遺物中に、十二世紀第2四半期にさかのぼる土器が含まれている。同センター及川司氏とともに実見確認。
(20) 斉藤利男『平泉――よみがえる中世都市――』岩波書店、一九九三。
(21) 前掲註(20)。
(22) 前川佳代「平泉と宇治――苑池都市の淵源――」『古代日本と東アジア世界』奈良女子大学、二〇〇五。
(23) 前掲註(5)書所収、冨島義幸報告
(24) 野口実「法住寺殿造営の前提としての六波羅」『院政期の内裏・大内裏と院御所』文理閣、二〇〇六。
(25) 邸宅に付随する可能性のある園池は、花立遺跡6次園池である。しかし、拠点地区においては仏教色を脱した生活痕跡を示す遺構・遺物は多くない。そのため、邸宅として規定するための要件を検討する必要がある。
(26) 鋤柄俊夫「鳥羽殿跡のふたつの貌」『平安京と貴族の住まい』京都大学学術出版会、二〇一二。
(27) 古代学協会・古代学研究所編『平安京提要』角川書店、一九九四。長宗繁一・鈴木久男報文。
(28) 前掲註(22)。
(29) 杉本宏『日本の遺跡6　宇治遺跡群』同成社、二〇〇六。
(30) 前掲註(27)書所収、上村俊直報文
(31) 妹尾達彦「隋唐長安城と郊外の誕生」『東アジア都城の比較研究』京都大学学術出版会、二〇一一。

平泉造園思想に見る仏教的要素——平泉庭園と仏会——

誉田慶信

はじめに

平泉の造園思想に見る仏教的要素の歴史的性格を解明することが、本稿の課題である。庭園史研究は、考古学の発掘成果に基づく分析、建築史学の建築復元からの接近、古典文学の庭園表現を素材にした考察、あるいは庭園の植栽分析の立場などから、近年、飛躍的に研究が進んだ分野である。まさしく学際的研究の申し子ともいえる。そのもっとも象徴的な成果は、二〇一一年に奈良文化財研究所が公刊した『平安時代庭園の研究　古代庭園研究Ⅱ』であろう。

二十二本の珠玉の論文は、庭園史研究がもはや人文科学・自然科学・社会科学の分野をはるかに超えた地平でなされていることを痛感させるものである。平泉庭園研究においても、状況はまったく同じである。考古学上の発掘成果に基づく造園パーツの意匠に関する幅広い知見に基づき、日本古代国家段階に中国から導入された庭園文化が日本の在来文化と融合して日本化し、それがはるか平泉に伝来し開花したことを鮮明に描いた小野健吉の研究は、その代表とも言える[1]。平泉庭園に古代中国の神仙思想が色濃く流れている、とする藪敏裕・劉海宇の研究も[2]、庭園をグローバルな視点から研究することの必要性を促すものである。

このように学際的研究が鎬を削るなかで、実は文献学としての歴史学からの接近は、思いの外少ないことに気がつく。京樂真帆子[3]や山下信一郎[4]が文献史料を用い、社会集団（仏会）から庭園を照射しなおす必要性を強調する所以である。本論文では、二人の提言と研究手法に学びながら、現存する平泉庭園に関する文献史料を初心に帰って読み直してみることにする。その時、庭園のどの場所で、いかなる人びとがどう行動したのか、という素朴な疑問を明らかにすることで、人間が集う庭園の仏教的要素の歴史的特質を垣間見たい。そのさい、平安後期の天皇家や摂関家と仏教との関係に関する歴史学側からの研究成果を踏まえることにする。

一　仏会の核としての舞台

二〇一〇年、平泉無量光院跡第二十三次発掘調査において、注目すべき発見があった。舞台状遺構の検出である。舞台状遺構は、東中島の西端から池中にあり、規模は約五・九メートル四方で正方形をなし、三間×三間の総柱。柱の間は一・九メートル、中央の間隔は二・一メートルである。島に一番近い西端の列は掘り込み、それ以外は打ち込んで柱を立てていた。柱の部材は栗材。舞台状遺構の中軸線は阿弥陀堂の中軸線と一致するという。なお、この遺構の東端から東中島上場までの距離は八・〇メートルであった。[5] また舞台の西端から西中島の礎石までの距離はほぼ一五メートルである。さて、この舞台状遺構は、調査報告書、そして島原弘征の見解の通り[6]、舞台とみなしてよいと判断する。今回発見された舞台の広さ約五・九メートル四方（約方二丈）は、無量光院阿弥陀堂及び東中島や池などの大きさと調和させた広さである。やや後世のことだが、建長五（一二五三）年十二月二十二日の御斎会に准じた法勝寺阿弥陀堂供養のさいに立てられた舞台は、方三丈三尺であった（『経俊卿記』建長五年十二月十八日条）。

かつて一九五二年に東中島が調査され、三棟の建物跡を検出していた。[7] 東中島の三棟の建物については、その西端の石敷方三間の建物を拝所とする藤島亥治郎[8]・菅野成寛[9]の説や、東から楽屋・拝所・舞台とする見方がある。しかし、このたびの無量光院跡第二十三次発掘調査において発見された舞台により、以前に発見された東中島三棟と同時期のものなのか、はたまた東中島の三棟そのものが同時期のものなのか、再検討せざるを得なくなっている。[10] 東中島の西側遺構は、三間×三間の礎石建物跡で根石と根石の間に川原石を列状に並べたもので「地覆」の基礎にあたり、拝所であった可能性も生じてきた。そして、何よりも特筆すべきは、阿弥陀堂の建つ西中島の本堂北側翼廊の延長上に橋脚跡があり、さらにその北に北小島があり、橋跡翼廊へ至るには北岸から北小島にかけられた橋を通ることが、二〇〇四年から二〇〇七年までの十五次〜十九次発掘で明らかになっていることである。[11]

以上の考古学上の発掘成果をふまえた時、仏会における人びとの以下のような行動を考えないわけにいかない。つまり、今のところ西中島から舞台、そして東中島にいたる橋脚は未確認であるが、東中島に至るには、無量光院の池の北岸より橋（宇治平等院鳳凰堂では平橋）を渡って北小島に行き、さらに北小島から橋（平等院では反橋）をわたって西中島に建つ阿弥陀堂北翼廊に至り、その前庭を経て仮橋を渡り目前の舞台から東中島に至るルートこそが無量光院の仏会において取られたルートであった、と判断するしかない。第二十二次調査で池の東岸一帯の発掘調査が行われたが、東中島の東端から東門方向に伸びる橋脚跡は発見されなかった[12]ことを合わせて考えてみても、この北からのルートこそが基本となるものであった。そして何よりも重要なのは、それが平等院鳳凰堂と同じである[13]、ということである。

今回の無量光院の舞台の発見は、全国的に見て初例ともいうべき希有のことであった。舞台は、無量光院の東と西の中島のあいだ、つまり池上に立てられていた。因みに舞台は、例えば『後二条師通記』寛治五（一〇九一）年十二月十七日条に「舞台立二庭中一」とあるように庭上に設けられたが、『小右記』寛仁二（一〇一八）年十月二十二日条に、新造された藤原道長土御門殿に後一条天皇の行幸に加えて、東宮（後朱雀天皇）と藤原道長の娘たち太皇太后（彰子）・皇太后（妍子）・中宮（威子）らを参列させたさいに、「雅楽寮於二池上舞台橋上一奏二童舞一」とあるように（同日条）、池中に舞台は「立てられた」。平泉無量光院にも影響を与えたと言われる[14]鳥羽勝光明院の造営でも「池中舞台可レ突二石壇一事」とされていた（『長秋記』保延元年六月一日条）。また、宇治平等院で元永元（一一一八）年閏九月二十二日に行われた十種供養にさいし、舞人・楽人・菩薩らが「出二立楽屋前一吹二調子一、経二舞台前池橋一、歩二進堂前一、左右相分、経二廊壇上幷南北橋一、各向二集会幄一」とあった（『中右記』同日条）。池はいうまでもなく浄土世界の宝池であり、その宝池にある舞台とは、まさしく中国敦煌壁画の西方浄土変相図にみられる宝池上の舞台につながる。西方浄土変相図では、たとえば敦煌莫高窟一七二窟にあるように、舞台は諸菩薩の楽と舞の施される場であった。

ここで注目したいのは、その舞台上で何がどう展開したのか、ということである。再度、元永元年の宇治平等院阿弥陀堂の十種供養に注目したい。『中右記』や『殿暦』からわかる人びとの動きは、以下の通りである。寛子をはじめ、泰子・藤原忠実・忠通らが阿弥陀堂前の小御所に、公卿・殿上人がその南に着座すると、持幡天童・菩薩・迦陵頻・舞人・楽人らが楽屋前を出立し調子（黄鐘調）を吹き、舞台前の池橋を経て阿弥陀堂前に進み、左右に分かれて廊壇上並びに南北の橋から各々会幡に向かう。衆僧が仏前で頌し「南無極楽難値遇妙法蓮華経」と称して拝礼し復座すると持幡童・菩薩らが十種を、鳥・蝶が供花を持ち舞台をへて仏前の机に置く。鳥・蝶は舞台上の左右草墩に着くと菩薩は舞台上に留まり、衆僧も並び立ち、仏前に誦した。礼拝後、楽人の発声、菩薩・鳥・蝶の舞が〔舞台〕であり、衆僧を従えた散花が舞台に上がった。持幡童を先頭に天童菩薩らが舞台に登り、堂前庭へと進行した。その後、礼楽人に従い衆僧らは南北の橋を通り阿弥陀堂を一巡する行道を行っている。

以上のように、十種供養は舞台を中心とした極めて動的な仏会であった。同様の仏会は、その他にも数多く見いだすことができる。仏会供養の模範とされた承暦元（一〇七七）年十二月十八日法勝寺供養（『群書類従』巻四百三十二「法勝寺供養記」）では、船楽が慶雲楽を奏するなか、白河天皇が金堂に遷御。公卿らが堂前に着席すると乱声の楽があり、獅子が舞台の巽坤に伏した。衆僧が着座すると導師と呪願が輿に乗って舞台の巽坤に至り、舞台を経て礼盤に着き衆僧とともに礼仏する。その後、迦陵頻・胡蝶などの舞、沙弥の礼仏、唄師の楽など、全て舞台を経るか舞台上で展開したといっても過言ではない。東寺・天台僧讃衆の唱讃も舞台上でなされたし、金堂・講堂を経る東西大行道も舞台を経由していた。舞台というと「年中行事絵巻」に描出されたような、舞人が舞う場としてとらえがちであるが、それは一場面にすぎなかった。舞台は、実際は半日に及ぶ仏会においてさまざまな楽人が立ち、衆僧・導師・呪願僧らが行道する、躍動感に満ちた仏と僧と楽・舞との交感の場、仏の法説が響いた場であった。

康和四（一一〇二）年七月二十一日に御斎会に准じて行われた尊勝寺供養は、舞台上で展開した仏会の情景をより具体的に記している（『群書類従』巻四百三十二「尊勝寺供養記」）。十五日には「大宋御屏風」「唐錦縁龍鬢土敷」「唐錦毯代」「唐錦褥」など、まさしく「唐尽くし」の荘厳が施された。前庭で金堂の南階から南に一丈の所に高座が一脚設けられ、高座の中央には二脚の礼盤が置かれた。高座から南に二丈五尺のところに舞台が立てられ、その上には五香入りの金銅壺を置いた仏布施机、行香机一脚、式部大夫正家が草した御願文と藤原敦宗が草した呪願文を置いた机が設けられていた。迦陵頻・胡蝶・菩薩などの舞、散華、楽、讃衆の唱讃、大行道も舞台の上か舞台を経由してなされた。舞台の位置が金堂の南に約一〇メートルというのも、平泉無量光院の距離とほぼ一致する。願文・呪願文が舞台の上に置かれており、それを舞台より持参して導師・呪願師が表白していた。因みに宇治平等院鳳凰堂の仏後壁前面画では舞台上の四人の舞人、左に四人・右に五人の楽人とともに舞台の奥に前机が描かれ、その上には火舎と華瓶、六器が描かれている。[15]

以上のように見てくると、舞台とは、仏会において楽人・衆僧・導師・舞人ら仏土の構成員が行動するさいのもっとも重要な場であったことがわかる。願文も舞台の机上におかれていた。舞台は仏会のおこなわれる庭園のなかで、扇の要とも言うべき最重要空間であった。もっとも舞台については、大内裏の豊楽院で行われる正月七日儀において「儀式」や「内裏式」でも詳述されており（『神道大系』朝儀祭祀編一　儀式・内裏式）、「自二殿南階一去十一丈七尺、高三尺、方六尺」とあった。庭上舞台は仏会にだけ備わっている施設ではなく、むしろ「儀式」の舞台を踏襲していることは言うまでもないことである。

菅野成寛は、精緻な考証に基づき、加羅御所・東門・東中島三棟建物・無量光院本堂・金鶏山（経塚）・落日という聖なる座標軸（その時は清衡命日の旧暦七月十六日・盂蘭盆会）が形成され、無量光院は宇治平等院と異なり、池の中島から極楽浄土への蓮華化生、極楽浄土を観想する一大装置であったとする。[16]菅野は、かかるあり方は、観無量寿経に説かれた日想観を平泉の自然環境（山容）の利をえて実現させたものであり、完全に池中の遙拝所（東中島）に観者がいるという点で宇治平等院よりもさらに深化させた浄土教装置であったこと。また、秀衡は加羅御所からも無量光院を東門越しに遙拝し、また加羅御所から無量光院東門へ、池の東岸から橋を渡り東中島の拝所にいたった、と述べる。(17) 無量光院が観無量寿経で説かれる十六観の初観の日想観のための装置であることは、菅野説の通りである。しかも秀衡自ら狩猟の体を図絵した下品下生図も描かれていた。それは菅野が強調するように、宇治平等院よりさらに踏み込んだ悪人往生の思想との関連も推察させる。

しかし、舞台の発見、北小島から橋を渡り中島に至るルートの発見、東中島から東門方向に伸びる橋脚が結局発見されなかったこと、東中島の三棟のなかで東棟が一棟でないこと等々は、今までの無量光院、特に東中島の意味をさらに一歩踏み込んで理解すべし、とするものであった。無量光院で行われた仏会において、僧侶・楽人や藤原秀衡とその一族たちが行動するルートは、東門から東中島ではなく、北門、池の北端から北小島にかかる橋を経て北小島に至り、西中島上の本堂に至り、舞台へと到達するというルートであったと考えたい。無量光院の造形は、阿弥陀堂・庭園、さらにはそこで展開された仏会をも含めてのことでなかったか。『吾妻鏡』文治五（一一八九）年九月十七日「寺塔已下注文」に「院内荘厳悉以摸二宇治平等院一」と、同月二十三日に「摸二宇治平等院地形一」と記されたのは、日想観以外にも、たとえば十種供養のような仏会が行われたこと、宇治平等院に見られたような諸人間の参集する仏会を行うにふさわしい「器」として、無量光院が存在したことを意味する。

仏会空間の中核となった舞台は、奥州藤原氏滅亡後の平泉の寺社興行においても重要視されていた。建武元（一三三四）年八月日中尊寺衆徒等申状案（『平泉町史　史料編一』六十一号）に鎌倉末期の中尊寺諸堂の顛倒ぶりを記載していく中で「願成就院・常住院・山王社・釈尊院・大長寿院・成就院・千住院・瑠璃光院・金堂前舞台等、可レ為二寺務沙汰一処、衆徒等不レ耐二于悲歎一、而加二修理一訖」とあった。金堂前の舞台が、大長寿院や願成就院などの堂舎と同列の意識の下に修理されていたのである。金堂とは、入間田宣夫によれば、「鎮護国家大伽藍」一区の釈迦堂のことであり、嘉暦二（一三二七）年三月日「中尊寺衆徒等解文案」には「本堂号大釈迦堂」とみえるとする。(18) 金堂の舞台がまがりなりにも鎌倉期まで存在し続けていたこと。鎌倉末まで中尊寺諸堂と同じレベルで舞台が修理の対象として重要視されていたことに注目しなければならない。舞台は、中尊寺伽藍修造の名目として創作された虚構では決してなかった。

二　「鎮護国家大伽藍」の楽

中世平泉文書において、庭園関係文献史料は僅少である。そのなかで第一級史料こそは天治三（一一二六）年三月二十三日「鎮護国家大伽藍供養願文」である（以下、「供養願文」と記す）。「供養願文」の前半では藤原清衡が七つの善根を積んだこと、後半ではその善根全体の旨趣について記載している。七つの善根とは、三間四面桧皮葺堂（釈迦三尊像）・三重塔婆三基・金銀泥一切経の経蔵・鐘楼・大門等・千僧供養・五百三十口僧の題名僧である。七つの善根各々について、その趣旨が記してあるのが、この「供養願文」の特色でもある。庭園に関する直接的表現は、五番目の善根にある。「大門三宇、築垣三面、反橋一道（二十一間）、斜橋一道（十間）、龍頭鷁首画船二隻、左右楽器、太鼓、舞装束（三十八具）」とそれに続く「築レ山以増二地形一、穿レ池以貯二水脈一、草木樹林之成行、宮殿楼閣之中レ度、広楽之奏歌舞、大衆之讃二仏乗一、雖レ為二徼外之蛮陬一、可レ謂二界内之仏土一」という箇所である「築山を造成し、池を掘って水脈を貯めた。基準にあった宮殿・楼閣にふさわしいように、さまざまな草木・樹木を植えた。この世のものとは思えない美しい音楽で歌舞を奏し、僧侶たちは、大乗の仏の教えを讃えた。この地は、国境の外の蝦夷地であったとしても、境界内の仏土と言うべきである」と。注目したいのは、庭園をもって「界内之仏土」としていることである。

かかる表現は、願文の後半の旨趣を述べるところでも繰り返される。「占二吉土一而建二堂塔一、冶二真金一而顕二仏経一。経蔵・鐘楼・大門・大垣、依レ高築レ山、就レ窪穿レ池、竜虎協宜、即是四神具足之地、蛮夷帰レ善、豈非二諸仏摩頂之場一乎」としている。「吉い土地を占って堂塔を建て、純金で経典を書写した。経蔵・鐘楼・大門・大垣をつくり、高い所には山を、窪みには池を造成した。東に流れ、西に大道が走っており、青龍・白虎・朱雀・玄武の四神に守られた地である。異民族蝦夷は、善行をなしており、どうしてこの地は、諸仏の功徳を直下にうけない所、といえましょうか」と。まさしく庭園こそが『法華経』巻第八普賢菩薩勧発品の一説を踏まえた「諸仏摩頂之場」であった[19]。

このように庭を仏土とみる表現は、「供養願文」のみに見られる特殊な表現技法ではなかった。『栄花物語』巻十七では、治安二（一〇二二）年七月十三日の法成寺金堂供養において「にはの砂は、すいしやうのやうにきらめきて、いけの水きよくすみて、いろいろのはちすのはななみおひたり。そのうへにみなほとけあらはれ給へり。ほとけの御かげはいけにうつりえいじ給へり。東西南北の御堂〳〵、経蔵、鐘楼までかげうつりて、一仏世界とみえたり」とあった。池は観無量寿経あるいは浄土変相図の宝池に擬せられていた[20]。

いわば箱物としての「橋」「山」「池」「水脈」「草木樹林」「宮殿楼閣」などの物質的表象こそが、考古学的研究あるいは庭園学の対象となってきた。しかし、庭園を成り立たせていたのは、それだけではなかった。「歌舞」「大衆」があったことを忘れることはできない。さらに「供養願文」には、「龍頭鷁首画船二隻、左右楽器、太鼓、舞装束三十八具」「広楽之奏歌舞」という表現があり、これらは「界内の仏土」を構築する上で重要な要素であった。仏会の場で楽が奏せられたことは当然のことであり、さしたる問題にもならないように思われるが、本当にそうなのだろうか。「鎮護国家大伽藍」の庭園の場における「楽」とは、いかなる意味があるのだろうか。山下信一郎は、儀式のおこなわれる庭園の具体的描写から、庭園が儀式の場として建物と一体化した空間となっていたこと、庭園の船楽による荘厳で豪華な視覚的・聴覚的演出がおこなわれたことを指摘している。[21]では、平泉の法会の場（庭）で、楽はどのように展開したのだろうか。

観無量寿経・阿弥陀経では、浄土世界において、妙音が重要な構成要素であった。阿弥陀経では白鵠・孔雀・鸚鵡・舎利・迦陵頻伽・共命の和雅の声が聞こえ、さらには宝行樹および宝羅網が微妙の音をだし、百千種の楽が同時にともになすがごとし、とあった。宇治平等院鳳凰堂においては、雲中供養菩薩像群五十二体のうち、楽器を持つものが二十八体であったことからも、いかに妙音の世界が浄土空間を現出する上で重要であったかがわかる。かかる音の形象化が平泉中尊寺金色堂の孔雀であり、金色院の迦陵頻伽を透かし彫りにした金銅華鬘であった。『栄花物語』巻十七には、治安二年七月十三日の法成寺金堂供養を「楽所のもの、ねども、いといみじくおもしろし、これみなのりのこゑなり。或ハ天人聖衆の伎楽歌詠するかときこゆ。香山大樹緊那羅のるりの琴になずらへて、管絃歌舞の曲には、法性真如の理をしらぶときこゆ」とあった。楽は仏法、仏説の響きそのものだったのである。

平泉「鎮護国家大伽藍」の池に浮かぶ龍頭鷁首は、そのような楽の中核をなすものであった。龍頭鷁首の用例の初見は、楽書「御遊抄」に記載された延喜十七（九一七）年三月十六日の醍醐天皇六条院行幸で、「龍頭鷁首、楽人昌歌者之乗」とあるという。[22]さらには、仏会のおこなわれる場では、楽は舞とともに不可欠の存在であった。龍頭鷁首の船楽の持つ重要性については『中右記』嘉保二（一〇九五）年三月二十一日条では、石清水八幡宮臨時祭行幸のさい船のことが問題となり、浮橋を使用することになったが、その時でも龍頭鷁首はあるべし、と裁可された。同じ事は、『小右記』万寿元（一〇二四）年十一月二十三日条にもあった。

問題なのは、かかる楽が法会の全体進行のどの局面、どの場所でどのような曲目を演ずるかについて、供養式で細かく決められていたということである。供養式は供養会のつど作成されたが、それには一定の形式があった。[23]ここでは供養の一例として、『中右記』に記述された長承元（一一三二）年二月二十八日の法成寺東西両塔供養をあげる。まず、同年二月廿二日に藤原宗忠が藤原忠実のところに参上し、関白藤原忠通とともに終日、塔供養沙汰をなし、翌日には忠実の命により供養式を宗忠が作成し、二十六日にはその式に基づき「習礼」（予行演習）がなされた。二十八日の寅の時、西塔に金剛界大日四体、東塔に胎蔵界大日四体を安置し、神分の小音声が発せられると長い供養の法会が開始された。藤原忠実・忠通らが南大門四腋門から入ると龍頭鷁首が河水楽を奏し、さらに東庭に進むと、楽屋で発声があり、この間に忠実と中宮聖子が御塔の前を経て南仮屋御所に入り、左大臣藤原家忠以下の公卿が着座すると乱声、船楽をやめる。童二人が前庭に進み出て一曲を奏し終わると船に乗り退く。「左右楽人出レ自二楽屋一、調子、一越調、出二南大門左右戸一迎二衆僧一、先発レ音、（安楽塩、先発レ楽行向不レ可レ然也、楽行事相二具菩薩鳥蝶一相共）、舟楽同音発、楽人等更経二本道一、□楽屋前立（楽不止）」とあった。「左右の楽人が楽屋より出て、一越調で楽器の音調をととのえた。南大門の左右戸を出て衆僧を迎えた。まず音楽を発した（安楽塩、まず楽を発して行き向うはふさわしいことではない。楽行事が菩薩・鳥・蝶をつれて共にした）。舟楽も同時に楽を奏でた。楽人らは本道を経て楽屋の前に立った。この間、楽はやまなかった」と。衆僧の先導においても楽は重要な役割を担った。まさしく、楽は供養進行の人びとの動きに応じて、折々の仏事空間を構成する上で決定的に重要な役割をはたした。

船楽と楽屋の楽とが式次第にそって合奏されていた。楽は、仏事の場に参加するあらゆる人びとの行動を律していた。『中右記』の作者である藤原宗忠は、かかる楽を含めた仏事全体の式次第を作成する人物でもあった。例えば同年十月七日の白河新阿弥陀堂（宝荘厳院）供養に際して、前月の二十九日に御願供養式を鳥羽上皇の命により作成し、三日の習礼を執行している（因みに宝荘厳院供養の呪願文を作成したのは藤原敦光である）。七日の供養では、例えば、最初の乱声に万秋楽が奏されたことに対して「或依二永久例一慶雲楽、而依二別仰一奏二万秋楽一、尤可レ然事也」と記していた。「永久の例」のことを宗忠が知っており、さらには宗忠の楽への見識に注文をつけた上皇たちの楽への見識は相当のものがあった。当時の貴族が自ら笛や琴・笙などの楽を奏でたことはよく知られている。

この長承元年十月の楽は、承暦元（一〇七七）年十二月十八日の法勝寺供養式に基づいていた。同式の作成者は宇多源氏の源経信。笛・琵琶・和琴の名手であり、能書・歌人・「作文」・郢曲の名手として名高い。父の道方、子の基綱と、三代にわたって大宰権師となり、自らも大宰府にて没した名家であった（『尊卑分脈』）。また経信の記した延久二（一〇七〇）年十二月六日円明寺（後に円宗寺）供養式は『朝野群載』巻第二「文筆中　式」に掲載されることとなった。源経信の作成した承暦元年十二月十八日法勝寺供養次第の法会調子音楽は「舞楽要録」（『群書類従』巻三四五）に転載されており、そこには「調子　一越調、行幸入御　乱声・慶雲楽・船楽、迎衆僧　安楽塩・新古、導師呪願参上　河曲子・新古、供花　十天楽、唄　廻坏楽、散花大行道　渋河鳥・新古、讃　昇・韶応楽・降・北庭楽、梵音　昇・一弄楽　降・酒胡子、錫杖昇・鳥向楽　降・白柱、導師呪願退下　宗明楽　新古子」とあった。長承元年の白河新阿弥陀堂供養会は、行幸入御の際の楽が万秋楽であること以外は、この承暦の法勝寺供養式の通りに演じられていた[24]。

平安後期に盛行した大法会の舞楽法要は、庭園の場に参加（出仕）するさい新楽古楽の二部楽による音楽主体の供養式となり、その端緒は応和元（九六一）年の村上天皇雲林院多宝塔供養の楽に原型があった[25]。平安後期の舞楽法要では、荘厳の意識が変わり、貞観までの「仏世界の荘厳」から僧侶の所作を荘厳する「人界の荘厳」に変化したとする佐藤道子の説も参照されたい[26]。因みに藤原宗忠は元永元（一一一八）年閏九月二十二日の宇治平等院十種供養にさいし、十五日に藤原忠実から十種供養次第と音楽について式を作るように沙汰されている。宗忠が藤原寛子のところに参上し式を新作した。弾試すこぶる「有興」だったという（『中右記』元永元年閏九月十五日条）。藤原忠通は十種供養の次第について十八日終日尋ねている（『殿暦』同月十八日条）。供養式が主催者によって練りに練られ、仏会に参加する集団全体の共通認識になっていたことがわかる。後述するが、千僧供養のハイライトともいうべき行道の先頭に立つのは楽人であった（「諸寺供養記」『大日本史料』第二編之十八、東京大学出版会）。

さて、船楽の龍頭鷁首が二隻でなければならないことは、それが王権に関わる問題を有していたことと関係する。龍頭鷁首に鳥羽法皇がいかにこだわったのかについては、『長秋記』保延二（一一三六）年二月一日条が象徴的である。鳥羽離宮の池造作にあたって鳥羽上皇は焼失した龍頭船の新造を厳命している。さらに『中右記』嘉保二（一〇九五）年三月二十一日条でも堀河天皇の石清水八幡宮行幸にさいし、御船の行幸によらず浮船を用いようとする動向に対して、左大臣源俊房は後冷泉天皇の例を引き、「猶レ有二龍頭鷁首一之度楽船専不レ可レ依二御船一、日吉行幸時、唐崎有二龍頭鷁首一、何依二御船一哉、行二幸大河辺一之時、是為二厳重一可レ有二楽船一也」と猛反発している。天皇の権威と船楽との密接な関係を感じないわけにはいられない。船楽と天皇家（宮廷儀礼）との結びつきについては、山下信一郎が『日本紀略』延暦二十一（八〇二）年二月癸巳条に「幸神泉、神泉泛舟、曲宴」とあることに注目している。[27] その神泉苑は、桓武天皇が中国西周の文王の霊囿にまねてつくったと『太平記』巻一には記述している。藪敏裕・劉海宇の考察[28]を参照されたい。中国の皇帝は、日本の池に比すれば湖のように大きな池に船を浮かべて遊興していた、とのご教示を藪敏裕からいただいた。日本の造園思想に中国の神仙思想が色濃く流れていることについては、田中淡をはじめとする多くの研究があった。[29] そもそも楽は、古代中国の礼楽に淵源を有していた。前述のように楽を含む供養式が儀式の体系そのものであったのも、古代中国で礼儀と音楽の実践と表現において君臣、上下の規範を守ろうとしたことに通じていた。[30]

平泉「鎮護国家大伽藍」落慶供養の園池に浮かぶ龍頭鷁首で奏でられる楽は、院政期京都の御願寺や摂関家邸宅で挙行された楽の世界とあい通じていた。「供養願文」に記載された龍頭鷁首には、そのような意味があった。

実は、前述のような楽の光景は、京都以外でも見られた。平清盛が、治承元（一一七七）年十月に平氏一家と東西の名だたる舞人三十八人（童舞十二人・妓女十二人・舞人十四人）、楽人二十一人などを率いて、安芸国厳島神社で有名な千僧供養・一切経会を挙行していたのである。そのなかには、平清盛や九条兼実の楽の師範役もつとめ、後に楽所預にもなった中原有安のような楽人（舞人）もいた。同法会に関する小松茂美の詳細な研究(31)を参照されたい。厳島神社が建つ海を宝池と見立てての壮大な楽の世界が展開したのである。

この厳島神社の千僧供養・一切経会に参加した楽人・舞人とほぼ同じ人数が平泉の仏会空間を構成していた。『吾妻鏡』文治五年九月十七日「寺塔已下注文」に「一、年中恒例法会事」として「舞人三十六人、楽人三十六人」とあったことを想起されたい。その数は大変なものであった。決して虚構でも誇張であったわけでもない。三十六人という数字と古代中国の礼楽の制度において諸侯の舞踊隊は三十六人だったこととは、あるいは関係するのだろうか。さらに注目したいのが、この「寺塔已下注文」が提出される二十五日ほど前に平泉館を占領した源頼朝軍が、火災の難を逃れた倉庫より沈紫檀以下唐木厨子のなかに納められたまばゆいばかり財宝のなかに「象牙笛」を発見していること（『吾妻鏡』文治五年八月二十二日条）。武士と笛、と言えば『平家物語』の敦盛の段。長承元（一一三二）年九月二十六日、宇治平等院の経蔵に入った藤原忠実らが何よりも「見物」したかったのは、楽の最大の構成要素である笛であった。横笛（水龍）と高麗笛（名黒丸）を見た藤原宗忠は、「見レ之誠以神妙也」と感嘆している（『中右記』同日条）。

楽人・舞人三十六人を招請するには、膨大な経費がかかった。そのために藤原清衡は所領を寄進していた。その「楽人・舞人三十六人所帯」が、鎌倉中期に発生した中尊寺衆徒隆覚と権別当方栄賢との相論において重要な論点になっていた（文永元年十月二十五日関東下知状『平泉町史　史料編一』一八号文書）。嘉元三（一三〇五）年三月日の中尊寺衆徒陳状案では、平泉仏教の象徴でもある「鎮護国家大伽藍」供養の伝統を引く一切経会などない、と虚偽を述べた葛西宗清と勝弁に対して中尊寺衆徒側は「供養願文」を提出し、「出羽・陸奥散在居住伶人等、於二彼会参勤時之雑掌一者、為二当国伊沢郡成河所役一、于今無二退転一」と主張し、葛西側の暴論を一蹴している。鎌倉前期の一切経会では、伶（楽）人が奥羽各地の寺社から参勤していたことを示している。

もっとも、奥州藤原氏時代の平泉の楽は、奥羽の在地世界の楽だけでは成り立たなかった。むしろ、京都から一流の楽人が平泉に来住しており、それが平泉の楽を特色づけていた。その好例として朝廷の楽所の一員であった右近府生正元（本名成正）がいる。正元は、天養元（一一四四）年四月に擯出されて陸奥国に下向し、久安三（一一四七）年に上洛し七月の法性寺御堂供養の日に楽所一員として還著した。笛の名手であり、法性寺御堂供養では篳篥を吹いた。朝廷にあって雅楽寮以外に楽曲を教習せしむる楽所の一員が、京都より陸奥国に下向し、さらに京都に戻って摂関家の法性寺御堂供養の楽をなしていた（「楽所補任」『群書類従』巻四十七）。院政期の京都の楽が平泉に直輸入されていたのである。平泉の楽は、決して天治三年の鎮護国家大伽藍落慶供養だけで終わりだったのではなく、基衡期・秀衡期においても正元のような楽人を呼び込む形で継続していたのである。平泉舞人の存在は、徳治二（一三〇七）年十月十六日「下野守某等連署施行状」（『鎌倉遺文』二三〇六三号）でも確認することができる。このような楽・舞の伝統が毛越寺延年の舞への水脈になっていった。正応四（一二九一）年三月二十四日別当了禅が白山神社に奉納した若女の面も、以上の考察を補うものである。「鎮護国家大伽藍」の庭園とは、如上の楽をなすに相応しい場であった。

三　東の千僧供養、西の千僧供養

平泉中尊寺の紺紙金銀字交書一切経は、「鎮護国家大伽藍」落慶供養の場において、五百三十口の僧侶によってその題名が読まれたものとして知られている。菅野成寛が述べるように、金銀字交書一切経は、日本では平泉以外類例がないことから、京都以外の地においては破格の仏会が行われたことになる。菅野は、そこに「王家」の意向を読み取ろうとする。(32) かかる破格の仏会がおこなわれた御願寺としての「鎮護国家大伽藍」建立は、「供養願文」に正六位上の位階しかない藤原清衡では通常かなうべくもない、破天荒なものであった。(33) この紺紙金銀字交書一切経を用いた一切経会と並んで、それ以上に重要なのが「供養願文」の七つの善根のうち六番目にある「千部法華経、千部持経者」である。千口の僧侶による法華経読誦の声は「聚蚊之響」をなして雷のようであり、千僧の声は天に達した、と。まさしく千僧供養は「界内の仏土」を成就したのである。「鎮護国家大伽藍」とは何よりもこの千僧供養がおこなわれた場であり、それにふさわしい伽藍・庭園空間が広がっていたのである。

千僧供養が実際に平泉でおこなわれていたことは、『吾妻鏡』文治五年九月十七日「寺塔已下注文」の「年中恒例法会事」に「三月千部会・一切経会」と記載されていることから、間違いない。千部会とは、「鎮護国家大伽藍」の落慶供養を起源とするものであった。(34) 嘉元三（一三〇五）年三月日中尊寺衆徒陳状案（『平泉町史　史料編』四四号文書）には「一千五百余口題名僧遂供養」と見える。一千五百余口は、法華経読誦僧千人と一切経題名僧五百三十人とする「供養願文」の数と一致する。

そもそも、千僧供養が行われた寺院は、京都の大極殿や法勝寺・延暦寺、南都の興福寺・東大寺であり、主催者も天皇家や摂関家。天皇の病気平癒や天下不静にさいして行われる「鎮護国家」を祈願する一大法会であった。(35) それ故に、千僧御読経の主催者とその仏事達成のための財源・用途調達方法に関して、公家沙汰と院中沙汰に分類し、そのあり方を院政期国家論や王権の問題にまで発展させる議論がわき起こる所以である。遠藤基郎・井原今朝男・上島享・菅真城、諸氏の研究(36)を参照されたい。法勝寺で行われる千僧御読経は、白河院の皇統確立の方策という政治的意図のもと、[37]綱所と行事弁とが主導するなかで行われた。

天仁元（一一〇八）年十月六日、今まで大極殿で行われていた千僧御読経が法勝寺で行われるようになると、同寺では毎年のように、しかも一年間で数回、開催されるようになった。御斎会に準じて康和四（一一〇二）年七月二十一日おこなわれた尊勝寺供養では、供養の日時、僧名を定めよとの仰せがあった。六月十八日のことである（『中右記』同日条）。法勝寺の例に依って三百口、衲百廿人、讃衆・梵音・錫杖各六十人などが定められている。一ヶ月前のことである。公家沙汰や院中沙汰による組織的運営体制があって初めてなしえたのが千僧供養であった。[38]

では莫大な費用と人的動員を要する千僧御読経は、京都と南都以外の地では行われなかったのか。そうではなかった。平氏政権の地盤ともなった福原で挙行されていた。例えば、平清盛は、仁安四（一一六九）年三月二十一日に福原に後白河上皇をまねき千部法華経をおこなっている（『兵範記』同日条）。そして以後、安元三（一一七七）年三月三日まで、平清盛は後白河上皇を招き五回の千僧供養を催している。千僧供養に招請された僧侶も、大阿闍梨太上法皇（後白河法皇）、園城寺の僧綱・有職、延暦寺の覚快法親王、仁和寺守覚法親王などのまばゆいばかりの豪華キャストであった（『帝王編年記』承安二〔四〕年十月十五日条）。福原の千僧供養は、入宋貿易の安全、国際通商の平和を祈願する平氏政権の政治戦略であったという。[39]

治承元（一一七七）年十月には、平清盛・宗盛・経盛・維盛ら平家一門と郎党らが参詣するなか、安芸国厳島神社にて千僧供養が行われている（「伊都岐島社千僧供養日記」『広島県史　古代中世資料編Ⅲ』）。十月十二日に習礼、十三日に同社の臨時祭。その夜に万燈会、十三日の払暁から一日がかりの千僧供養（法華経の供養）、十四日に一切経会が行われた。千僧供養では、舞殿の南北廊に各々五百人が着座した。南廊の六十六間に新たに仮の廊廿間を付け加え合わせて八十六間。一間ごとに六人の僧侶、僧一人当たり半畳、一帳の経机に法華経が一巻置かれていた（「伊都岐島社千僧供養日記」)。詳細は、小松茂美の研究を参照されたい[40]。

一方、法勝寺の千僧供養も金堂の東西廊に各々三百五十口、金堂中に三百口での僧侶が着座した(『中右記』元永元年二月二十一日条)。法勝寺の金堂の翼廊は、二十二間であり、毛越寺の円隆寺と同じであった[41]。千僧が集う堂宇・庭とは、それに相応しい広さを有していた。供養式に即して千僧は指定された座につき、読経し、行道した。藤原氏一族、来客の着座の位置と着座のタイミングも定められていた。三十六人の舞人・楽人は、仏会の時と空間を区切る重要な役割をはたした。このような長時間にわたる壮大な仏会が千僧供養であり、そのおこなわれる場が平泉「鎮護国家大伽藍」であった。以上のことを念頭に置くことがまずは肝心なのである。

ところで、大極殿・法勝寺・東大寺・興福寺・延暦寺などでしか行い得なかった千僧供養をはたして、藤原清衡は挙行できたのだろうか。そもそも院政期国家は許可したのか。千僧供養といっても、実態は多くて数十人の僧侶による法華経読誦ではなかったのか。平泉の千僧供養への疑念がわき起こる所以である。しかし、私は、天治三年三月に「鎮護国家大伽藍」で挙行された千僧供養とは、明らかに京都の王朝政権を意識し、さらには京都側からも千僧供養であると認識されてなされたものであり、千僧供養の名にふさわしい大法会であったと考える。そもそも「願文」の願とは、誓願であり、仏に誓うことである。そこでは菩薩行が基本理念となる。ありもしないこと、できそうもないこと、嘘は書けなかった。工藤美和子が述べた通りである[42]。「供養願文」に記載された千僧供養は、南都北嶺や法勝寺でおこなわれた千僧供養に限りなく近いもの、つまり、京都側から見ても千僧供養である、と認識される一大仏会であった。

千僧供養に関連して、京都で承安四(一一七四)年三月二十二日、興味深い事件が起きた。「舟岡山辺有二千僧供養事一、而自二使庁一遣二下部等一、被二追散一云々」という事件である(『吉記』同日条)。京都大徳寺の船岡山で何者かが千僧供養を行おうとして、検非違使庁によって停止されたというこの事件は、ふさわしくない人びとが千僧供養を挙行すれば禁圧された、ということを意味するとともに、全く逆のこと、つまり延暦寺・法勝寺などの鎮護国家大寺院でない勢力が千僧供養をおこなおうとしていた、ということを示している。つまり、都からはるか遠く離れた平泉で、検非違使庁に勝るとも劣らない強大な軍事力を有し、北方世界の覇者として「もう一つの日本史」の可能性を持ち壮大なる仏教世界をつくりつつあった奥州藤原氏は、[43]「現実」として千僧供養を行い得たのである。その意味でも、「供養願文」を藤原清衡主導で産み出された天治三年二月段階の戦略的テキストと読みこむ遠藤基郎の考え[44]は、行論上、傾聴に値する。

それと同時に、膨大な財力・人的動員・知識を必要とする千僧供養を開催できるだけのネットワークを奥州藤原氏が有していたことも重要である。そもそも藤原清衡は、比叡山の千僧供養を熟知していた。三十年近くにわたって清衡は、延暦寺千僧供養のための経済基盤を形成し続けた。清衡は陸奥守源有宗と結託して比叡山千僧供養のため公領の田地を取り込み「保」をたてはじめ、ついには七百町になった。そして、大治元（一一二六）年ころ陸奥守藤原良兼に訴えられることとなった。奥羽に下り立保に活躍していた日吉神人が国司方に殺害されるという事件も起きていた（『中右記』大治二年十二月十五日条）。あまりにも有名な事実である。平泉と延暦寺との間には、密なるネットワークが存在していたのである。菅野成寛が述べるとおりである。[45]

それだけではない。文治五年九月の「寺塔已下注文」に記載された「自二吾朝延暦・園城・東大・興福等寺一、至二震旦天台山一、毎レ寺供二養千僧一」の一文も、あまりにも有名である。とりわけ中国天台山国清寺の千僧を供養したという清衡の姿は、注目される。千僧供養のためには莫大な費用が必要であった。そのために、清衡は奥羽の金を惜しげもなく送り届けた。園城寺の千僧供養にさいし清衡は「砂金千両を寺僧千人にほどこした」とする伝説すら、生まれていた（『古事談』巻五、神社・仏事）。かくして、千僧供養の主催者として、清衡の名前は、東アジア仏教世界で認知されていくことになる[46]。そもそも千僧供養の淵源は中国にあり、陳の後主陳叔宝が皇太子に菩薩戒を授けた智顗のために千僧斎を設けた、という南宋志磐撰『仏祖統記』の故事を小松茂美は紹介している[47]。また、清衡の仏教政策に仏教立国をめざす国際戦略あり、とする入間田宣夫の説[48]もあわせて参照されたい。千僧会の費用を送り続ける清衡には、北方世界から京都、博多、中国にわたる東アジアという広範囲のなかに生きる通商立国の主たる容貌があった。

そもそも自らの政治拠点の場である平泉に「鎮護国家大伽藍」を建て、千人の僧侶、楽人・舞人、さらには供養式を熟知した貴族を招請し一大仏会を催行することには、南都北嶺等寺院の千僧会のために金を送ること以上に、政治的意味があった。千僧供養を行うに相応しい楼閣・堂、そして庭園が造成されなければならなかった。京都からは相仁已講のような高僧を[49]、奥羽各地の村々からも僧侶が招請された。文治五年九月二十三日、無量光院を参詣した源頼朝に豊前介清原実俊は「清衡が村ごとに伽藍を建てた」と説明した、奥羽仏国土の細胞としての村の伽藍が必要であった（『吾妻鏡』同日条）。僧侶の招請には奥羽の郡・荘園の在地領主の協力（動員体制の確立）が不可欠であった。池を掘る人夫も動員され、また池・庭の「つくろい」のために定期的なメンテナンスを行う公事が「御分寺領村々所役」として設定された（嘉暦二年三月日中尊寺衆徒等解文案『平泉町史　史料編』五七号）。以上のような政策を踏まえ、京都の院政期政権に向かっては白河上皇の長寿を祈るという名のもとに「平和」の先取りをなし、通商関係の進展と諸民族の成長、仏教を共通の政治理念とする国作りという十一世紀の東アジア世界の変化を見据えながら[50]、新しい仏教立国の象徴としての「鎮護国家大伽藍」の落慶供養がおこなわれたのである。庭園はこの仏教立国を確認し合う人びとのための壮大なる「器」だったのである。

おわりに

平泉の「鎮護国家大伽藍」では、千僧会が行われた日の夜に万燈会があった。万燈会こそ、仏国土を劇的に高める重要な仏事であった。池の水面に映じる千万の灯火は、無明の世界に生きる衆生にもう一つの浄土（仏土）を感得させるものであった。「極楽の宝池」としての池は、仏会にとって決定的に重要であった[51]。極楽浄土を出現させた万燈会と言えば、治安三（一〇二三）年三月十日の法成寺での万燈会が有名であり、その情景を『栄花物語』巻十九では、次のように記している。「いけのめぐりには、宝樹どもをめぐりてたてなめさせ給へり。七宝をもてみなつくりたり。それにみなしろがねこがねのあみをかけて。火をともしたり」「孔雀・鸚鵡・迦陵頻などのかたをつくりてともしたり。いけにはいろいろのはちすをつくりて、それがうへにともし」た、と。「百余人のそううるはしくさうぞきて、行道していけのめぐりをまは」り、「こよひのともしびのひかり。十方浄土のほとけのせかいにいたるらんとみえて。かみはひさうてんまでにいたるらんとみえ。しもは黒闇の衆生もみなてらさるらん」と。無明長夜に灯る光は仏の光、浄土そのものであった。さらには「四位五位のものまめやかなる人びと」が「われもわれもとおとらじまけじとしさはがせ給」「御堂々々の経蔵。鐘楼までみなあけひらかせ給へり」ということも注目される。万灯会は、多くの人びとに開放されたのである。まさしく菩薩行の極地であった。寛弘三（一〇〇六）年十月二十八日法興院万燈会でも「池東見物如レ斗（堵）数百来」とあり、深夜まで池上に灯された光明を見る数百人の見物人で池の東は垣根のようになった（『御堂関白記』同日条）。

東大寺の万灯会はあまりにも有名であるし、地方でも筑前国筥崎宮放生会で行われていた（『平安遺文』二五〇四号）。

ただし、法成寺のような園池を舞台とし、なおかつ昼に千僧供養が行われたとなると状況は異なる。夜の万燈会、昼の（法華経）千僧供養、翌日の一切経会という仏会の連結は、治承元年十月平家一門の厳島神社千僧供養でも行われていた。十月十三日の万灯会は、同社付近の海だけにあらず、大鳥居の外浜、東の宮崎と西の西崎との間を大鳥居の外を通って結ぶかたちで海中に棚を結びわたして松明を設け、さらには海をわたった対岸の浜にも数十町に及んで松明を点ずるという壮大なものであった。水上の「灯明」は、万灯会を劇的に高め、聴聞衆・千僧の所従・結縁衆で板敷はおろか浜は立つ場所もなかったという（「伊都岐島社千僧供養日記」）。

平清盛は、宋との通商に情熱を有していた。福原の千僧供養と万灯会は、広範な人びとに「平家こそ海路の安全保障を実現する力」と印象づける意図があった、と高橋昌明は述べる[52]。北方世界から奥大道をへて平泉へ、そして、京都・博多、寧波（天台山）へ、と歴史を切り拓いていった藤原清衡の主催する平泉鎮護国家大伽藍における万灯会。奥大道を通行する百姓・商人・僧侶・武士らに、清衡こそ奥羽・北方世界の平和を実現する者ということを印象づけていたに違いない。福原の万灯会を見て歌を詠んだ西行が東の千僧供養・万灯会がおこなわれた平泉を訪れたのも、偶然の一致ではないと考える。

註

（1）小野健吉『日本庭園』（岩波新書、二〇〇九年）。

（2）藪敏裕・劉海宇「古代中国と平泉庭園」（『平泉文化研究年報』第十一号、二〇一一年）。

（3）京樂真帆子「文献史料から見た平安時代庭園」奈良文化財研究所『平安時代庭園の研究　古代庭園研究Ⅱ』二〇一一年）。

（4）山下信一郎「儀式の場としての庭園」（奈良文化財研究所『平安時代庭園の研究　古代庭園研究Ⅱ』二〇一一年）。

（5）「無量光院跡発掘調査報告書Ⅷ」（平泉町教育委員会、二〇一二年）。
（6）「無量光院跡の舞台遺構について」二〇一二年十月七日東北史学会大会発表、岩手大学。
（7）文化財保護委員会『埋蔵文化財発掘調査報告』第三「無量光院跡」一九五四年。
（8）藤島亥治郎『平泉建築文化研究』（吉川弘文館、一九九五年）。
（9）菅野成寛「平泉の宗教と文化」（入間田宣夫・本澤慎輔編『平泉の世界』高志書院、二〇〇二年）。
（10）佐藤嘉広「『平泉――仏国土（浄土）を表す建築・庭園及び考古学的遺跡群――』の紹介」（『月刊　文化財』五八〇号、二〇一二年一月）も、東から楽屋・拝所・舞台とする旧説の再検討の必要性を述べる。
（11）「無量光院跡発掘調査報告書Ⅵ」（平泉町教育委員会、二〇一〇年）。
（12）註（11）に同じ。
（13）「無量光院跡発掘調査報告書Ⅶ」（平泉町教育委員会、二〇一一年）。
（14）註（8）に同じ。
（15）『平等院大観　第三巻　絵画』（岩波書店、一九九二年）。
（16）菅野成寛「平泉無量光院考」（『岩手史学研究』第七四号、一九九一年）。
（17）菅野成寛　註（9）に同じ。
（18）入間田宣夫「鎌倉期における中尊寺伽藍の破壊・顛倒・修復記録について」（羽下徳彦編『中世の地域と宗教』吉川弘文館、二〇〇五年）。
（19）長岡龍作「救済と表象」（『季刊　東北学』第十六号、二〇〇八年）。
（20）清水擴『平安時代仏教建築史の研究』第二部第一章（中央公論美術出版、一九九二年）。奈良文化財研究所『東アジアにおける理想郷と庭園』（二〇〇九年）。
（21）山下信一郎　註（4）に同じ。
（22）倉田実「文学から見た平安時代庭園」（『平安時代庭園の研究　古代庭園研究Ⅱ』奈良文化財研究所、二〇一一年）。

(23) 遠藤徹「村上天皇雲林院供養と大法会の舞楽法要」（栄原永遠男他編『律令国家史論集』塙書房、二〇一〇年）。
(24) 小野功龍「供養舞楽と法会形式の変遷について」（『相愛女子大学相愛短期大学研究論集』十二の二、一九六六年）。
(25) 遠藤徹　註(23)に同じ。
(26) 佐藤道子「楽・舞――天上の荘厳　地上の荘厳」（『アジア遊学』一七号、二〇〇〇年）。
(27) 山下信一郎「儀式の場としての庭園」二〇一一年。なお、豊永聡美『中世の天皇と音楽』（吉川弘文館、二〇〇六年）、荻美津夫『古代中世音楽史の研究』（吉川弘文館、二〇〇七年）も参照のこと。
(28) 註（2）に同じ。
(29) 田中淡「中国庭園の初期的風格と日本古代庭園」（『東アジアにおける理想郷と庭園』奈良文化財研究所、二〇〇九年）・「中国建築・庭園と鳳凰堂」（秋山和他編『平等院大観　一　建築』岩波書店、一九八八年）、多田伊織「ニワと王権」（金子裕之編『古代庭園の思想』角川書店、二〇〇二年）。
(30) 孫玄齢著・田畑佐和子訳『中国の音楽世界』（岩波新書、一九九〇年）。
(31) 『小松茂美著作集　第十一巻　平家納経の研究三』（旺文社、一九九六年）。
(32) 註（9）に同じ。
(33) 入間田宣夫「中尊寺造営にみる清衡の世界戦略――『寺塔已下注文』の記事について――」（『宮城歴史科学研究』第四十二号、一九九九年）。
(34) 斉藤利男「仏教都市平泉とその構造」（入間田宣夫編『兵たちの極楽浄土』高志書院、二〇一〇年）。
(35) 松尾剛次『鎌倉新仏教の成立』（吉川弘文館、一九八八年）。
(36) 遠藤基郎「院政期儀礼体系の素描――仏事を中心に」（羽下徳彦編『中世の政治と宗教』吉川弘文館、一九九四年）、井原今朝男『日本中世の国政と家政』（校倉書房、一九九五年）、上島享『日本中世社会の形成と王権』（名古屋大学出版会、二〇一〇年）、菅真城「院政期における仏事運営方法――千僧御読経を素材に――」（『史学研究』二一五号、一九九七年）など。
(37) 註（36）遠藤基郎の論文に同じ。

（38）註（36）遠藤基郎の論文に同じ。
（39）高橋昌明『平清盛　福原の夢』（講談社・選書メチエ、二〇〇七年）。
（40）註（31）に同じ。
（41）大矢邦宣「『中尊寺供養願文』を読む」（『中尊寺仏教文化研究所論集』第二号、二〇〇四年）。
（42）工藤美和子『平安期の願文と仏教的世界観』（思文閣出版、二〇〇八年）。
（43）斉藤利男『奥州藤原三代』山川出版社、二〇一一年）。
（44）遠藤基郎「平泉藤原氏と陸奥国司」（入間田宣夫編『東北中世史の研究　上巻』高志書院、二〇〇五年）。
（45）菅野成寛「平安期の奥羽と列島の仏教――天台別院・権門延暦寺・如法経信仰――」（入間田宣夫編『兵たちの極楽浄土』高志書院、二〇一〇年）。
（46）誉田慶信「平泉・宗教の系譜」（『東北学』第十六号、二〇〇八年）。
（47）註（31）に同じ。
（48）入間田宣夫「平泉藤原氏による建寺・造仏の国際的意義」（『アジア遊学』一〇二号、勉誠出版、二〇〇七年）。
（49）菅野成寛「平安期の奥羽と列島の仏教」（入間田宣夫編『兵たちの極楽浄土』高志書院、二〇一〇年）。なお、相仁已講と文治五年九月の『吾妻鏡』に登場してくる源忠已講がはたした歴史的役割については、拙稿「日本中世仏教のなかの平泉」（『平泉文化研究年報』第十三号、二〇一三年）を参照のこと。
（50）上川通夫「日本中世仏教の成立」（『日本史研究』五二二号、二〇〇六年）。
（51）清水擴『平安時代仏教建築史の研究』（中央公論美術出版、一九九二年）。
（52）註（39）に同じ。

魯国古泮池遺址の現在位置について
――文献学的視角からの考察を中心に――

陳　東
栗山　雅央　訳

はじめに

『山東省志』（中華書局、一九九四年）「孔子故里志」では、古泮池について以下のように解説を施している。

古泮池とは、曲阜城内の東南の方角に位置し、孔子の課業の余暇や弟子の遊び憩う場であると伝えられる。『詩経』魯頌には「魯侯 房りて、泮に在りて飲酒す」とある。孔子は常に弟子たちを引き連れ「泮に游ぶ」ことを行った。時代が降ると読書人が入学することを「泮に入る」と呼んだ。前漢初期には、景帝の息子である魯恭王劉余が常にここで釣り糸を垂らしていたために「太子釣魚池」と呼ばれるようにもなった。明代には、孔子より数えて六十一代の衍聖公であった孔弘泰が池の中洲に別墅を構え、清の高宗乾隆帝が曲阜へと巡狩した際に、この地を行宮に定められた。もとの建築は既に残らないが、その遺址は一九八六年の公布で曲阜市の一級保護単位に認定された。

この僅かな解説の内に、幾つかの明らかな間違いが確認できる。まず、孔子が弟子を伴い「游泮」を行ったのは全くの虚構であるし、そもそも古泮池と太子釣魚池とは異なる遺址である。更に、太子釣魚池に別墅を建築したのは六十一代衍聖公の孔弘泰ではなく孔弘緒である。

以上に引用した古泮池の定義は誤りが深刻であるが、長期間にわたり流布してきたものでもある。更に、これらは当地の政府機関が認可しているばかりか、学術界の定説にもなっているのである。

当地の古泮池復元に向けた開発計画が第二期へと進んだことにより、国内及び国際学術考古団体も既に古泮池遺址に対する調査発掘を開始している。我々は科学的な考古発掘が最終的に古泮池遺址の真実を明らかにするであろうことを確信する。それと同時に、王国維が提唱する「二重証据法」がこの分野において効果があるであろうことも信じている。「地下」の考古発掘を順調に進展させるために、「紙上」の文献学的考察が一般的な古泮池に対する認識は誤解であることを正すことができるように思われる。これこそが、まさに本稿の意図するところである。

一　古泮池と太子釣魚池

古泮池（実際には古泮水）について最も早く記載が確認できるのは『詩経』魯頌「泮水」である。該詩中では魯の僖公（前六五九～前六二七年在位）が、泮水にて「采芹・飲酒」及び淮夷に勝利を収めて凱旋し祝賀（「献功・献馘・献囚」）を行う場面が描写される。「泮水」にて描かれる風物は「泮水・泮宮・泮林」であるが、その具体的位置や様子は全く描写されていない。そのため、漢代の経学家たちは泮宮や泮水の性質及び形式に対して異なる見解を持つ。一方では、泮宮とは諸侯の「学宮」であり、泮水は半円形の形状であると認識する。例えば、前漢初期の毛亨は「泮水は泮宮の水なり。天子の璧雍、諸侯の学宮なり」と解釈し、後漢の鄭玄（一二七～二〇〇）はより具体的に解説を施している。(1)

璧雍は、土を築き水を雍くの外円の璧の如くして、四方より来観する者均しきなり。泮の言いは半なり。泮水は蓋し東・西門の南に水を通じ、北に無きなり。

つまり、泮宮の東西の門を中軸線とし、南側に水が循環し北側には巡らないことから泮水と呼称すると定義する。もう一方は、泮宮を「諸侯の郷射せしの宮」とみなし、泮水の形状は直角に折れ曲がった曲尺型であるとするものである。例えば許慎（五八～一四七）は『説文解字』において以下のように定義する。

泮宮は、諸侯の郷射せしの宮なり。南・西を水と為し、東・北を牆と為す。

ここでは、泮水の形状が泮宮の西側と南側を巡る曲尺型と説明されるのみである。つまり、極めて重要であるにも関わらず、古泮宮及び泮池の具体的な地理的情報は何一つとして説明されていないのである。

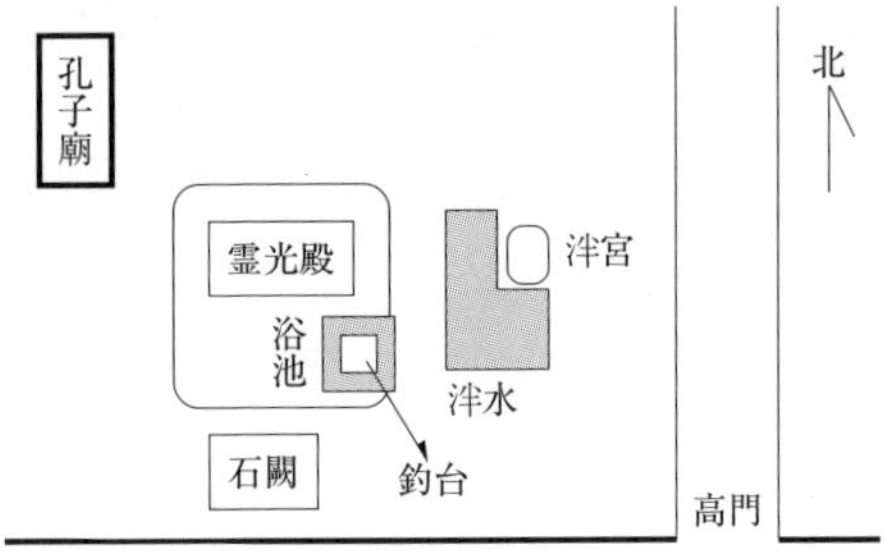

図１　《水経注》古泮水示意図

最も早くかつ詳細に古泮宮と泮池跡の地理的情報を記載したのは北魏の酈道元（四七〇～五二七）による『水経注』である。泗水篇に以下のように確認できる。

孔廟の東南五百歩に双石闕有り、即ち霊光の南闕なり。北百余歩にして即ち霊光殿の基あり、東西二十四丈、南北十二丈、高さ丈余なり。東西に廊廡別舎あり、中間は方七百余歩なり。闕の東北に浴池有り、方四十許歩なり。池中に釣台有り、方十歩、池台の基岸は悉く石なり。遺基 尚お整いたれば、故に王延寿の「賦」に曰く、「周行数里にして仰ぎても日を見えざる者なり」と。……殿の東南は、即ち泮宮なり。高門直北の道の西に在り。宮中に台有り、高さ八十尺。台南の水は東西一百歩、南北六十歩。台西の水は南北四百歩、東西六十歩。台池は咸な石を結びて之を為る、『詩』に所謂「思に泮水を楽しむ」なり。

上述の描写に基づけば図１のように示すことができよう。『水経注』泗水篇の記述からは以下の点が明らかとなる。第一に、泮宮台・泮水と釣台・浴池（太子釣魚池）の位置が非常に近接していることである。図１で示すように、釣台と浴池は西側にあり、泮宮台と泮水とは東側に位置している。第二に、両者が異なる建築群遺址に属することである。浴池と釣台は前漢の魯恭王劉餘（前一五四～前一二八年在位）が建造した霊光殿建築群遺址に含まれる。一方、泮水と泮宮台は『詩経』に描写される魯の僖公が建造した泮宮建築群遺址に含まれる。第三に、浴池（太子釣魚池）は「方四十余歩」の方形であり、泮水が泮宮台の西側（南北四百歩、東西六十歩）及び南側（東西一百歩、南北六十歩）を巡る曲尺型であることである。これは許慎『説文解字』の記述と完全に一致する。(2)

また、『水経注』が必ずしも唯一の資料ではなく、宋・金・元代の地図や地方志に裏付けを取ることができる。北宋の楽史（九三〇〜一〇〇七）撰『太平寰宇記』巻二十一河南道及び曲阜県に以下のように確認できる。

霊光殿、高さ一丈、魯城の内、県の西南二里に在り、魯恭王余の立つる所なり。（巻二十一「河南道」）

泮宮二池、県の南二里、泮宮台の南に在り。（巻二十一「曲阜県」）

霊光殿は県政府所在地の西南二里にあり、泮宮は同様に南二里に位置した。泮宮遺址と霊光殿遺址とはまさに東西に並びあっていたのである。ここで述べられる「泮宮二池」とは、泮宮台の西側と南側に位置する池水、すなわち泮池を指すとみなすことができよう。

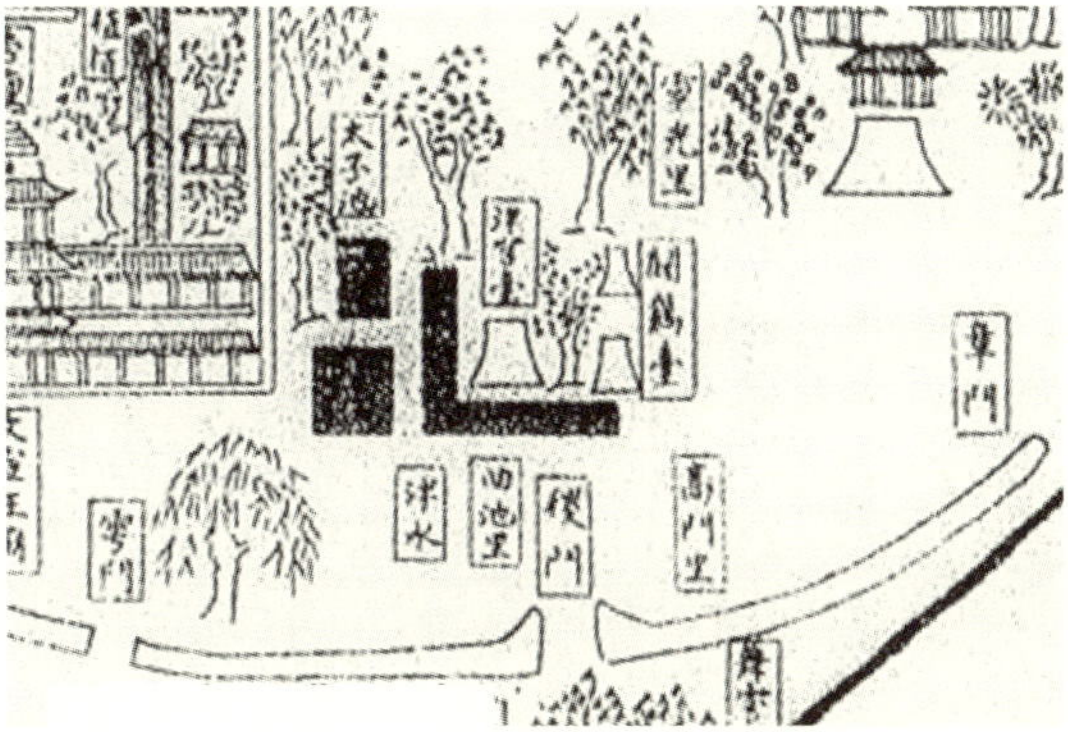

図2　宋『魯国之図』局部

更に、図2に示す南宋の紹興二十四（一一五四）年刻の「魯国之図」は、より詳細かつ具体的に「泮宮台・泮水・太子池」の位置を描き出している。図中において「泮宮台」は明確に高台の形状で表示されており、「泮水」は西側から南側にかけて直角に「泮宮台」を巡る曲尺型で示されている。「泮水」の西側に二箇所の池が確認できるが、一方は正方形であり、もう一方は長方形で表されている。北に位置する池には「太子池」と表示があり、これこそが『水経注』に記載がある「浴池」である。また、「五鳳二年刻石」の題記には以下のような記載がある。(3)

魯霊光殿の基の西南卅歩を太子釣魚池と曰う。蓋し劉余　景帝の子なるを以て魯に封ぜらる、故に土俗　太子を以て之を呼ぶ。（金）明昌二（一一九一）年、詔して孔聖廟を修むるに、匠者　池石を取りて以て充用す

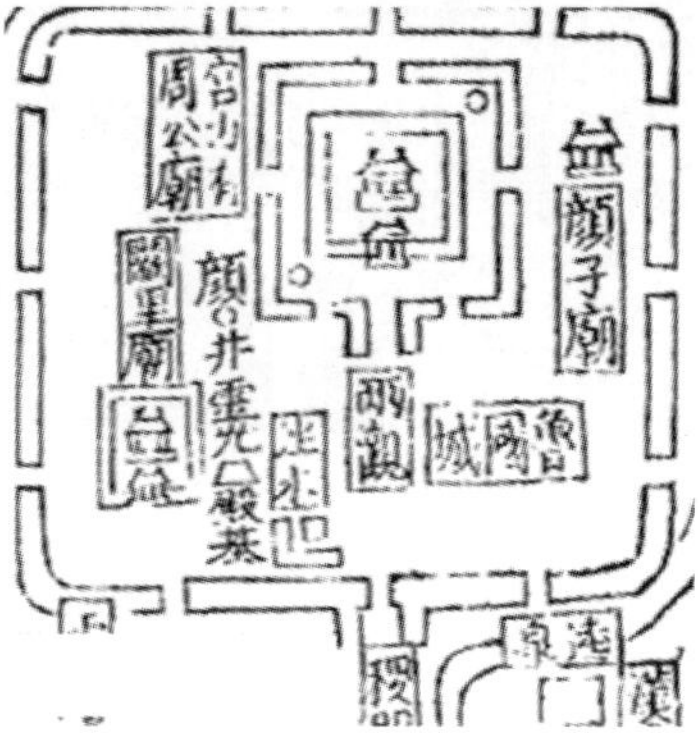

図3　『孔子祖庭広記』魯国図局部

るに、土中より偶たま之を得れば、側に文有りて曰く、「五鳳二（前五六）年は宣帝時の号なり」と。又曰く、「魯の卅四年六月四日は、漢書を以て之を考うるに、乃ち余の孫の孝王の時なり」と。

ここで述べる「霊光殿の基の西南卅歩を太子釣魚池と曰う」という記述と『水経注』に記される「闕の東北に浴池有り」とは若干方角が異なっている。また、金代の正大四（一二二七）年刻本『孔子祖庭広記』巻首に収められる図3に示す「魯国図」には、魯の古城跡が仔細に描かれている。ここからは浴池（太子釣魚池）の面積が拡大している点が確認される。霊光殿遺址（太子釣魚池を含む）は西側にあり、古泮宮（泮水を含む）は東側に位置するという基本的な方角及び泮水の形状には変化はみられない。稷門と両観とを結ぶ魯城の大路（主道）の西側に位置する闕里廟の東南に、西から東に向かって「霊光殿基」と「泮水」とが示されている。泮水の形状はやはり曲尺型であり、この泮水が囲うのが「泮台」であろう。

さて、「五鳳二年刻石」題記中に記載される「太子釣魚池」とは、「劉余 景帝の子なるを以て魯に封ぜらる、故に土俗 太子を以て之を呼ぶ」とあるのに基づく。これは恐らくは誤伝であろう。『漢書』景十三王伝に拠れば、前漢の景帝には十四人の皇子がおり、魯恭王劉余は長子ではなく皇后の子でもないため、太子と称される可能性はない。ここでの「太子」とは、後漢の東海恭王劉強（二五～五八）を指すと推察される。『後漢書』光武十王列伝に拠れば、劉強は後漢の光武帝の息子であり、建武十七（四一）年に郭皇后が廃された際に自ら藩王に封ぜられることを願い出、最終的に廃嫡され太子の称号を失っている。しかし、太子車駕は継続して利用された。建武十九（四三）年に東海王に封ぜられ、「兼ねて魯郡を食み、合して二十九県」となる。更に建武二十八（五二）年に劉強は封国に就くが、その際に「初め、魯恭王 宮室を好み、霊光殿を起つ、甚だ壮麗なり。是の時猶お存す。故に詔して魯に都せしむ」とし、引き続き霊光殿を居所とした。この時、霊光殿の保存状態は良好であったが、劉強が補修を加えたため、更に荘厳なものとなった。これにより、人々が霊光殿建築群遺址に属する浴池を「太子釣魚池」と呼び、釣台を「太子釣魚台」と呼んだのも首肯できる。

また、元の憲宗二（一二五二）年に、楊奐（一一八六～一二五五）が曲阜の旧跡を尋ね歩いて遊覧観光し、『東游記』を編纂したが、その様子は以下のように述べられている。

泮宮台に登る。台の下の水は西より南す、深さ丈許りにして源無し。吁、僖公は一諸侯なるも、能く学を興して士を養うこと此の如し。三たび釆芹の章を詠じて而る後に下る。其の西は霊光殿の基なり、礎破れ瓦断ち、目に触るるも悲涼なれば、而して王延寿の所謂「俯仰して東西の周章を顧眄す」とは、今 安くにか在る。

ここからは、後漢から元にかけて既に一千年を経ているため、霊光殿の当時の荘厳な様は既に朽ち果て戻ることはないが、それでも霊光殿の遺址をはっきりと目にできたことが読み取れる。「泮宮台」と「霊光殿基」とは東西に整然と並んでおり、泮水は「西より南す（西側から南側へと曲尺型に流れる）」とあり、当時も水面を保っていたことが確認できる。

二　南池と東荘、城郭内と城郭外

明代には孔子の六十一代衍聖公がそれぞれ古泮宮遺址と霊光殿遺址の上に別墅を建造している。一方は「東荘（東池）」と名付けられ、もう一方は「南池（南渓）」と名付けられた。六十一代衍聖公は二人おり、両者は兄弟である。

まず兄の孔弘緒（一四四八〜一五〇四）が、太子釣魚池遺址に南池（南渓）と呼ばれる別墅を建築した。孔尚任『闕里志』に以下のように記載される。(4)

南渓、『水経注』に云う、「霊光闕の東北に浴池有り、方四十許歩、池中に釣台有り、方十歩。台池は悉く石にして、遺基尚お整えり」と。乃ち霊光の南囿なり。旧くは太子釣魚池と名づく。衍聖公弘緒 疏鑿して之に位置す。亭は榭・松桧・花竹・一邑の勝を擅にし、之を南渓と謂う。大学士の李東陽 闕里に祭告し、其の中に館し、「南渓賦」を作る。

ここで挙げられる李東陽（一四四七〜一五一六）の「南渓賦幷序」では以下のように記載される。(5)

南渓は故衍聖公の敬を以て居る所にして、因りて以て号と為す者なり。余 過ぎりて之を賦すに、以て其の子今の衍聖公聞韶に遺さんとす。其の辞に曰く、偶たま孔氏の父老に遇いて、過ぐるに問いて曰く、美なるかな渓、其の源は知るを得べきかと。父老曰く、此れ周封の遺墟にして、漢国の故地なり。其の前は則ち両観の門、其の後ろは則ち霊光の基なり。地は人を以て勝れ、事は代を以て更わる。我が故公に逮びて、而して南渓 是れ名づけり。

ここでは明確に南池が「漢国の故地」である太子釣魚池の遺址上に建築されたものであると述べている。

その後、明の成化五（一四六九）年に孔弘緒は「宮室 制を踰」えたことにより弾劾を受けて衍聖公の爵位を剥奪され、弟の孔弘泰（一四五〇〜一五〇三）が衍聖公に封ぜられた。そして、孔弘泰は古泮宮遺址に東荘（東池）と呼ばれる別墅を建築しており、孔尚任『闕里志』では以下のように記載される。(6)

泮宮、『水経注』に云う、「霊光殿の東南に泮宮有り、高門直北の道の西に在り。宮中に台有り、高さ八十尺。台水は東西一百歩、南北六十歩。台西の水は南北四十歩、東西六十歩、台池は咸な石を結びて之を為る。魯の僖公学を興して士を養い、采芹の詩を賦す者なり」と。衍聖公弘泰 別墅を此に構え、之を東荘と謂う。

また、程敏政（一四四五～九九）の「東荘 逸興の巻、衍聖公孔宏泰の為に題す」詩（『篁墩文集』巻八十九）には、「一荘 遙かに杏壇の東に在り、勝地 魯泮宮を相い伝う」とある。また、李東陽の「明の故襲封衍聖公以和墓誌銘」（『懐麓堂集』巻八十六）には、「嘗て魯の泮池の遺址に即《つ》き、東荘の別墅を築き、因りて以て自ら号す」とある。これらは何れも東荘が古泮池遺址の上に建築されたことを明らかにするものである。

南渓や東池の風景は詩文中にも数多く残されている。李東陽「東池に会して、東荘の聖公を憶う有り」詩（『懐麓堂集』巻九十六）に、

望みて東岳を重ねて千里を疑い、興して南池に比せば一舟を欠く

とみえる。当該詩は、この時既に東荘（古泮池）が占める水域が南池（太子釣魚池）に及ばないことを示したものと思われる。また孔弘泰「魯の泮宮に游ぶ」[7]詩には、

雨余 事無きの日、情思 正に悠然たり。
曲径 芳草を連ね、高台 暮烟に鎖す。
幽たる芹香は馥馥として、皓たる月影は懸懸たり。
魯泮は閑游の処、何ぞ須く網川を画かん。

と描かれ、これはまさに東荘の様子を詠じたものである。更に、李東陽「南池に泛びて、南渓の聖公を憶う有り」詩では、

軽舟 浦より別ちて路 迢遙として、危石 亭を虚しくして影 動揺す。
雲去きて好山 座に入らんことを争い、雨来たりて新水 橋を平らにせんと欲す。

多情　客を留めんとして杯酒を空け、旧事に心を傷むるも但だ柳条あり。
今日　我来たりて還た我去る、小山の叢桂　竟に誰をか招かん。

と詠じられ、南池の風景が描写されている。かかる孔弘緒及び孔弘泰兄弟の精を込めた別墅管理によって、南池及び東荘は一時期に文人や知識人の集う場となったのである。「東荘問古」と「南渓尋幽」とは何れも「魯中十景」に数えられる。しかしながら、この二箇所の遺址の上に建築された別墅の繁栄も長くは続かず、やがてなされる「城を移して廟を護る」という方針により別墅の均衡と調和とは打ち崩されてしまうのである。

曲阜に位置する魯の故城は西周時代に落成してからは比較的固定されており、大きな位置の変動はみられない。両漢以来の国都もしくは県政府の所在地の多くは故城の中に設置され、故城を囲む城壁も徐々に荒廃したが、常に修築が行われた。北宋の大中祥符五（一〇一二）年に曲阜県を仙源県と改称し、県政府所在地を寿丘（現在の曲阜城東旧県村）へ移転した。そのため、魯の故城の城壁は少しずつ荒廃することになった。明の正徳六（一五一一）年二月十七日には劉六と劉七が指揮する農民蜂起が起こり、防御態勢の整わない闕里孔廟を攻撃したために「馬を庭に秣し、書を池に汚す」こととなった。これに刺激を受け、明王朝は県政府所在地を再度曲阜へ戻すことを決定し、新たに県城を建造し孔廟の防備を行った。「城を移して廟を衛る」という新城建築の工程は正徳八（一五一三）年から開始され嘉靖元（一五二二）年に竣工した。八年をかけての建造であり、新たに建てられた城壁の周囲は四・八キロメートル、高さは六メートルであった。新たに建築された城郭は孔廟を中心に据えたものであり、南池と東荘の位置はもともと位置していた西南から東南へと変化した。更に重要なのが、この明代の城郭の東側の城壁が南池（太子釣魚池）と東荘（古泮池）の中間に建築されたため、東荘が城郭外に隔離されたことである。つまり、一方は城内の東南部（南池）にあり、もう一方は城外の東南部（東荘）に位置するという構造になったのである。また、明代城郭の東側を巡る外濠は古泮台西側の南北に伸びる泮池を直接利用しており、古泮台の南側の東西に伸びる泮池の一部分が残されることになった。

明末に編纂された二十四巻本『闕里志』には、「魯国図」に加えて図4に示す「明朝新築闕里城図」が新たに載録されている。図4では、明代城郭の東南に「南池（太子釣魚池）」と表示されている。また、東荘（古泮池）は城郭外にあり、図中に示す範囲外であるために示されていない。但し、城郭東側を巡る外濠附近に一箇所だけ瘤状の池が描かれており、これがおそらくは泮台の南側に東西に伸びた泮水の跡を示したものであろう。

康熙十三（一六七四）年刻『闕里広志』には図5に示す「曲阜県城図」が残されている。図中では明代城郭内の東南の方角に「南池」が描かれ、城郭外の東側の外濠に突起部分が明確に描かれている。これは古泮水の遺址を認識してのものであり、決して筆の誤りや墨の飛沫などではない。実は、『続修曲阜県志』（一九三四年刊行）の図6に示す

図4　明朝新築闕里城図局部

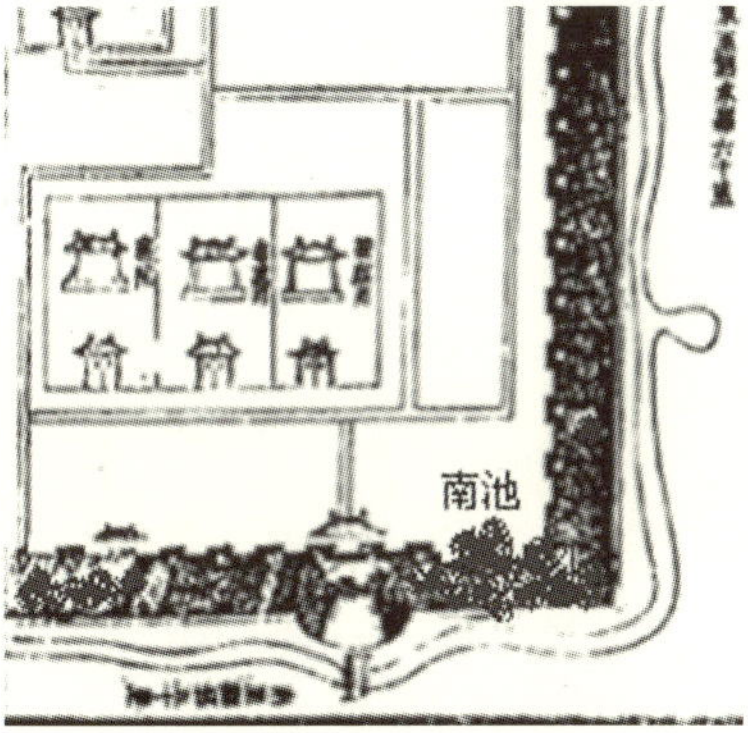

図5　曲阜県城図局部

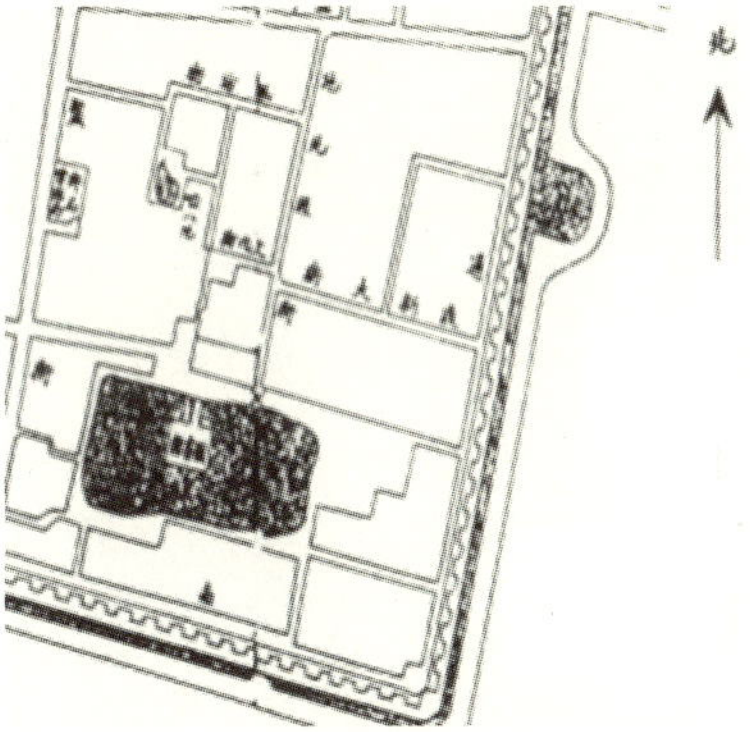

図6　曲阜県城市全図局部

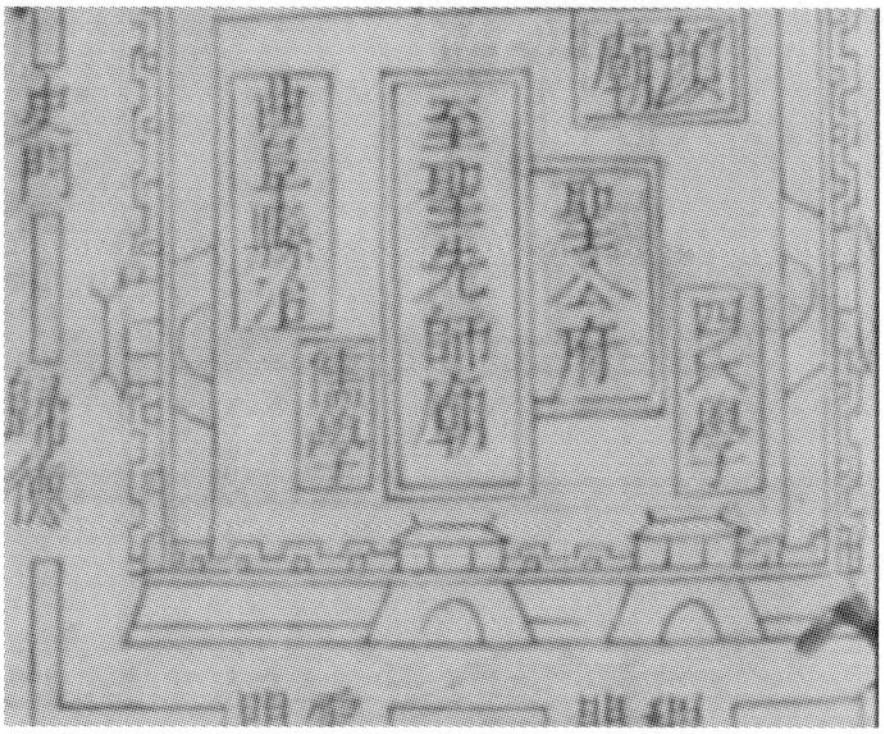

図7　『重修闕里志』四境図局部

「曲阜県城市全図」では、城郭の東南側の外濠にはっきりと突起部が表示されており、それは方形をした池として示されている。ここからも古泮水の一部が近現代に至るまで残されてきたことが確認できよう。明代の闕里城はその建造に際して古泮池の一部を城郭の外濠として利用し、古泮宮と泮台は何れも城郭外の東南側に隔離された。そのため、徐々に人々の視線が届かなくなったのである。

一方、城郭内の東南側に位置する南池（太子釣魚池）は孔廟及び聖公府に近接していたために、常に世の人々の注目を受けてきた。万暦十（一五八二）年、もともと孔廟の東南に位置していた「三氏学」堂を南池の北側に移築した。その後、万暦十五（一五八七）年に曾氏の子孫である生員を新たに加えて「四氏学」と改名した。明代中葉以降には廟学の建築規則が徐々に統一され、廟学の前には半円形の池である「泮池」を造成する必要性が生じた(8)。そのため、太子釣魚池は四氏学宮の「泮池」に指定された。万暦四十二（一六一四）年までに、四氏学堂は孔廟の西側に位置する観徳門の外に移築され、南池は再び「聖府池」としての地位を回復することになった。

明の万暦年間に編纂された十二巻本『重修闕里志』には図7に示す「四境図」が載録されるが、明代の城郭内の東南の方角には「四氏学」と表示されている。崇禎八（一六三五）年刻『曲阜県志』に載録される「曲阜県城署図」でも同様に、城郭内の東南の方角に「公府池」と示されている。

これらの地図は何れも城内に焦点が置かれるため、城外の東南側に隔離された古泮池が忽視されている。もちろん、文人や詩人たちの中には偶然に思い出す者も存在した。例えば嘉靖四十五（一五六六）年には、呉郡の周天球（一五一四～九五）が古泮池の辺に「古泮池」三字を刻んだ石碑を建立している（現在、石碑は孔廟同文門西の西碑亭に移されており、西側から二つ目の石碑である）。

孔尚任の「名勝志」（『闕里志』巻六）では、曲阜の古跡や景物が記載され、闕里を五日間で巡る推薦順路が仔細に述べられている。例えば三日目の順路は以下のとおりである(9)。

次早、鼓楼門を出でて南渓に至り、霊光殿址・聖公池館を観る。県の東南門を出で、古の魯城を観、泮水に游び、泮宮台に登り、文献泉に濯ぐ。東のかた稷門に至り、曾子の古宅を問い、東のかた魯の相公儀休の葵園を問う。雩門を出で、郊台・両観台・書雲台に登り、逵泉・竹径・浮香亭・泳帰亭に游び、沂に浴し、沂水を過ぎて舞雩壇に登る。

ここでは、鼓楼から出発し、城郭内の東南では南渓や魯霊光殿遺址、聖公池館が参観できる。また城郭外の東南では泮水及び泮宮台を遊覧することができると述べられる。ここからは康熙年間においても人々が泮水及び泮宮台の位置を依然として記憶していたことが読み取れる。しかし、次節で述べるように乾隆帝の行宮が落成したことにより、人々の記憶に混乱が生じるようになるのである。

三　乾隆帝の行宮と「古泮池証疑」

乾隆十三（一七四八）年、大金川との戦いに勝利した後、乾隆帝は東へと巡狩を行い、曲阜を訪れ孔子を祀る祭祀を行った。その際、当地の地方官が皇帝を迎えるのに準備した宿泊施設が南渓（もとの衍聖公孔弘緒の別墅）であり、彼らは乾隆帝に対してこの地が古泮池の存在した場所であると言上した。かかる処置は当地の地方官の大変な苦心の表れとみることができよう。そもそも、南渓を駐輦の地として手配したのは、東荘が城郭外に位置し荒廃してから長期間が経過しており、皇帝を迎える条件を具えていなかったためである。また、南渓が太子釣魚池跡であると述べなかったのは、太子故地が皇帝駐輦の地として相応しくないことを憚ったためである。更に、この地が古泮池遺址であると偽ったのは『詩経』「泮水」に「献功」の故事があり、大金川の戦いに勝利し凱旋した乾隆帝を迎えるのに最も適していたためである。これら二箇所の池は非常に近接しており、また一枚の壁に隔てられるだけであるため、仮に古泮池遺址の名を借用しても、乾隆帝を欺くことにはならないだろうと当地の地方官は判断したのであろう。

当地の地方官が「泮に在りて功を献ず」という故事に則って自身を迎えたことに乾隆帝は非常に満足し、慌ただしく準備された南池の別墅に対しても過度の責を負わせることはなかった。乾隆帝御製の「古泮池に駐蹕す」詩の序文に当時の状況について以下のように記されており、作品も併せて挙げる。[10]

曲阜城の南隅、清池は畝許り。上に古柏数株有り、蓋し千余年の物にして、相い伝えて魯の泮水の旧きと為す。所司は其の地に即き室を搆えること数楹にして、以て古跡を存せしむ。丙子東巡し、此に駐蹕し、適に在泮の義に符し、因りて魯を過ぎるの篇を成す。

古池上　小かに新宇を築き、泮に在りて真に此の功を献ずるを看る。
本意は孔夫子に告成し、旧踪　魯の僖公より始まるを憶う。
干雲の古柏　城頭の緑、過雨の春花　水面の紅。
大吏　何ぞ須く草に謝して設けん、禹と吾と無間なるは是れ卑宮。

但し、この地が実際に古泮池遺址であるかどうかについては、乾隆帝自身が疑問を抱いていたようである。そのため、「古泮池雑詠」詩一首を残している。

十里の東郊 旧き魯城あり、新城 安んぞ泮池の名を得ん。

芹を采り鹹を献じて今 古に符し、聊か伝譌を聴き此に旌を駐す。

……

始め何人の経に注すること誤りてより、因りて考証せんと欲するも未だ閑なるに逢わず。

ここからは、乾隆帝の態度がひとまず当地の地方官の説明に耳を貸しているだけであるということが読み取れる。

乾隆十九（一七五四）年、清軍は伊犁を占領し、准噶爾（ジュンガル）族の叛乱を平定した。確実な報告を受けると、乾隆帝は再び東巡し孔子に対する祭祀を行った。乾隆二十（一七五五）年には、衍聖公孔昭煥（一七三五～八二）が当地の政府組織に対して南渓別墅を改築し「古泮池行宮」とするよう建議を行った。行宮は三本の道路が配置され、五箇所の中庭があり、行宮の前面には亭や橋が数多く建築され、珍奇な花木が植えられていた。乾隆版『曲阜県志』には図8に示す「県城図」があり、城郭の東南部に行宮と思われる建築物が確認できる。また「古泮池行宮」図では、行宮及び池の景物が詳細に描写されている。

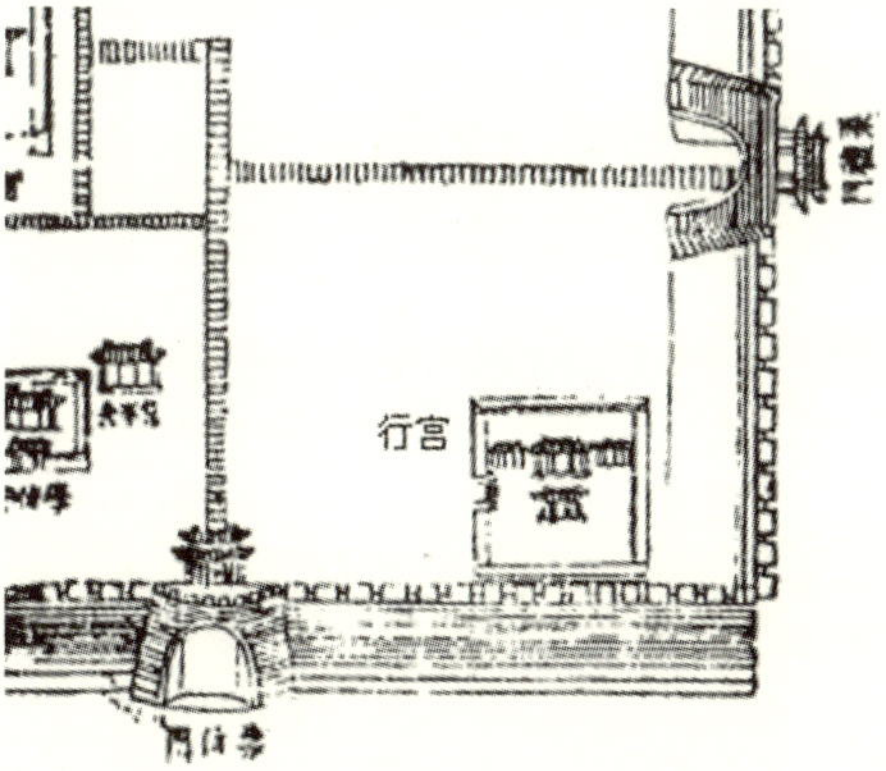

図8　乾隆版『曲阜県志・県城図』局部

この後、乾隆二十一（一七五六）年、二十二（一七五七）年、二十七（一七六二）年、三十六（一七七一）年、四十一（一七七六）年、四十九（一七八四）年、五十五（一七九〇）年の計七度にわたり、乾隆帝は東巡を行い曲阜を訪れている。そして、その全てにおいて「古泮池行宮」に駐蹕している。更に乾隆帝は「古泮池証疑」（『欽定南巡盛典』巻二十四）と題された文章を残し、先に提起した疑問に誤りがあることを認め、行宮が位置する場所こそが魯の古泮池遺址であるとする声明を残している。その全文は以下のとおりである。

甚だしきかな、読書の粗疏にして浮過なるを忌む、沈潜して深く造し、博綜して詳考せず、一を執りて是と為す、譬うるに禾を為す者の、鹵莽に耕し鹵莽に穫る、確乎として其れ可ならざるなり。今の泮池は古の泮池に非ざるか。而るに予　丙子　此を過ぎりて、曾て詩の之を辟する有り。旧詩に云う、「十里の東郊　旧き魯城あり、新城安んぞ泮池の名を得ん」と。徒らに新城旧城の説を以て中に横たわり、遂に以為らく新城　応に古地に有らざるのみと。丁丑　再び過ぎりて、闕《か》きて未だ其の疑いを証せず。茲に南巡して回蹕し復た曲阜に駐す。広く諸書に核し、及び之を孔氏の家乗に詢る。乃ち古の魯城の即ち今の曲阜なるを知る。其の証すべきは『史記』に孔子の魯城の北　泗上に葬らるを以てするなり。『水経注』に引く所、亦た与に吻合す。『輿志』に称す、「今の曲阜の新城と為すは、蓋し宋の大中祥符の間に城を東のかた十里許りに移築するに因る。明の正徳の間、流寇の兵燹に因りて、仍お徙すに魯の古址に還りて新城を焉に築く。夫れ明を以て宋を視れば固より新と為すべくも、宋を以て古を視れば最も新と為るを知らず」と。是れ『統志』諸書を以て錯りの出づるは悉く按訂すべし。乃ち知る今の曲阜県治は、即ち古の魯城なるを。古の魯城の既に舛かずして、則ち古泮池の霊光旧址と、其れ此の城を出でざること、章章として明らかなり。南北　歩武の数の若きに至りては、偶爾たま差乖すること、大なるは同じく小なるは異なり、古を稽みる者の以て折中すべく羅縷して可を究めざるなり。予　実に悔ゆるは夫れ前詩の率爾として論を置くに、是れの拠を為さざるなり。甚だしきかな、読書の粗疏にして浮過なるを忌む、沈潜して深く造し、博綜して詳考せず、一を執りて是と為す、譬うるに禾を為す者の、鹵莽に耕し鹵莽に穫る、確乎として其れ可ならざるなり。

乾隆帝が乾隆行宮の所在地が魯の古泮池遺址であると認定したために、世の人々も再び異議を唱えようとはしなくなった。これにより、以降の全ての古泮池に関する記述について以前には見られなかった混乱が生じるようになった。つまり、霊光殿遺址と古泮宮遺址、太子釣魚池跡と古泮池跡とが混在して語られるようになったのである。かかる混乱は、以下に示す乾隆時期の文献中で最も明確に現れている。例えば、『闕里文献考』巻二十九城邑山川第九には次のように記載がある。

闕里坊の東南に学使校士館を為る、又た東に南池を為る、或は霊光殿遺址と云い、或は即ち魯の僖公の泮宮と云うなり。六十一代衍聖公 営むに別墅を為り、石を積みて山を成し、蓮を沼に植え、暇なれば即ち游憩す。其の間 自ら号して南渓と曰うに因れり。乾隆二十年、今の衍聖公 昭煥 署撫臣白鐘山に白し、其の故址に因りて、改めて行宮を建て、我が皇上 翠華 屢ば幸するに、皆 此に駐蹕す。

ここでは、「或は霊光殿遺址と云い、或は即ち魯の僖公の泮宮と云うなり」と記述されるように婉曲的な表現となっており、強く肯定するには至らないものの、既に混乱が生じている点が読み取れる。また、乾隆三十九年刊本『曲阜県志』巻三にある「古泮池行宮」図の旁記には以下のような記述が確認できる。

古泮池を考うるに、今の邑城の東南隅に在り。「魯頌」の詠を為す所の泮水なり。漢に在りて霊光殿の基と為る。明 前の衍聖公 臣孔宏緒の別墅と為る。乾隆二十一年、天威は遠く震わし、伊里 蕩平なれば、聖駕 東巡し、功を泮沼に献ず。今の衍聖公 臣孔昭煥 署臣白鐘山に白し、其の旧址に因りて、改めて行宮を建て、時厥の後より、六龍頻りに駐す。

ここでは、行宮の所在地を「「魯頌」の詠を為す所の泮水なり」と明記しており、行宮が霊光殿遺址の上に建築されたにも関わらず、古泮池遺址と関連づけて言及されている。更に、乾隆版『大清一統志』巻一百二十九には以下のような記述がある。

泮宮、曲阜県の城中　東南隅に在り。『詩』魯頌に「既に泮宮を作り、淮夷の服す攸なり」と。『水経注』に「霊光殿の東南は即ち泮宮なり。高門直北の道の西に在り。宮中に台有り、高さ八十尺。台南の水は東西一百歩、南北六十歩なり。台の周囲は南北四百歩、東西六十歩、台たるや咸な石を結びて之を為る。『詩』の所謂『思に泮水を楽しむなり』」と。乾隆十三年、聖駕　魯に幸し、泮池の旧基に建てて行宮有り、恭しみて清蹕を邀う。二十一年・二十三年・二十七年・三十六年・四十一年、倶に御制「古泮池詩」と御制「古泮池正疑」と有りて並びに石に勒す。按ずるに泮宮台は亦た之を書雲台と謂う。『左伝』僖公五年に「日　南に至り、公　台に登りて以て雲物を望む」と。即ち之なり。

ここでは経書や他の文献から典拠を引用し、霊光殿と泮宮とを区別しているが、「泮池の旧基に建てて行宮有り」と述べ、この場所が霊光殿遺址である可能性を完全に排除している。更には、書雲台と泮宮台とを混同してしまっている。(11)

上述のような虚構が真実を包み隠すような表現は、その悪影響が甚だしいと言える。これこそが本稿の冒頭で引用した『山東省志』の記述に散見する混乱した解釈が生じることになる原因と言えよう。

おわりに——「必ずや名を正さんか」——

総じて、北魏の酈道元『水経注』の記載に基づけば次のとおりである。まず、魯の古泮池遺址は魯の故城の西南部に位置し、東には高門（稷門）大道に臨むことができ、西側には漢の魯霊光殿遺址と隣接している。魯の古泮池遺址は主に泮宮台及びその西側と南側を巡る泮水とで構成される。また、泮水の幅は「六十歩」であり、西側の長さは「四百歩」で南側の長さは「一百歩」の曲尺型で構成される。続いて漢の魯霊光殿遺址は主に双石闕・霊光殿基・浴池及び釣台から構成される。浴池は「四百許歩」平方の方形である。後漢の東海恭王劉強（廃太子）が以前に魯城を国都に定め、霊光殿をそのまま居所とし、後世の人々が霊光殿の浴池を「太子釣魚池（或いは太子池）」とし、池の中間にある釣台を「太子釣魚台」と呼称したのである。魯の泮池や泮台と漢代の太子釣魚池や太子釣魚台とは地理的位置が近接してはいるが、これらは異なる古建築群遺址に属しているのである。

明代の成化（一四六五～八七）・弘治（一四八八～一五〇五）年間に、六十一代衍聖公孔弘緒が太子釣魚池遺址の上に南池別墅（南渓）を建築し、同様に六十一代衍聖公孔弘泰が古泮池遺址の上に東荘別墅（東池）を建築した。これら「東荘問古」と「南渓尋幽」とはともに「魯中十景」に数えられる。この後、南池別墅は一度「四氏学」の学宮となり、太子釣魚池は廟学の「泮池」となった。

明の正徳八（一五一三）年から嘉靖元（一五二二）年にかけての「城を移して廟を護る」という方針は、魯城内での両者の位置を変化させることになった。明代城郭の東側の城壁はちょうど南池（太子釣魚池）と東荘（古泮池）との中間に建築された。南池は魯城の城内の東南部に位置し、古泮台は城郭外の東南方向に隔離された。古泮池の西側に南北に伸びた古泮水は城壁の東側の外濠に利用され、古泮台の南側に東西に伸びる泮水のみが現在まで残されている。

清の乾隆十三（一七四八）年、乾隆帝が東巡し曲阜に行幸し、南渓の別墅に宿泊され、この地が古泮池の跡地であると当地の地方官に言上された。乾隆二十（一七五五）年、衍聖公孔昭煥らが南渓別墅を正式に「古泮池行宮」として改修した。この後、乾隆帝は七度にわたり曲阜への行幸を行い、その全てにおいてこの地に駐輦され、数多くの詩

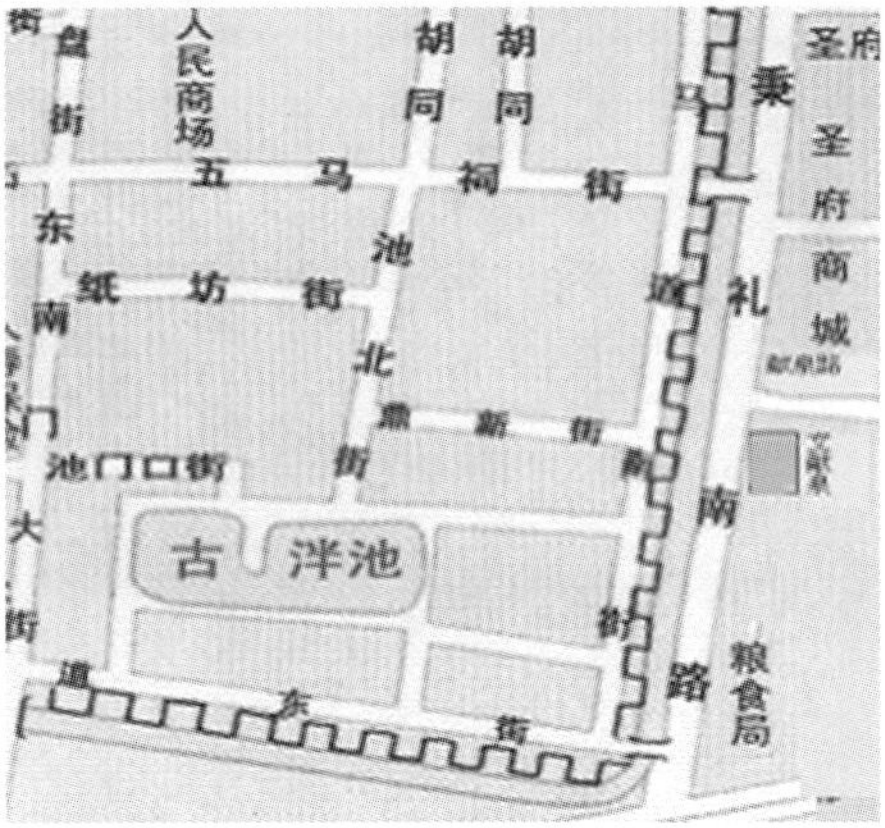

図9　曲阜市区図局部

と「古泮池証疑」文を残し、行宮の所在地が古泮池遺址であるとする声明を発表した。これにより、歴史文献の記載に混乱が生じるようになり、古泮池と太子釣魚池、古泮宮と霊光殿とがそれぞれ混同されるようになった。そうすることで、城郭外の東南に位置する正真正銘の古泮池は顧みられることがなくなってしまったのである。

一九八六年、曲阜市人民政府は明代の故城・古泮池・仙源旧城など八七箇所を全市第一批重点文物保護単位として公布した。ここでの所謂「古泮池」とは、実は乾隆帝の行宮のことであり、城郭外に位置する本当の古泮池遺址は保護単位として数えられていない。一九五七年の文物一斉調査に基づけば、城郭外の東南には高台が一箇所存在しており、台の坂は高さ三〇メートル、東西の距離は六〇メートル、南北の幅は三〇メートルであり、世の人々は「釣魚台」と呼称していた。台の西側には碑刻が三点建てられており、その一点は明代の周天球による「古泮宮」石碑である。残りの二点は「文献泉」碑と清の光緒年間に重修された古泮池と文献泉碑であるが、残念なことにこれら二点は文化大革命の最中に紛失してしまった。一九七七年、明代の城壁が撤去され、東側の城壁の外側に位置した古泮台も消失した。古泮台の南側の東西に伸びる泮水も後に新たに開通した曲呉公路にその大半を占められ、現在では長方形の池（東西二五、南北四〇メートル）を留めるのみである。附近の住民はこれを「文献泉」と呼んでいる（図9、「曲阜市区図」局部を参照）[12]。

最後に、本稿は当地の政府機関の「古泮池」修復開発計画に対抗するものではなく、ただ「必ずや名を正さんか」

ということを強調したかったのである。つまりは、歴史事実を本来の状態へと復原せんことを望んだということなのである。

註

（1）南宋の王応麟『詩地理考』巻五を参照。

（2）傅崇蘭『曲阜廟城与中国儒学』（中国社会科学出版社、二〇〇二年）に、「北魏の銅尺に拠れば、一尺は現在の三〇・九センチである。台南の水域については、東西一百歩は六百尺となり、一八五・四メートルに相当する。南北六十歩は三百六十尺となり、一一一・二四メートルに相当する。台西の水域については、南北四百歩は二千四百尺となり、七四一・六メートルに相当する。東西六十歩は三百六十歩となり、一一一・二四メートルに相当する」とある。

（3）「五鳳二年刻石」は「魯孝王泮池刻石」とも呼ばれ、石碑は現在は曲阜孔廟漢魏碑刻博物館の北館の西から二つ目に置かれている。

（4）徐振貴・孔祥林『孔尚任新闕里志校注』（吉林人民出版社、二〇〇四年）一〇五頁を参照。

（5）『闕里文献考』巻四十、芸文第十二「賦」を参照。

（6）徐振貴・孔祥林『孔尚任新闕里志校注』（吉林人民出版社、二〇〇四年）一〇四頁を参照。

（7）孔祥林『曲阜歴代詩文選注』（山東人民出版社、一九八五年）一三二頁を参照。

（8）張亜祥・劉磊「泮池考論」（『古建園林技術』二〇〇一年第一期）及び、沈暘「泮池：廟学理水的意義及表現形式」（『中国園林』二〇一〇年第九期）を参照。

（9）徐振貴・孔祥林『孔尚任新闕里志校注』（吉林人民出版社、二〇〇四年）一五六頁を参照。

（10）『乾隆御制詩文集』二集巻六十二を参照。

（11）先に挙げた孔尚任『闕里志』の記載に拠れば、書雲台は魯雩門の外に位置しており、そもそも泮宮台とは無関係である。

（12）　文献泉については崇禎八年刻本『曲阜県志』巻一下「山川」に、「文献泉は県の東南に在り、西に流れて沂に入る。魯の泮宮遺址、『詩』に『思に泮水を楽しむ』とあるは、即ち之なり」とある。また『幸魯盛典』巻九には、康熙二十三（一六八四）年に、康熙帝が南巡し曲阜を訪れ孔子を祀る祭祀を行った。衍聖公孔毓圻はかつて文献泉の流れを西北より城内に引き入れ、孔廟の仰高門の前方に位置する璧水に注ぎ込むことを奏上したとある。更に孔尚任『闕里志』や雍正年版『行水金鑑』を参照。

「壺梁」の意義の解明に向けて

劉　海宇

はじめに

『史記』孝武本紀及び封禅書に、漢の武帝が長安城の建章宮に太液池を開鑿し、その中に「蓬萊・方丈・瀛州・壺梁」があり、海中の神山を象ると記載する。[1]同様の話は『漢書』郊祀志にも載っている。[2]現在は建章宮太液池の中に「蓬萊・方丈・瀛州・壺梁」の四つの島があると一般に理解されている。一方、揚雄の『校猟賦』・班固の『両都賦』・

張衡の『西京賦』には、太液池に海中の「蓬莱・方丈・瀛州」三神山を象る三島があると記している。(3)『史記』秦始皇本紀・封禅書及び『漢書』郊祀志にも、渤海に「蓬莱・方丈・瀛州」の「三神山」があるという。建章宮太液池に「蓬莱・方丈・瀛州・壺梁」の四つの島か、あるいは「蓬莱・方丈・瀛州」の三つの島があるのかは不明である。班固もこの矛盾を意識してか、その『両都賦』では「方丈」と「壺梁」とを合併して、「方壺」と称している。私見では、揚雄・班固及び『三輔黄図』(4)の記述のように、三つの島とする説が正しいと思うが、「壺梁」をどう理解するかがこの矛盾を解決する鍵である。

本稿は先行研究成果を取り入れながら、伝世文献や出土資料等に基づき、上述する「壺梁」の意義について考察する。また、中国古代の造園思想の東アジアでの伝播についても若干の言及をしたい。

一　三神山名称の由来

「壺梁」のなぞを解き明かす前に、まず「蓬莱・方丈・瀛州」三神山名称の由来について、考察してみたいと思う。『史記』封禅書に三神山の話は前後二回出ているが、まず始皇帝が三神山の不死奇薬を願う際に次のように言う。

（斉）威・宣・燕昭より、人をして海に入り、蓬莱・方丈・瀛州を求めしむ。此の三神山は、其の伝に、渤海の中に在り、人を去ること遠からず。（中略）蓋し嘗て至る者有り、諸の仙人及び不死の薬みな焉に在り。(5)

三神山思想はもともと戦国時代の斉国の方術士たちが宣伝したもので、古来渤海湾の蜃気楼や泰山信仰とかかわると思われる。とくに、鄒衍の大九州説という地理的世界観を起源とするであろう。『史記』孟子荀卿列伝によれば、鄒衍の大九州説とは、まず『禹貢』の九州にいう中国本体を「赤県神州」と呼ぶ。中国の外側にまた「赤県神州」のようなものがさらに九つあり、これが大九州である。それぞれの州は「裨海」に取り囲まれ、大九州の外をさらに「瀛海」が包む。これが天辺地界である。鄒衍はまず斉国で大いに敬まわれ、その後、魏国に行く際にも、魏恵王から郊外まで出向いて迎えられたという。とくに、燕国では、「隗より始めよ」で有名な賢者を招く燕昭王から師と尊信され、そのために碣石宮まで築き上げた。また、『史記』封禅書に「騶衍は陰陽主運を以て諸侯に顕し、燕斉海上の方士は其の術を伝いて通ずる能わず。然らば則ち怪迂阿諛苟合の徒は此れより興きて、数うるに勝うべからざるなり」とある。(6) 燕や斉地の方士はみな鄒衍の方術を伝え、その思想は戦国晩期から秦漢時代の社会に多大な影響を与えたことは言うまでもない。

三神山の瀛州は明らかに大九州説の「瀛海」に由来し、「瀛海」に取り囲まれた仙島のことを言うのであろう。『史記』に見える鄒衍の大九州説に大九州の具体的な記述はないが、『淮南子』地形訓に『禹貢』の九州と違う九州名があり、(7) 鄒衍の大九州である可能性は高い。また、六朝時代に成立したと思われる「海内十洲記」に「瀛州」を含む海中十州の記述が見える。(8) 斉国を嬴姓の発祥地とする説があり、『孟子』滕文公下に「(周公)奄を伐ち、三年其の君を討ず。飛廉を海隅に駆りて、之を戮す」とあり、(9) ここの海隅は山東半島の海辺であろう。また、『清華大学蔵戦国楚簡』系年篇に「飛歴は東に商盍氏に逃し、成王は商盍を伐ち、飛歴を殺す。西に商盍の民を邾吾に遷し、以て奴虘の戎を御せしめ、これ秦の先人なり」(10) とあり、整理者はここの「盍」が『孟子』にいう「奄」のことであると主張している。(11) 西周の成王は現在の山東省に居住した商奄の氏族を現在の甘粛省へ移民させ、それが秦国の祖先であるという。『史記』秦本紀によれば、「飛廉」は嬴姓の祖先で、また、『漢書』地理志によれば、泰山郡に嬴という地名がある。嬴は山東半島の古代氏族や地名であるので、『説文解字』「凡そ水の属は皆水に従う」(12) に言うように、「氵」に従う「瀛」は恐らく「嬴」地にある河川や池海の名前として名付けられ、ここから「瀛海」や「瀛州」という名前が生まれたのであろう。

蓬莱の「蓬」の声符は「逢」で、二者は同音文字として文献でしばしば通用し区別されない。例えば、『張家山漢簡』蓋廬篇に「逢逢（蓬蓬）の気を攻むること毋かれ[13]」や『馬王堆漢墓帛書』陰陽脈乙に「気則ち逢（蓬）然として衰う[14]」などとなる。また、『史記』秦本紀や『漢書』地理志などに見える戦国時代魏国の「逢沢（池）」は『晋書』地理志に「蓬池」と書く[15]。ちなみに逢と莱はみな古来から山東半島に居住する古い氏族である。『春秋左氏伝』昭公二十年に、殷代の諸侯逢伯陵は斉国の地に居住したと、昭公十年の杜預注に逢公は斉地に封ぜられた殷の諸侯であるという。山東省済陽県劉台子六号墓から西周早期の青銅器が出土し、数点の青銅器に「夆」という銘文があり、発掘者はこれが逢国の貴族墓地で、西周早期に博姑に圧迫され、西の済陽に移されたと考えている[16]。莱も山東半島にある殷代以来の東夷諸侯で、『尚書』禹貢に海岱の青州に「莱夷牧と作す」と記され、また『史記』斉太公世家に太公望呂尚は莱侯と営丘を争うと見える。清朝末期に山東省龍口市帰城遺跡付近の魯家溝村から出土した西周中期の青銅器「莱伯鼎」の銘文に「莱伯旅鼎を作る」とあり[17]、この帰城遺跡は北の渤海湾海岸まで約一七キロメートル、莱山の山陰に位置し、発掘調査の結果によると、西周から春秋時代の莱国の国都である可能性が高いとされる[18]。蓬莱神話伝説は古くから伝承され、『山海経』海内北経に「蓬莱山海中に在り」と見えるように、遅くとも戦国時代には成立していると思われる[19]。

「方」は殷代から辺境にある異民族の小国を指し、殷代東方の方国に人方・林方・危方[20]及び先述した逢・莱などがある。先秦時代の伝来文献に、「方」は殷代と同じような意味で、『尚書』立政篇の「方行天下」の孔安国伝や『礼記』表記篇の「以受方国」の鄭玄注に「方、四方也」と解している。「方」はまた「州」とも言い、『資治通鑑』漢紀五十二「徐方では百姓殷盛」の胡三省注に「古語によく州を方となし、故に八州八伯を方伯と記す」という[21]。三神山の一つである方丈の「丈」字はおそらく「支」字の誤写で、秦漢時代にこの二字の書き方がよく混同されており、区別しにくい。例えば、睡虎地秦簡の「丈」と「支」字形は混乱して、みな「」か「」に作る。[22] 漢代『萊子侯刻石』の「丈人」の「丈」は「」と書き、後世の金石著作は皆「支人」と読んできた。「支」字の意味について、『国語』周語下「天の支うる所、壊るべからざるなり」の韋昭注に「柱也」[23]、『爾雅』釈言に「載也」[24]と解釈している。屈原『楚辞』天問に「鰲《ごう》山を戴いて抃《べん》す」の後漢王逸注に『列仙伝』を引用し、「巨霊の鰲有り、背に蓬萊の山を負う」と言うように[25]、古代に仙界の蓬萊山は大亀に背負われていると認識されていた。ほかに緯書『春秋説題辞』に「巨霊贔屓、首に霊山を頂き、蓬萊山を負う」[26]、張衡『思玄賦』にも「霊亀を伏せしめて、以て坻を負う」[27]とある。方支はおそらく霊亀に背負われる辺境の仙島という意味で、古書の伝写の過程で、方丈と誤写された可能性が高いであろう。

三神山は「虚無縹渺の間に在り」(白居易『長恨歌』)といわれる。秦漢時代に燕斉の方士が戦国時代陰陽派鄒衍の説を取り入れながら、系統的に仙界の話をねつ造したと思われる。三神山の名前は架空ではあるが、戦国期の陰陽派の説や漢代の神仙思想を手がかりに考察した。

また注目すべきことに、山東半島の北側に点在する廟島列島の南長山島に春秋時代晩期から戦国時代にかけての貴族墓地が検出され、王溝墓群と称される。[28] ここから出土した青銅器に「」という銘文があり、発掘者はこの字を解釈していないが、私見では「巫」と隷定したほうがよいと思う。「巫」字の小篆は「」、『古文四声韻』に『切韻』を引く古文字形は「」に作る。後漢許慎『説文解字』に巫女が両袖を舞う象形とするが、林義光『文源』は二人が向かい合う形と解釈する。[29] この銘文の字形は装飾性に富んでおり、春秋晩期から戦国早期までの字体にふさわしく、字の上部が二人向かい合う形である。この字は「巫」と確定できれば、王溝墓群の中に巫祝が存在したことが証明できる。[30] 廟島列島は山東半島最北端と遼東半島との間に散在し、古来からの海上航路の中継地である。この島に巫祝集

団が存在するとすれば戦国時代からの燕斉の地における神仙思想の誕生を考えるには重要な資料である。

二　「壺梁」とは何か

前述した『史記』封禅書の神仙世界に「壺梁」はまだ登場していない。前漢武帝元封六（前一〇五）年に柏梁宮が火災で焼失した際、武帝は越の巫覡の圧勝術を信じ、「千門万戸」もある大規模な建章宮を構築した。前漢晩期褚少孫が補ったとされる『史記』封禅書の武帝故事では建章宮のことを述べる際に、

其の北に大池を治《おさ》み、漸台の高さ二十余丈、命づけて太液池と曰い、中に蓬萊・方丈・瀛州・壺梁有り、海中の神山亀魚の属を象る。(31)

と初めて「壺梁」が見える。ここの「壺梁」は三神山と並べて、四つ目の神山のように見えるが、文字どおりに理解すれば、前述のような矛盾があることになる。そもそも「壺梁」とは、いったい何であろうか。

壺梁について、汪菊淵氏はまず上記の『史記』封禅書の言葉を「中に蓬萊・方丈・瀛州有り、壺梁海中の神山を象る」と訓読し、壺梁を壺の形状のような脊梁を持つ山と理解している。(32)周維権氏は『拾遺記』の三神山の「形壺器の如し」を引いて、壺梁が三山状態のある表現方式で、「壺境（縮小景観）」の中の三山であろうという。(33)

神仙世界が壺と深い関係を持つようになるのは魏晋南北朝時代のことで、これについては小南一郎氏がすでに詳論をしているので、(34)ここでは省略する。壺梁を壺形の山と釈するのは『列仙伝』や『拾遺記』の成立する魏晋時代以後のことであり、漢代の原義については別途に追究する必要がある。

「壺」字と「弧」字の上古音はみな匣母魚部の字で、古代文献に同音字として、よく通用している。注意すべきこ

とは漢代から魏晋時代の用字習慣で、「弧」字を皆「壺」と作られている。『周易』睽卦の「後説之弧」の陸徳明の釈文に「弧、本に亦壺に作り、京・馬・鄭・王粛・翟子玄は壺に作る」[35]と言う。つまりここの「弧」字は漢代の京房・馬援・鄭玄及び魏晋時代の王粛・翟子玄の版本ではすべて「壺」字が使われていたことになる。陸徳明の注釈は出土文献に証明されている。馬王堆帛書『六十四卦』乖（睽）卦に「後説之壺」[36]、阜陽漢簡『周易』睽卦に「□兌之壺」と書かれている。[37]「弧」字の意味は『説文解字』に「木弓也」と解され、引伸義として弓のように湾曲する意味もある。『周易』系辞下に「弦木、弧と為す」の「弧」はゆみのことで、『周礼』考工記の輈人に「輈、弧《まげ》て折らんと欲す」の場合はゆみのように曲がる意味である。「梁」字について、『説文解字』に「水橋なり。木に従い、水に従いて、刅の声」とあり、段玉裁『説文解字注』に「梁の字は木を用て水を跨ぐ。則ち今の橋なり」[38]と説明し、木製の橋梁の意味である。前述したように漢代に「弧」をすべて「壺」に通用するので、『史記』の壺梁は弧梁と読むことができる。弧梁の意味は弧状の木製の橋梁のことであろう。このような弓なりの橋は古代の文献では飛梁・飛橋などと称されている。この種の橋は日本庭園用語にいう「反橋」の前身といえるが[39]、後世の反橋と区別するために、本稿ではやはり弧状の橋かアーチ橋と称する。

揚雄『甘泉賦』に「倒景を歴て飛梁を絶《わた》る」とあり、その晋灼注に「飛梁、浮道の橋なり」と解釈し、張衡『思玄賦』にも「螭龍の飛梁を亙す」とある。また『後漢書』梁冀列伝に、大将軍梁冀は規模の大きな邸宅を建て、庭園の中に水道を跨ぐ「飛梁石蹬」を構築したとあり、「飛梁」の李賢注に「虚を架け橋を為して飛ぶが如し」とある。『水経注』晋水に「飛梁を水上に結ぶ」[40]とあり、晋水の水をためて湖沼とし、その上に飛梁を架けたという。上記のとおり、飛梁は飛ぶように水上に横たわっているので、平面の橋ではなく、アーチ型の橋である可能性が高い。

また、梁の引申義として、屋根を支える柱上に架する大木のことを指し、反りを持たせるものは虹梁と称される。

後漢班固『西都賦』の「応龍の虹梁を抗ぐ」の李善注に「梁の形龍に似て、曲がりて虹の如し」とあり、虹梁は虹のように反り曲がらせて造った化粧梁のことであろう。(41)

橋を弓なりにかけ渡すのはおそらくその下を舟が通航するためである。川の重要な機能の一つに水運があり、橋は船の行き来に対応する必要がある。宮廷園林の池においても龍舟鷁首などの船を浮かべて遊宴するのがある。ゆえに橋をアーチ型に作る必要があるのである。

漢代よりかなり後の唐代徐堅等『初学記』に蜀地に司馬相如が題名した昇仙橋があると、『斉地記』を引用して東海に秦始皇帝の日の出を見るために作られた石橋があると記録している。(42)また、唐代杜宝『大業雑記』に隋の煬帝は洛陽の郊外に甘泉宮を建て、その南に「通仙飛橋・百尺硼・青蓮峰」などをそろえ、景色が非常に素晴らしいところという。(43)これら通仙のために架設された石橋や飛橋は漢代宮廷の苑池に建てられた壺梁の役割を考えるには示唆的である。

それでは、「壺梁」を「弧梁」と読むことができれば、『史記』封禅書のくだりは次のように訓読できよう。

其の北に大池を治《おさ》み、漸台の高さ二十余丈、命づけて太液池と曰い、中に蓬萊・方丈・瀛州と壺梁有り、海中の神山亀魚の属を象る。

三　出土資料に見える漢代の橋

漢代の画像石・画像磚ないし壁画に多くの漢代橋梁の画像が残されている。また西安の郊外で秦漢時代の渭水橋遺跡が新しく発見されている。これら漢代の橋の出土資料を集めて、アーチ橋である壺（弧）梁の存在を検討してみたい。

『中国画像石全集』[44]及び『中国画像磚全集』[45]に収録している両漢時代の橋梁画像をおおよそ二十八点検出している。これらの橋の形状から大体二種類に分けられ、一種は両側がスロープ状に傾斜して上部が平面を呈す「⌒」形、もう一種類は完全に曲線をなす「⌒」形で、二者の割合はほぼ同じである。弧状の橋の中に弧度が高く、半円形の「⌒」状を呈すものもある。たとえば、山東省嘉祥県武氏祠左石室西壁の画像に「⌒」形の橋を中心に「水陸攻戦図」が展開している（図1）。山東省の南部に「泗水昇鼎図」は数多く出土しているが、その中の鄒城市郭里郷高李村から出土した図2のような半円形の「⌒」状のアーチ橋は少なくない。

最近、西安の漢長安城の北側に渭水にかかる「厨城門橋」と「洛城門橋」の遺跡が発見され、木杭の橋脚や石材の部材などが出土している[46]。これらの橋面はもちろん現存しないが、内蒙古自治区和林格爾漢代壁画墓の「渭水橋」と題記する橋の画像で「厨城門橋」と「洛城門橋」の趣きはうかがえると思う（図3）。壁画の「渭水橋」は木柱の橋脚に支えられる橋面の上に木製の欄干や石材のような飾りが描かれ、橋の下に舟二艘が浮かべられている[47]。

上述した漢代の画像に見える橋梁は殆ど河川に架せられているが、幸いにも河南省南陽英庄漢代画像石墓から山岳の間を跨ぐアーチ状の橋梁の画像が出土している。これは本稿の推測する三神山との間にかかる「壺梁」を説明するにはうってつけの資料である。特にこの画像石墓の時代は前漢晩期から後漢初期とされ、建章宮太液池の造営時代とそれほど離れてはいない。報告書に「漁猟図」（図4）と称するが、画面の中心に弧状のアーチ橋二基は山岳間の水面に跨り、左右の連綿する山々に鹿などの獣が奔走している。アーチ橋の上に二人が魚釣りをして、橋下の水面に浮かぶ船の後部で一人が漕ぎ、船首のもう一人が「罩」というかごで魚を捕っている。左側の連山の中に龍の頭が露出し、その体は上に反り曲がって左のアーチ橋をなしているように見える[48]。これは張衡『思玄賦』にいう崑崙仙界の

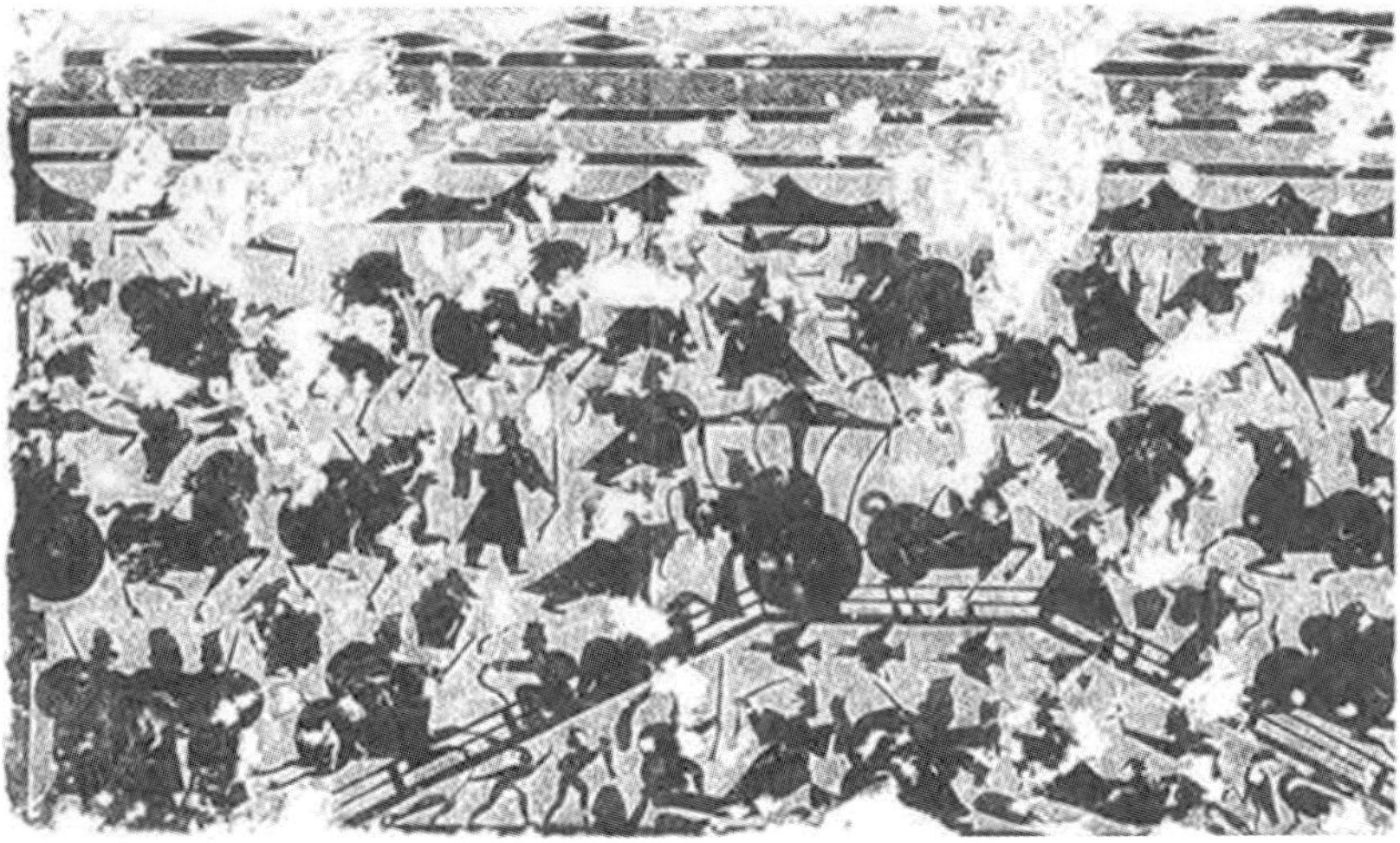

図１　山東省嘉祥県武氏祠左石室西壁「水陸攻戦図」画像
（中国画像石全集編輯委員会編『中国画像石全集』一、河南美術出版社等、2000年版、図版75）

図２　山東省鄒城市郭里郷高李村出土「泗水昇鼎図」画像
（中国画像石全集編輯委員会編『中国画像石全集』二、河南美術出版社等、2000年版、図版60）

図３　内蒙古自治区和林格爾漢代壁画墓「渭水橋」画像
（羅哲文「和林格爾漢墓壁画中所見的一些古建築」、『文物』1974年１期、36頁）

図４　河南省南陽英庄漢代画像石墓「漁猟図」画像
（南陽地区文物工作隊等「河南南陽県英庄漢画像石墓」、『文物』1984年３期、32頁）

「螭龍飛梁」そのものの描写であろう。また、この「螭龍飛梁」はこれらの連山やアーチ橋の仙界の性格を表明し、そこにいる人物がみな仙人であることは言うまでもない。

四　漢代思想史における橋の意義

　上述したように、漢代の文献や出土資料に関わる橋の資料を集めてきたが、それでは漢代思想史における橋の象徴的意味は何であろうか。

　『史記』留侯世家に、張良は下邳の橋に仙人の黄石公と出会い、「王者の師」となるための「太公兵法」が授けられたという。司馬貞の索隠に漢代の文潁や応劭の注を引用して、この橋は沂水にかかる橋とされる。ここの橋は仙人と出くわす神秘的な場所である。漢代画像石に多く見える「泗水昇鼎図」（図２）に、水面に挙げかかる鼎の中から龍の頭が出て、紐を噛み切る場面は同じく泗水の橋の神秘性を示していると思われる。

北魏酈道元『水経注』渭水条に引く『三輔黄図』には、始皇帝は咸陽の都城計画として「渭水は都を貫き以て天漢を象り、横橋は南へ渡り以て牽牛に法る」と見え(49)、渭水を天界の銀河、横門橋を仙人牽牛の渡る橋とされている。織女と牽牛の神話伝説は漢代前期から広く知られ、漢武帝が元狩四（前一一九）年に開鑿された昆明池の左右に織女と牽牛の石像が安置され、現在までに残る(50)。織女と牽牛が行き来する鵲橋は宋代陳元靚『歳時広記』巻二十六に引く『淮南子』に「烏鵲河を塡め橋を成して織女を渡らしむ(51)」、唐代韓鄂『歳華紀麗』巻三に引用する『風俗通』に「織女七夕に当に河を渡るべく、鵲をして橋を為さしむ(52)」とある。この天漢にかかる鵲橋は仙人である織女と牽牛の行き来する橋として歴史上名高い。

橋そのものは川や谷の対岸に渡るために必需の構築物であり、未知の世界を探るための媒介でもあると思われる。漢代の思想では、橋の空間は人間と神仙の出会う場や仙界に行き来する手段として、超自然的な神秘性を持っていたと言えよう。

五　古代造園思想の東アジアでの伝播

漢代に定着した神仙世界を憧憬する人工の池と中島（築山）と壺（弧）梁による庭園の構成要素は南北朝時代にも受け継がれている。その後、東アジア諸国の都城成立に伴い、朝鮮半島や日本列島に伝播したと考えられる(53)。たとえば、北魏楊衒之『洛陽伽藍記』巻一に「世宗海内に蓬萊山を作り、山上に仙人館有り。上に釣台殿有りて、並びに虹蜺閣を作り、虚に乗じて来往す」と、洛陽華林園の建築配置を述べている(54)。田中淡氏はこの虹蜺が「橋梁の表現」で、「空中廊の構成」であるという。[55] また、南朝梁の湘東王蕭繹は江陵の子城に湘東苑を作り、『太平御覧』に引く『渚宮故事』に「池を穿ち山を構え、……其の上に通波閣有り、水を跨ぎて之を為す」とある。[56] これらの苑池に人工の池及び築山のほか、波を凌ぐ飛閣も欠かせなかった。

『日本書紀』巻二十二に推古天皇二十（六一二）年に百済から帰化した「路子工」か「芝耆摩呂」と称される人は皇居の飛鳥南庭で須弥山形の築山と唐風の呉橋を作ったと記している。[57] この路子工は白癩の病気に罹り海の島に捨てられたらしい人物であるので、招かれた人ではなく、恐らく偶然に漂着されてきたのであろう。この呉橋は屋根のある空中廊の「虹蜺閣」であるかどうか明らかではないが、岸俊男氏の研究によれば、呉橋は中国江南地方の台階を持つ一種の反橋であるとされている。[58] この様式の反橋はもちろん南北朝時代に初めて生まれた形式ではなく、漢代以来の壺梁であろうと思う。この結論が妥当だとすれば、中国古典風のアーチ型の橋梁などを含む作庭技法は遅くても七世紀初頭に朝鮮半島を経て、日本に伝播したのであろう。

さらに中国伝統の自然風格庭園の影響などを受けて、平安時代には貴族庭園の「寝殿造」様式が形成され、現存する平泉毛越寺庭園遺跡や平等院鳳凰堂等がその典型的な事例である。[59] 近年来の研究により、平泉の諸庭園遺跡は中国古代庭園文化との関係が解明されつつある。本稿で取り上げるアーチ橋の壺梁と関係があるのはおそらく中尊寺の反橋であろう。「中尊寺供養願文」に「山を築きて以て地形を増し、池を穿ちて以て水脈を貯う」とあり、おそらく中尊寺の境内に池と島が造成され、そこに「反橋一道（二十一間）・斜橋一道（十間）・龍頭鷁首画船二隻」が設置されていたとされる。[60] 中島と対岸の間に架かる反橋が二十一間もある大きなアーチ橋であることは興味深い。

最後に、筆者が二〇一二年七月に蘇州において中国庭園遺跡を調査した際、視察した蘇州旧市街地西南部の外濠に架せられている呉門橋を取り上げたいと思う。この呉門橋は北宋時代元豊七（一〇八四）年に建てられ、清朝順治及

図５　現在蘇州の呉門橋（藪敏裕先生撮影、2012年７月）

び雍正年間に二回修復された。現存しているのは同治十一（一八七二）年に建てなおされたものであるが、アーチスパン一六メートルで石造りのアーチ橋として蘇州一高い橋で、古い時代の趣きが濃厚に残されていると思われる（図５）(61)。

おわりに

本稿では「壺梁」を「弧梁」と読み、アーチ形の橋梁のことで、「飛梁」・「飛橋」等と意味が近いことを明らかにした。「壺梁」は「蓬萊・方丈・瀛州」などの島と陸とを連結するアーチ形の橋であろう。出土資料である漢代の画像石や画像磚や壁画などに見える漢代の橋を参考にすれば、アーチ橋である壺（弧）梁の存在は間違いないと思われる。『日本書紀』に見える「呉橋」や「中尊寺供養願文」に出る反橋などはこのアーチ橋である「壺梁」と関係がある可能性が高いと思われる。

末筆ながら付記したいのは、「壺梁」を「弧梁」と読み、アーチ形の橋と解するのは現状では一種の推測であり、結着には今後漢長安城建章宮太液池の発掘でアーチ橋の遺構が検出されるのを待ちたい。

註

(1)〔漢〕司馬遷『史記』、中華書局、一九五九年版、四八二頁、一四〇二頁。下記の『史記』はみなこれによるが、南宋建安黄善夫刊本をも参照している。古典研究会叢書漢籍之部第二十一巻『史記』(五)、汲古書院、平成九年版、三三八頁、四〇一頁。

(2)〔漢〕班固『漢書』、中華書局、一九六二年版、一二四五頁。下記の『漢書』はみなこれによる。

(3)揚雄『校猟賦』に「泰液象海水周流方丈・瀛州・蓬萊」、班固『西都賦』に「濫瀛州与方壺、蓬萊起乎中央」、張衡『西京賦』に「列瀛州与方丈、夾蓬萊而駢羅」とある。『漢書』、三五四一頁。〔梁〕蕭統編『六臣注文選』、中華書局、一九八七年版、三一頁、五〇頁。

(4)『三輔黄図』に「(太液池)中起三山、以象瀛州・蓬萊・方丈」、その注に「武帝信仙道、取少君欒大妄誕之語、多起楼観、故池中立三山、以象瀛州・蓬萊・方丈」。陳直校正『三輔黄図校正』、陝西人民出版社、一九八〇年版、九七~九八頁。

(5)前掲『史記』、一三六九~一三七〇頁。「自威、宣、燕昭使人入海求蓬萊、方丈、瀛州。此三神山者、其傳在渤海中、去人不遠。(中略)蓋嘗有至者、諸僊人及不死之薬在焉」。南宋建安黄善夫刊本では「傅」を「傳」としている。

(6)前掲書『史記』、一三六九頁。「騶衍以陰陽主運顕於諸侯、而燕斉海上之方士伝其術不能通。然則怪迂阿諛苟合之徒自此興、不可勝数也」。

(7)何寧撰『淮南子集釈』、中華書局、一九九八年版、三一二頁。

(8)上海古籍出版社編『漢魏六朝筆記小説大観』、上海古籍出版社、一九九九年版、六一~七一頁。

(9)〔清〕阮元校刻『十三経注疏』、中華書局、一九八〇年版、二七一四頁。下記、『春秋左氏伝』・『尚書』などはみなこれによる。「(周公相武王、誅紂)伐奄、三年討其君、駆飛廉於海隅而戮之」。

(10)清華大学出土文献研究保護中心編『清華大学蔵戦国楚簡』(弐)、中西書局、二〇一一年版、一四一頁。「飛歴東逃於商盍氏、成王伐商盍、殺飛歷、西遷商盍之民于邾吾、以御奴虘之戎、是秦先人」。
(11)　李学勤「清華簡「系年」及有関古史問題」、『文物』二〇一一年第三期、七〇〜七四頁。
(12)　〔漢〕許慎、〔宋〕徐鉉校定『説文解字』、中華書局、一九八五年版、三五九頁。
(13)　張家山二四七号漢墓竹簡整理小組編『張家山漢墓竹簡』、文物出版社、二〇〇六年版、一六三〜一六四頁。「毋攻逢逢（蓬蓬）之気」。
(14)　周一謀等主編『馬王堆医書考注』、天津科学技術出版社、一九八八年版、二三八〜二四〇頁。「気則逢（蓬）然衰」。
(15)　〔唐〕房玄齢等撰『晋書』、中華書局、一九七四年版、四一六頁。
(16)　山東省文物考古研究所「山東済陽劉台子西周六号墓清理報告」、『文物』一九九六年一二期、四〜二五頁。
(17)　中国社会科学院考古研究所編『殷周金文集成（修訂増補本）』第二冊、中華書局、二〇〇七年版、一〇九四頁。陳夢家「西周銅器断代（五）」、『考古学報』一九五六年三期、一一〇〜一一一頁。
(18)　李歩青等「山東黄県帰城遺址的調査与発掘」、『考古』一九九一年一〇期、合訂本九一〇〜九一八頁。中美聯合帰城考古隊「山東龍口市帰城両周城址調査簡報」、『考古』二〇一一年三期、三〇〜三九頁。
(19)　袁珂校注『山海経』、巴蜀書社、一九九六年版、三七八頁。
(20)　孫亜氷等著『商代地理与方国』、中国社会科学出版社、二〇一〇年版、三七六〜二四八頁。
(21)　〔宋〕司馬光編著、〔元〕胡三省音註『資治通鑑』、中華書局、一九五六年版、一九四三頁。
(22)　張守中撰集『睡虎地秦簡文字編』、文物出版社、一九九四年版、二九頁。
(23)　徐元浩撰『国語集解』、中華書局、二〇〇二年版、一三〇頁。「天之所支、不可壊也」。
(24)　周祖謨撰『爾雅校箋』、雲南人民出版社、二〇〇四年版、二六頁。
(25)　蔣天枢校釈『楚辞校釈』、上海古籍出版社、一九八九年版、二一三〜二一四頁。「有巨霊之鰲、背負蓬萊之山」。
(26)　安居香山等輯『緯書集成』、河北人民出版社、一九九四年版、八六四頁。「巨霊贔屓、首頂霊山、負蓬萊山」。
(27)　〔南朝宋〕范曄撰『後漢書』、中華書局、一九六五年版、一九三二頁。「伏霊亀以負坻兮」。

(28) 烟台市文物管理委員会「山東長島王溝東周墓群」、『考古学報』一九九三年一期、五七～八八頁。
(29) 古文字詁林編纂委員会『古文字詁林』第四冊、上海教育出版社、二〇〇一年版、七六〇～七六四頁。
(30) 筆者は二〇一二年八月に山東大学文化遺産研究院方輝教授と愛媛大学へ訪問の際、神仙思想の発祥などについて論議し、方輝教授から王溝墓群の出土した青銅器に面白い符号が付いていると指摘された。この符号について、筆者は「巫」と解したほうがよいと考えている。方輝教授のご教示に感謝申し上げる。
(31) 前掲書『史記』、一四〇二頁。「其北治大池、漸台高二十余丈、命曰太液池、中有蓬萊、方丈、瀛州、壺梁、象海中神山亀魚之属」。
(32) 汪菊淵「神山仙島質疑」、『園林与花卉』一九八三年一期、一四頁。汪菊淵著『中国古代園林史』、中国建築工業出版社、二〇〇六年版、五九頁。
(33) 周維権著『中国古典園林史』、清華大学出版社、二〇一〇年第三版、八六頁。
(34) 小南一郎「壺形の宇宙」、『東方学報』六一冊、一九八九年、一六五～二二一頁。
(35) 〔唐〕陸徳明撰『経典釈文』、中華書局、一九八五年版、九〇頁。「弧、本亦作壺、京・馬・鄭・王肅・翟子玄作壺」。
(36) 馬王堆漢墓帛書整理小組「馬王堆帛書六十四卦釈文」、『文物』一九八四年三期、七頁。
(37) 韓自強著『阜陽漢簡「周易」研究』、上海古籍出版社、二〇〇四年版、六五頁。
(38) 〔清〕段玉裁『説文解字注』、江蘇古籍出版社、一九九八年版、二六七頁。「梁之字用木跨水、則今之橋也」。
(39) 小野健吉氏は反橋を「反りのついた橋。主に木橋であるが、近世以降は石造の反石橋も見られる」と定義している。氏著『日本庭園辞典』、岩波書店、二〇〇四年版、一七八頁。
(40) 〔北魏〕酈道元注、楊守敬等疏『水経注疏』、江蘇古籍出版社、一九八九年版、六〇九～六一〇頁。
(41) 前掲書〔梁〕蕭統編『六臣注文選』、二八頁。「抗応龍之虹梁」の注に「梁形似龍而曲如虹也」とある。岩手大学名誉教授福井正明先生から虹梁は建築用語として使われることをご教示いただき、深く感謝申し上げる。
(42) 〔唐〕徐堅等著『初学記』、中華書局、一九六二年版、一五六～一五七頁。

(43)〔唐〕杜宝撰、辛徳勇輯校『大業雑記輯校』、三秦出版社、二〇〇六年版、一六頁。
(44)中国画像石全集編輯委員会編『中国画像石全集』全八巻、河南美術出版社等、二〇〇〇年版。
(45)中国画像磚全集編輯委員会編『中国画像磚全集』全三巻、四川美術出版社、二〇〇六年版。
(46)劉瑞等「西安発現迄今最早最大木梁柱橋――秦漢「渭橋」」、『中国文物報』二〇一二年五月二十五日第八版。
(47)羅哲文「和林格爾漢墓壁画中所見的一些古建築」、『文物』一九七四年一期、三六頁。
(48)南陽地区文物工作隊等「河南南陽県英庄漢画像石墓」、『文物』一九八四年三期、二五～三七頁。
(49)前掲書『水経注疏』、一五八〇頁。
(50)顧鉄符「西安付近所見西漢石彫芸術」、『文物参考資料』一九五五年一一期、五頁。湯池『西漢石彫牽牛織女辨』、『文物』一九七九年二期、八七～八八頁。
(51)〔宋〕陳元靚『歳時広記』、王雲五主編『叢書集成初編』、商務印書館、中華民国二十八（一九四〇）年版、二九七頁。「烏鵲塡河成橋而渡織女」。
(52)〔唐〕韓鄂『歳華紀麗』、王雲五主編『叢書集成初編』、商務印書館、中華民国二十六（一九三八）年版、七七頁。「織女七夕当渡河、使鵲為橋」。
(53)拙稿「以登州為中心的東亜海上交流与造園思想的伝播」、蓬莱閣管理処編『海上絲綢之路与蓬莱古船・登州港　国際学術討論会文集』、黄海数字出版社、二〇一二年版、七六～八一頁。
(54)〔北魏〕楊衒之著、范祥雍校注『洛陽伽藍記校注』、上海古籍出版社、一九七八年新一版、六五～六六頁。「世宗在海内作蓬萊山、山上有仙人館。上有釣台殿、並作虹蜺閣、乗虚来往」。
(55)田中淡「日本における中国庭園」、蔡毅編『日本における中国伝統文化』、勉誠出版、平成十四（二〇〇二）年、一七五～一七六頁。
(56)〔宋〕李昉『太平御覧』第二巻、河北教育出版社、一九九四年版、八三三～八三四頁。「穿池構山、（中略）其上有通波閣、跨水為之」。

（57）坂本太郎等『日本書紀』下（日本古典文学大系六八）、岩波書店、一九六七年版、一九七〜一九九頁。
（58）岸俊男「小墾田宮の呉橋」、『古代宮都の探究』、塙書房、昭和五十九（一九八四）年版、一八六〜一九六頁。
（59）前掲田中淡氏の「日本における中国庭園」、一七四〜一八五頁。
（60）東北大学東北文化研究会『奥州藤原史料』、吉川弘文館、一九五九年版、一〇二〜一〇四頁。
（61）劉偉明等編著『蘇州古橋文化』、古呉軒出版社、二〇〇九年版、四三頁。

唐代東都の庭園遺跡及び造園の特徴に関する研究

李　徳方、馬　依莎
渡辺　雄之　訳

はじめに

洛陽は唐代における東都である。東都城内には皇族の宮廷庭園があり、また個人の管理する邸宅庭園や寺観庭園等がある。東都城の西側には城の数倍の面積を誇る御苑、神都苑が連なっており、中国封建社会隆盛期の庭園都市とも称すべきものである。千百年という歳月の中で、王朝は幾度も交替し、かつて栄華を極めた都市はすでに滅んで廃墟となり、多くの庭園や建造物は地下に埋もれてしまった。二十世紀末葉の八十年代から九十年代にかけて、都市建設計画を協同して進めるために、中国社会科学院考古研究所の洛陽唐城チームが相継ぎ三か所の唐代の庭園遺跡を発掘し、唐代庭園の研究にとり信頼するに足る資料を手に入れた。本論文では、まずこの三つの庭園遺跡の、考古学上の主要な発見について述べ、その後造園における特徴とそれに関連する問題について考察する。

一　唐代東都庭園遺跡の考古学上の発見

すでに考古学的手法によって発掘された唐代東都の庭園遺跡は、九洲池遺跡、上陽宮遺跡そして白居易故宅庭園遺跡である。以下、これらの遺跡の考古学的手法における発掘による主要な発見について述べる。

（1）　九洲池遺跡

九洲池遺跡は洛陽宮城の北西部、現在のガラス工場区域の北側に位置し、北方二五〇メートルには陶光園が、西方

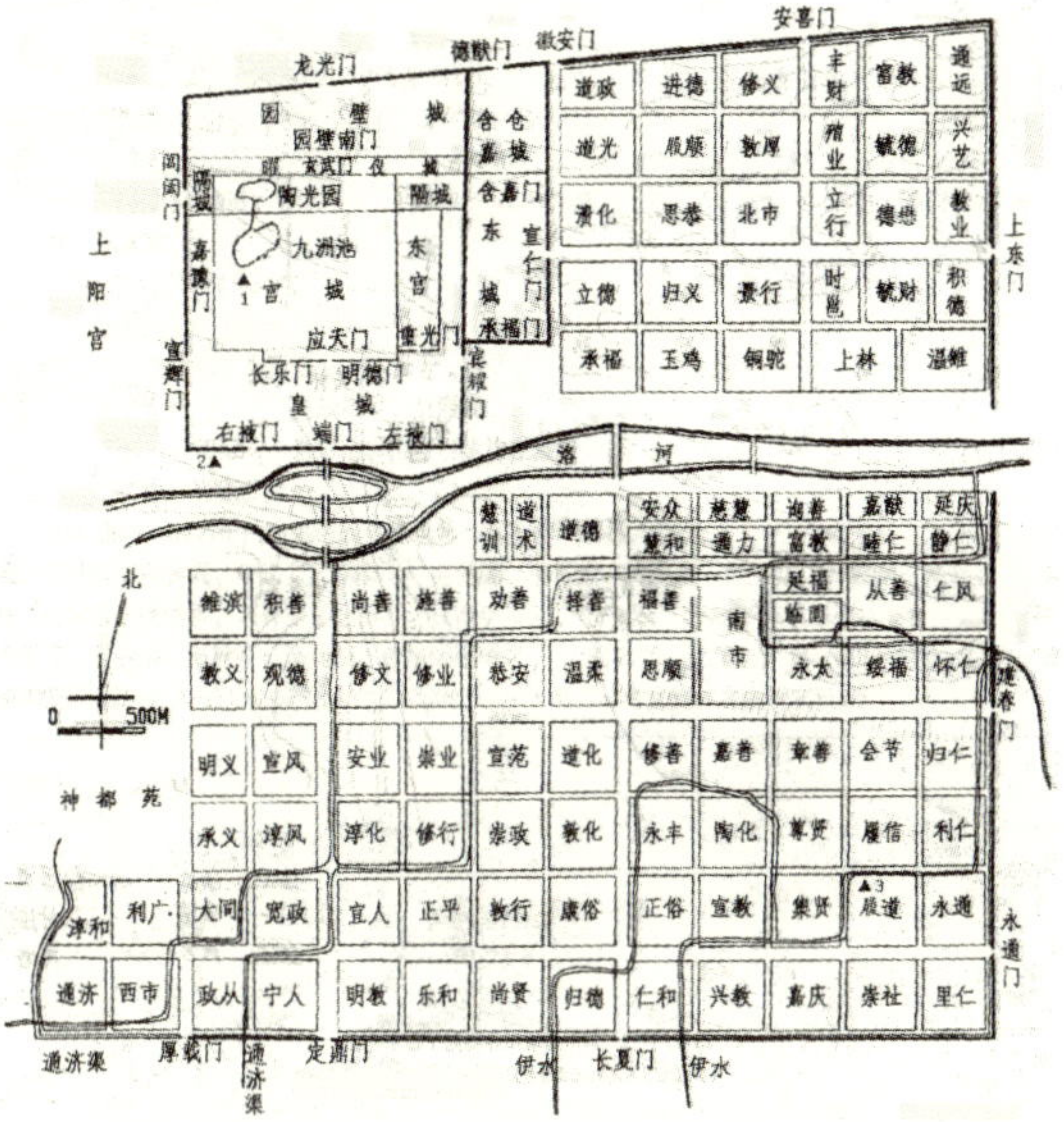

図１　唐東都考古発掘園林遺跡位置図
１、九洲池遺跡　２、上陽宮遺跡　３、白居易宅園遺跡

四四メートルには宮城の西の城壁がそれぞれある（図１―１）。考古学による発掘と地下の実地調査を行うことで、九洲池の位置、平面図、水の取排水口、湖内の島及び島や湖畔に建っていた建造物に関する事実がまず明らかとなった(1)。

１・九洲池及び取排水口

九洲池の岸は屈曲し、不規則な楕円形をしており、東西の長さは約二〇五、南北の幅は約一三〇メートル、深さは約三・六メートルである。池の北東、北西の隅にはそれぞれ取水口があり、幅はいずれも五メートルで、水路は揃って北へ伸び、陶光園へと入っていき、陶光園内の東西の水路に繋がっている。九洲池の南には三つの排水口があり、それぞれ水路となって伸びている。それら三本の水路のうちの二本は、九洲池南岸にある二つの建物の土台の間を突き抜けて流れ、もう一本の水路は南へと分流していくため、池の水は絶えず入れ替わっている。

２・湖内の島

九洲池内からは五つの島が発見された。島の形はほぼ整った円形のものと楕円形のものとに二分される。円形のものは直径約三〇メートル、楕円形のものは、長径がそれぞれ約四〇、五〇、五〇メートルであり、短径はそれぞれ約三五、二三、三〇メートルである。島は未熟土を基盤としており、このことから九洲池が人工的に造られたものだということが分かる。

3・島上の亭台建築物

五つある湖内の島のうち三つには、それぞれ亭、台等の建造物が整然と並んでいる。

一号亭台建築　九洲池東部の二号島の上に位置し、地突きした土台の一部がわずかに残るのみである。土台の北西隅には、土台の外側を覆う瓦が残っており、土台の上部には依然として二列に並んだ方形の柱の跡があり、その穴の内部には柱の基部が置かれている。二号亭台建築　九洲池南東の三号島の上に位置し、わずかに地突きをした土台と建築物周辺を覆った瓦、柱の基部、階段等が残る。敷地は北側に定められ南を向き、平面上では東西の長さが一一・四、南北の幅が八・五八メートル、土台は地突きが施されており、厚さ〇・七メートル、周囲は長方形の瓦で覆われており、台の上部には整然と五列の柱の跡が並んでいる。土台南側の両端にはそれぞれ瓦を積み重ねて造った二段の階段があり、北側の中央にも一つの階段がある（図2、3）。

三号亭台建築　九洲池南西隅の五号島の上にあり、東に建てられ西を向き、わずかに地突きをした土台が残る。土台は長方形をしており、南北の長さは九・七二、東西の幅は六・七四メートルで、周囲は灰色の瓦で覆われており、現在は四層が残っている。土台の上には列をなした柱の跡と方形柱の基部が残っている。階段は土台西側の中程に位置しており、瓦で修復されている（図4）。

この三つの亭台建築のうち、一号建築は割合小さくかつ完全な形では残っておらず、他の二つは比較的規模が大き

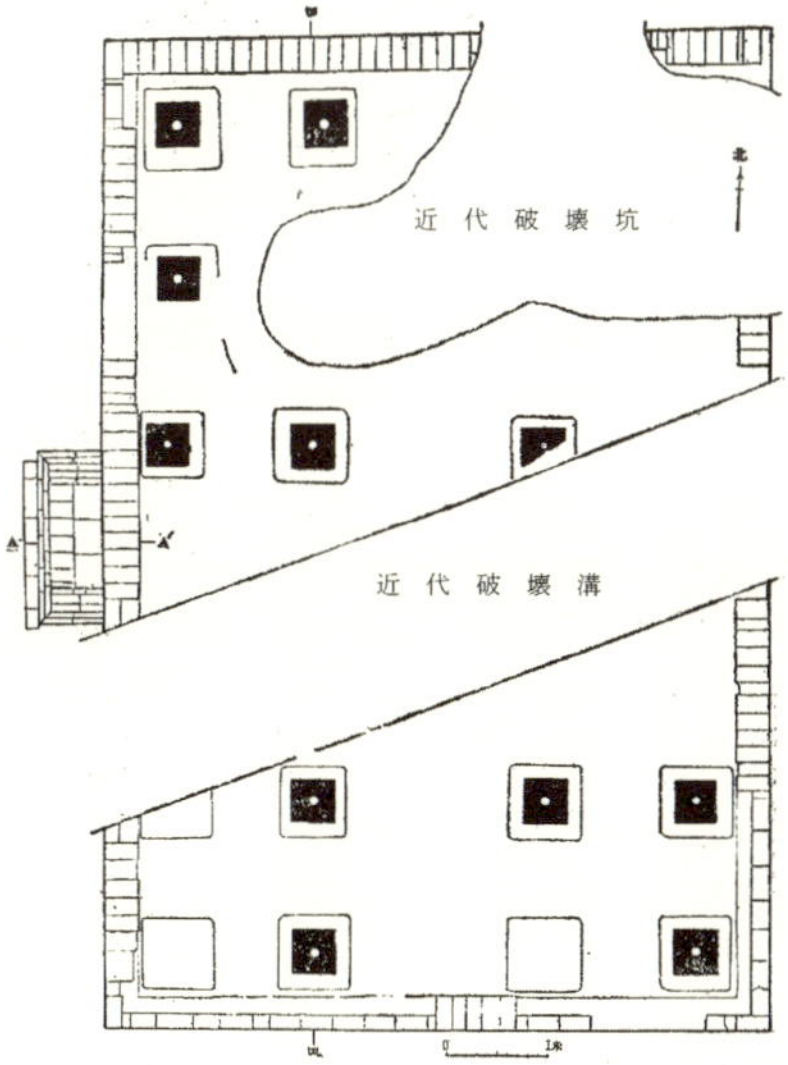

図4　九洲池五号島三号亭台建築平面図

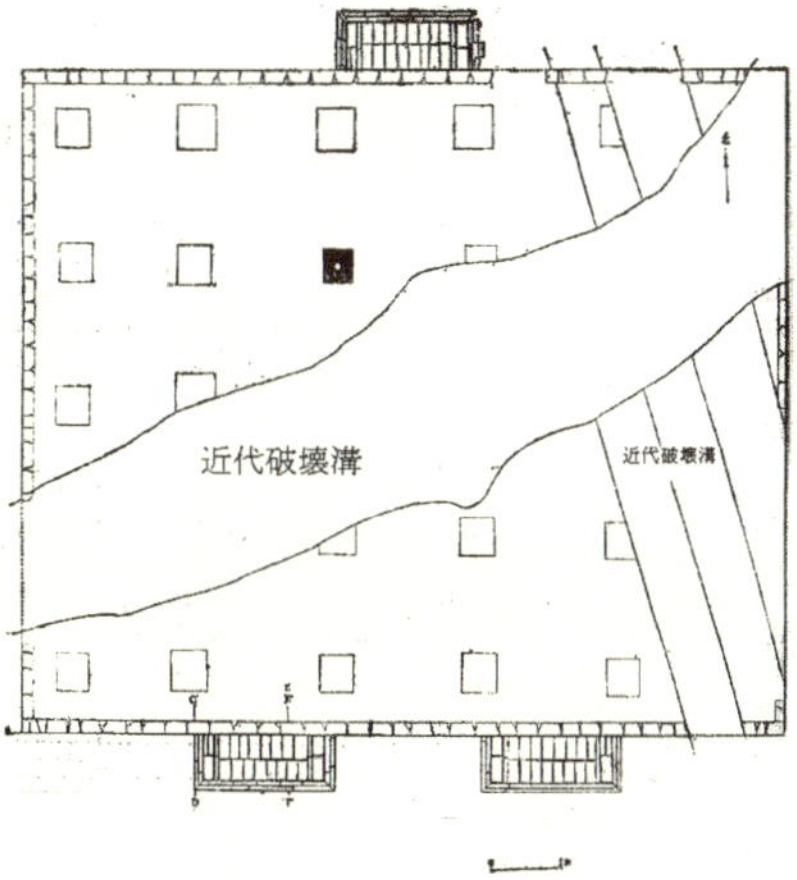

図2　九洲池二号亭台建築平面図

図3　九洲池二号亭台建築階段

くほぼ完全な状態で残っているが、三つとも全て建築の基本的構造は一致している。

4・池畔の房室

九洲池の南岸には、唐代の房室の土台が三つ残っており、東西の方向に列をなし、南から北へ、九洲池に面するように建てられていた。三つの土台はわずかに地突きされたものが残り、いずれも長方形をしており、その南側は全て一直線上に並んでいる。一号台は東西の長さ二〇・三、南北の幅一三・三五メートル、二号台は、東西の長さ二七・八五、南北の幅は二七・二メートル、三号台は東西の長さ二〇・五、南北の幅一三・五メートルである。三つの房室の周囲は皆瓦で覆われ、継ぎ手は平らに積み重ねられ、外壁には犬走りが設けられている。三つの土台の間にはそれぞれ南北に伸びた地下用水路があり、水路の両側には柱の基部が列をなしている。基部の上には方形の枘穴が開けられており、ここから推測するに、土台と土台の間には橋が渡してあり、その橋上には柱に懸かった廊下が造られていた(2)（図5）。

九洲池の南西からは回廊の跡が二つ見つかっている。これら二つの回廊はいずれも東西に向かって伸び、南北に並べられている。南側の廊下の残存部分は東西の長さ四三・五、南北の幅六・二五メートル、北側の廊下の残存部分は東西の長さ四二・六、南北の幅五・六メートルである。南北の廊下にはそれぞれ二列に柱の跡が並び、土台の外側にはそこを覆っていた瓦や犬走りが残る。二本の廊下の間は五・一メートルあり、その間からは瓦で舗装された通路が四本発見されている（図6）。これら二本の廊下の間では明暗水路が九洲池に通じている（図7）。

発掘された資料からは、北側の廊下の東端より北に七・二メートルの所が九洲池の南岸にあたることが分かる。『元河南志』には次のように記載されている、「九洲池は仁智殿の南、帰義門の西に在り。其の池 屈曲し、東海の九

図５　九洲池南畔廊下建築遺跡

図７　九洲池西南畔廊下建築東端平面図水渠遺跡

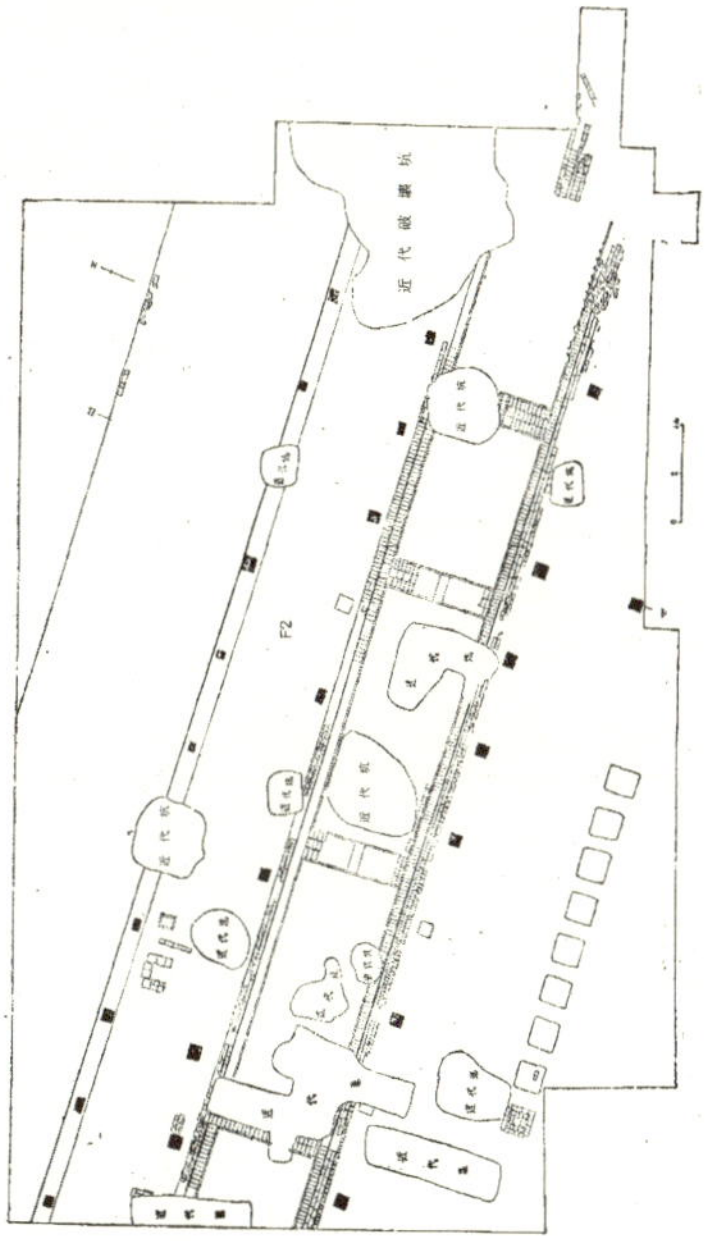

図６　九洲池西南部廊下建築平面図

洲に象《に》る。地十頃に居り、水深丈余、鳥魚 翔泳し、花卉羅植す」[3]。また『唐両京城坊考』に次のように記載されている、「九洲池は、池の洲なり、殿を瑤光と曰ひ、亭を瑠璃と曰ひ、観を一柱と曰ふ。池を環るは、花光院と曰ひ、山斎院と曰ひ、翔龍院と曰ひ、神居院と曰ひ、仙居院と曰ひ、仁智院と曰ひ、望景台と曰ひ、西は則ち隔城に達す」[4]。考古学的手法により発見された九洲池の形状、深度、湖内の島の亭台建築及び池をめぐって造られた回廊の土台等は、全て文献の記載と合致する。考古学的手法により発見された亭台、回廊等と、文献に記載された名称とをこじつけて比較することは難しいものの、すでに九洲池が内に水を引き入れ、中に人工の島を造り、その島には亭が建ち、周囲を回廊がめぐった人工の「東海」の仙境であったことは明らかである。

（2）上陽宮遺跡

考古学的手法により発掘した上陽宮遺跡は、唐代の上陽宮遺跡のほんの一部であり、それは皇城南壁の西寄りの場所の南側に位置している（図1―2）。一九八九年から一九九三年にかけて、住宅団地の基本建設における工事を協力して進めるため、擬似建設区において考古学の発掘を行い、総面積一六四八平方メートルの土地を発掘したところ、池、取水口、築山、石畳の道、護岸遺跡、回廊、水際の東屋よりなる唐代の庭園建築が発見された（図8、9、10）。

1．池、取水口及び排水口

『洛陽唐東都上陽宮園林遺址発掘簡報』は池について以下のように記述している、「東西に向かって細長な形をしており、南北両岸は地勢に沿ってやや屈曲している。露出した部分は東西の長さ五三メートル、南北の幅の広狭は一定でなく、最も広い所は上部の広さ五、底の広さ三メートルで、最も狭い所は、上部の広さ三、底の広さ一・二メート

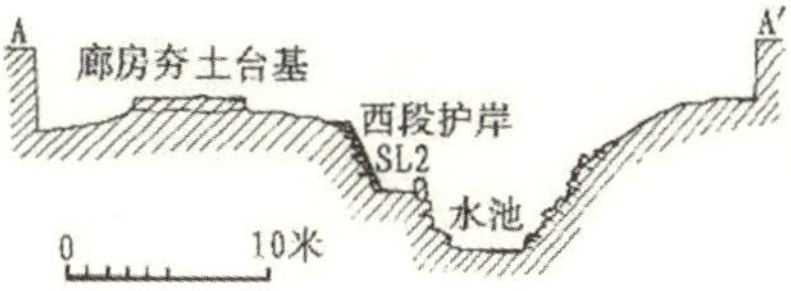

図10　上陽宮園林遺跡断面図

図８　上陽宮園林遺跡全景

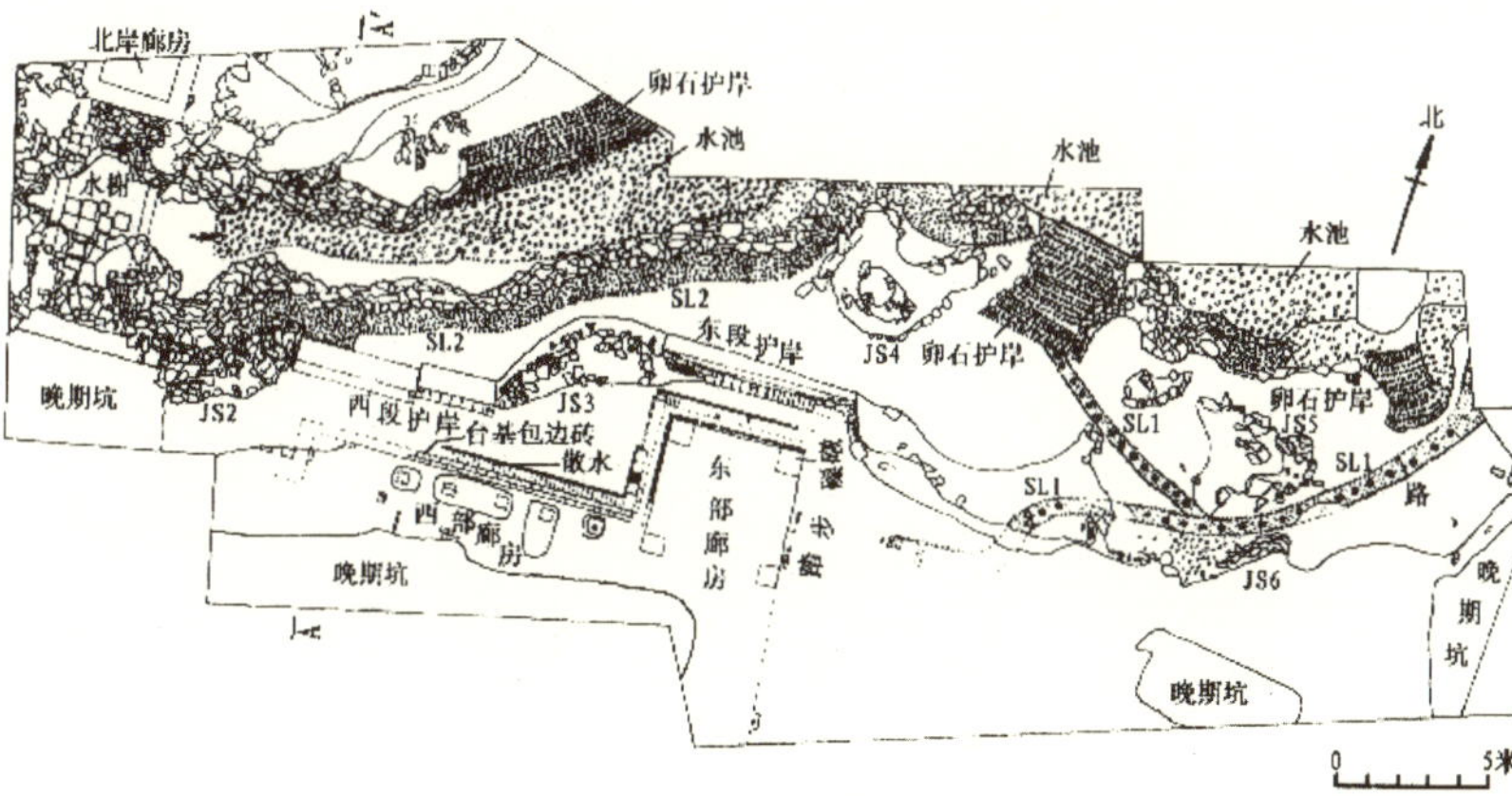

図９　上陽宮園林遺跡平面図

ルであり、池の深さは一・五メートル前後である。地勢は西側が高く東側が広く」、「池の底は地突きが施されており、川岸には栗石がある」[5]。

取水口は水路の西側に設けられ、黒石で固められており、その底は一・五メートルの高さまで突き出している（取水源の概要については後述する）。池の排水口は、発掘区域の東端と西端が、それぞれ『簡報』が述べる「晩期坑」による破壊を受けている。一つ目の理由は、黒石で固めた池の護岸は、南東の所で南に向かってはっきりと折れ曲がっており、かつ池の広さも排水口と同程度に狭まっているためであり、二つ目の理由は、一九九九年に池の南東一〇〇メートルの所から石で固めた護岸を持つ南北に伸びた水路が一本発見されたことである[6]。この水路と先の池は間違いなく繋がっており、池の水流は「晩期坑」の位置に該当する排水口を通ってこの水路へと流れ出る。

2・築　山

池の南側にあり、黒色の太湖石がいくつも積み重なっている。太湖石の高さはまちまちで、形は犬牙錯綜しており、まるで黒い山のようである。

3・石畳の路

池の南岸には二本の石畳の路（ＳＬ１、ＳＬ２）がある。ＳＬ１は岸辺に建つ二層になった台の上に位置し、東から湾曲して西へと伸び、また南北に分岐して、北側の一本は北西へと伸びて池に向かい、南側の一本は西へ伸びて回廊の跡の所へ続いている。ＳＬ２は南岸の台地の上に設けられ、屈曲して西へと向かい、築山の太湖石が林立する間を抜けていき、水際の東屋へと続いていく。この石畳の路は栗石を用いて敷かれており、道端は石灰石で固められ、路の西側には綾模様のある石を組み合わせて作った図柄がある（図11、12）。

4・護　岸

池の南岸には瓦を敷き詰めて造った護岸がある。瓦の壁は下から上にかけて斜めに傾き、上部には依然として柵の柱を固定するための石が五つ残っている。

5・回　廊

図11　上陽宮園林遺跡玉石敷き路面の図柄

図12　上陽宮園林遺跡水池北岸玉石路面（ＳＬ２）及び護岸

わずかに土台が残るだけであり、池の南岸に二つ、北岸に一つある。南岸東寄りのものは地突きされた土台だけが残り、形は長方形であり、外壁には周りを覆う瓦と犬走りが見られる。南岸西寄りの一か所と東寄りの一か所は繋がっており、その両方を結ぶ回廊の西側はわずかに折れ曲がっており、全体として東西に伸びている。この回廊の土台の北側には、補強用の瓦と犬走りが残っている。北岸の回廊には部分的に地突きされた土台が残り、南北に伸びている。土台を補強した瓦は残っておらず、わずかに瓦で覆われた溝だけが残る。

6・水際の東屋

東屋は池の西側に位置し、わずかに水面下の土台が残り、表面は方形の瓦や方形の石で覆われている。東屋の底部はまず土台が地突きされ、その上に横木を据え、さらに横木の上に柱を立てて東屋を築いている。これは古の「睡木沈基」という建築法である。この東屋は池の西側の南北両岸が交わる場所に位置し、取水口に近接しており、両岸の行き来に便がある。発掘当時、東屋跡には緑や茶色の釉薬をかけた瑠璃の瓦や長形の瓦等の建築材料が整然と出土した。

発掘区域は皇城の南西に位置している。それは皇城の南壁から四〇メートル離れ、東は皇城右の脇門から約二五〇メートル離れており、南は古の洛水に面し、文献に記載された唐代東都の上陽宮の位置と一致する。『大唐六典』巻七「尚書工部」に、「上陽宮は皇城の西南、苑の東垂に在るなり。南は洛水に臨み、西は谷水に距《いた》り、東面は即ち皇城右掖門の南なり」とある。これにより、発掘区域が唐代の上陽宮の一部であることが分かる。歴史の上では、上陽宮は建築の秀麗さによって知られており、唐人も多くこれを詩に詠んでいる。王建「上陽宮」に、「上陽の花木曾て秋ならず、洛水　宮を穿ち処処流る。画閣紅楼　宮女笑ひ、玉簫金管　路人愁ふ。幔城　澗に入り橙花発《ひら》き、玉輦　山を登り桂葉稠《おほ》し。曾て読む列仙王母の伝、九天未だ此の中游に勝らず」とある。上陽宮遺跡の庭園内の配置には無駄が無く、構想は精密であり、回廊や東屋が交錯して趣があり、山水が自然美を現出し、唐人の優れた造園芸術を表現している。

（3）白居易故宅庭園遺跡

白居易故宅庭園遺跡は唐代東都の南東の履道坊、現在の獅子橋村の北東一五〇メートルの所に位置しており、西側には南北に田舎道が走っている（図1―3、13）。

白居易故宅庭園の位置や規模、園内の配置等に関して、史籍の記述は非常に詳細である。『旧唐書』巻一六六「白居易列伝」に、「初め居易杭州に罷せられ、洛陽に帰る。履道坊に故散騎常侍楊憑の宅を得。竹木池館、林泉の致有り」とあり、また、「東都の風土水木の勝は東南偏に在り、東南の勝は履道里に在り、里の勝は、西北隅に在り。西閈北垣の第一第は、即ち白氏叟楽天退老の地なり」とある。『唐両京城坊考』に、「居易の宅は履道の西門に在り、宅の西牆は下に伊水渠に臨み、渠又た其の宅の北を周る」とある。また白居易「池上篇并序」と「履道里第宅記」に、「地方十七畝、五畝の園、水一池有り、竹千竿有り。……堂有り序有り、橋有り船有り」とある。(7)

一九九二年から一九九三年にかけて、考古学者達は試堆により確認された履道坊の位置と史籍に記載された白居易故宅遺跡の方位とによって、履道坊遺跡北西の西坊の壁の両側において、広範囲な発掘を行った。発掘が行われた土地の面積は七二四九平方メートルであり、同時に発掘区域の南部において地質調査を行い、白居易故宅庭園の現存状況をほぼ明らかにした。以下の記述では、『洛陽唐東都履道坊白居易故居発掘簡報』及び初期段階の研究成果に基づき、(8)『簡報』中に記載された唐代の水路、池沼、小水路、故宅庭園遺跡、円形の瓦を積み重ねて造った遺跡を称す伊渠、南園の湖、取水口、邸宅、そして作業場についてそれぞれ述べる。また、発掘により出土した唐代の遺物についても概説する。

図13　白居易故居遺跡全景

1．坊　壁

坊の壁は履道坊の西壁に繋がっており、伊渠の東に位置し、南北に伸びている。壁の下には基礎工事用の溝が掘られ、その中には土が詰められ、さらに突き固められて壁が造られている。壁の東側には漆喰として石灰が塗られている。

2．伊　渠

伊渠は坊壁の西側の履道坊と集賢坊の間に位置し、南北に伸びている。北は履道坊の西北隅に至って東に折れており、水路の幅は一〇メートル前後、発掘して見つかった長さは一二八メートルであり、『唐両京城坊考』に記載された「宅の西牆は下に伊水渠に臨み、渠は又た其の宅の北を周る」の一節に合致する。

3．邸　宅

邸宅は発掘区域の北側に位置し、主に中庭、東西の回廊、東西の脇部屋、門衛詰め所等により構成されている。中庭は東西の回廊の間に位置し、土地は方形で、東西の長さは五・五、南北の幅は五・八メートルである。地固めされ、南北には石が積み上げられて壁の基部や犬走りが造られており、中央には瓦を積み上げた階段がある。東西の回廊及び東西の脇部屋は中庭の東西に位置し、わずかに壁の基部と犬走りとが一部残るだけである。東西の回廊は四つの部分に分けられ、全てさしがね状をしている。脇部屋は南西の回廊と北西の回廊との間に位置し、長方形をしている。東西の回廊と東西の脇部屋の内側には「工」字型をした庭がある。門衛の詰め所は中庭の南に位置し、平面上では

「凸」字型をし、現存している部分は東西の長さ五・九、南北の幅一・四五メートルであり、中庭と南北に向かい合っている。この邸宅は南に門衛詰め所、中央に中庭があり、そして北には母屋があると考えられる。母屋と中庭の間には東西に回廊と脇部屋が造られており、前後二つの庭を設けた邸宅である。

邸宅中庭の西寄りの所には石を積み上げて造った水路が東西に伸びており、両側の壁と底には石材が敷き詰められている。また東寄りの所には貯水池があり、池と水道は繋がっている。池は楕円形をしており、南北の長径は九・四、東西の短径は三・五、深さは一・八～二・二メートルである。

4・南園の湖

南園の湖は邸宅の南に位置し、園内には三三〇〇平方メートルの土地に沖積土による池沼地帯が広がり、深さは一・九～三・二メートルである。これこそまさに、文献に記載された「水有り池有り」「橋有り船有り」という南園の池である。

5・取水口

取水口は南園の湖と伊渠との間にあり、これが伊渠の水を南園の湖へと引き入れている。

6・作業場

作業場は邸宅の西南に位置し、土地は円く窪んでいる。そして、その窪みの上にある周壁、作業台、中央の円い穴の三つの部分よりなっている。窪みの上の周壁は孤形の瓦を積み上げて、作業台は台形の瓦を積み重ねて、下方の中央にある円形の穴は長方形の瓦を貼り付けてそれぞれ造ってある。円形になった周壁の口径は二・一、残存部分の高さは〇・三五メートルである。作業台の高さは唐代の地表と同じであり、幅は〇・六五メートルである。中央の円形の穴は、口径〇・八、深さ〇・五メートルであり、底には草木の灰や赤土が見える。発掘者の考えでは、これは酒を醸造する作業場である。

7・唐代の遺物

発掘区域からは大量の唐代の遺物が出土した。多くは建築の材料や生活用品であり、その他はわずかに磁器が八〇〇点余りあるばかりである。磁器には壺、盆、濾過器、碗、大皿、鉢、杯、茶托、茶臼、茶碾、小箱そして硯（図14）等があり、また石製の硯、仏号や経文を刻んだ石柱、三彩の器（図15）、金の腕輪（図16）、及び大量の貨幣が出土した。発見された石柱はいずれも一部分であり、そのうちの一本は六面に二三〇余りの文字が残っている。それは楷書で書かれた陀羅尼の経文であり、内容は「開国の男白居易 此の仏頂尊勝大悲を造る」というものである。

白居易（七七二〜八四六）、字は楽天、また香山居士といい、晩年には洛陽に十八年間居り、僧如満と親交があり、会昌六年履道坊に卒した。考古学の発掘により、白居易故宅庭園は北が邸宅、南には広大な園池が広がり、西は伊渠に隣接していることが明らかとなった。当時の亭や台、橋や船等はもはや求めることはできないが、発掘された資料から、そこが間違いなく水源の豊かな、樹木の生い茂った、すばらしい景色の広がった古典的な庭園であったことが分かる。またそこから出土した茶器、酒器、硯、そして石柱等は、かの詩人と大きく関係している。ここから、詩人が生前に文筆に力を入れていたことや、酒や茶を嗜み、仏教に深く帰依していたこと等が想像されるのである。

また、中国庭園史の大家である王鐸氏は、史籍と考古学の資料から、「白居易洛陽履道里宅園平面図」（図17）(9)や

「白居易洛陽履道里宅園想像俯瞰図」（図18）[10]を描き出した。後学の徒から見れば、氏の学識はまことに尊崇すべきものであり、これらの図を見ることは白居易故宅庭園の研究をする上で貴重な参考資料となるであろう。本論文は主に考古学の資料に拠って古代の造園の特徴について考察を加える。また、ここでは庭園の原型についてあまり多くは述べずにおく。

図14　白居易故居出土の磁硯

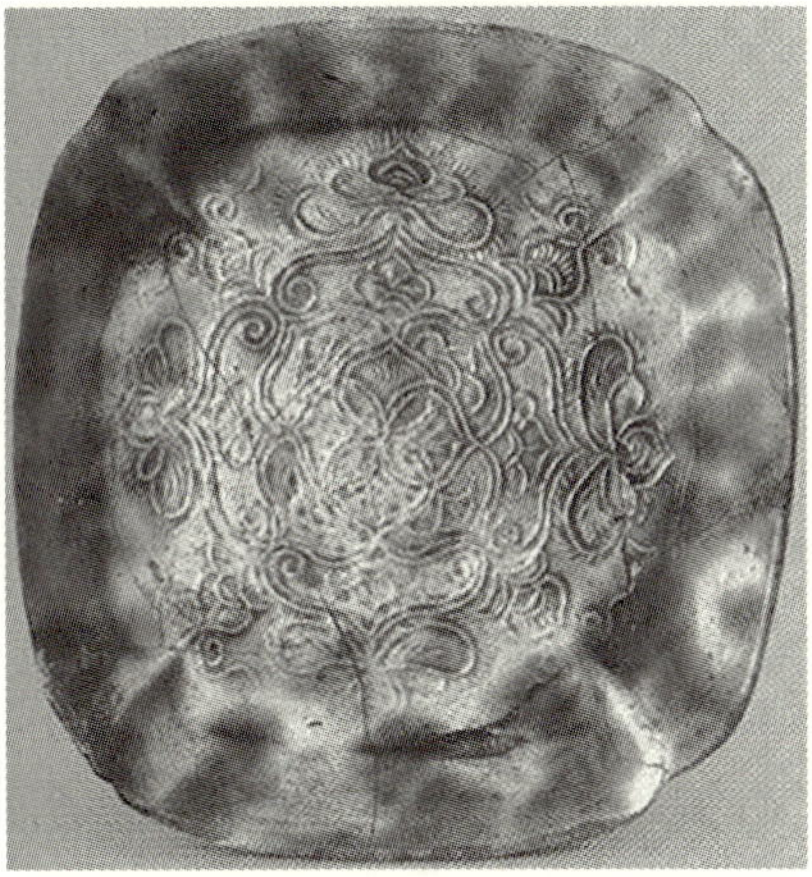
図15　白居易故居出土の三彩印花盤

図16　白居易故居出土の金腕輪

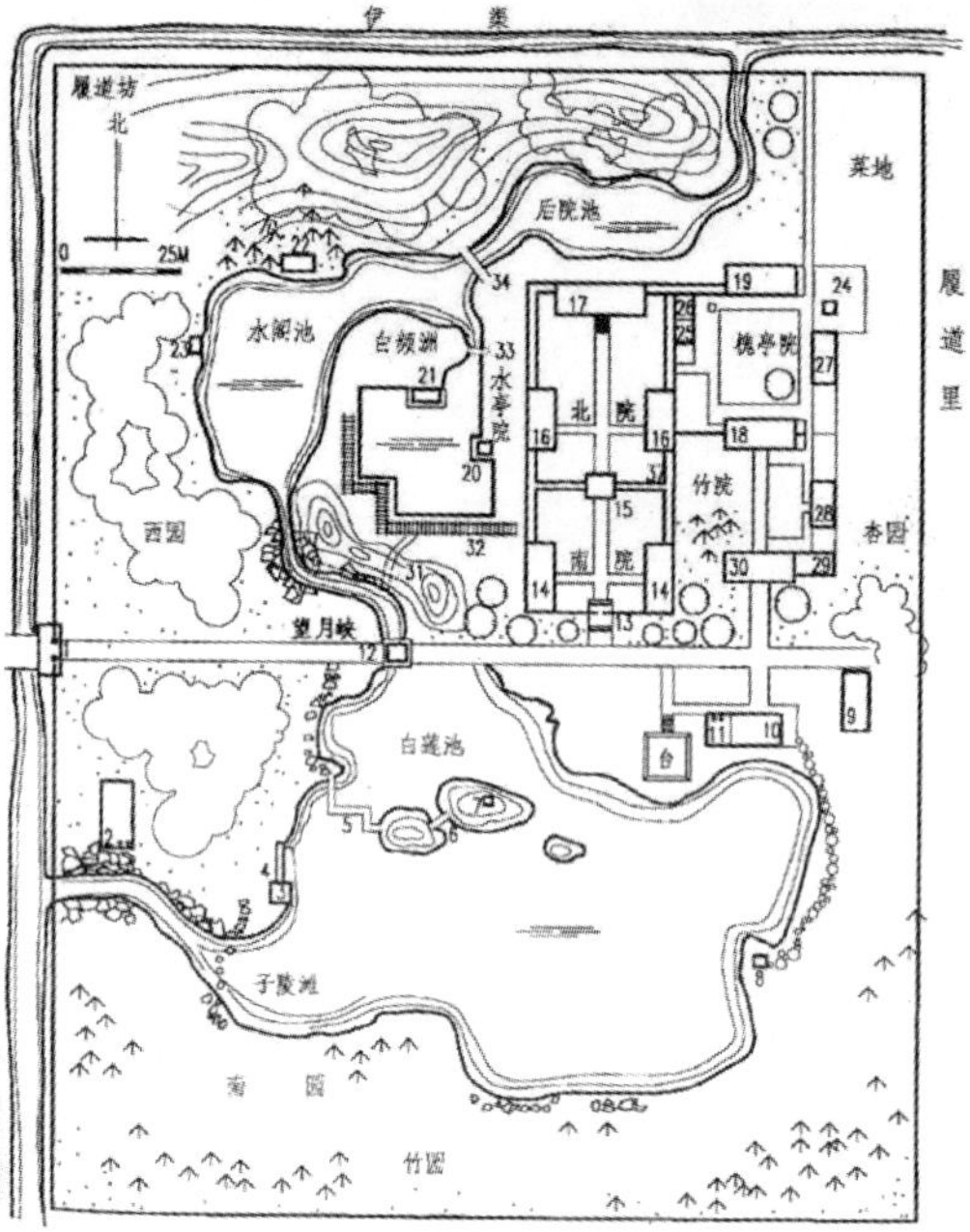

図17　白居易洛陽履道里宅園想像平面図

図18　白居易洛陽履道里宅園想像鳥瞰図

二　考古学的手法により発掘された唐代東都庭園遺跡の造園の特徴

以上、考古学的手法により発掘された唐代東都庭園遺跡の主要な成果についてそれぞれ述べてきた・以下、その造園の特徴について検討する。

唐代東都の、すでに考古学的手法により発掘された庭園遺跡は、皇室庭園と個人の邸宅庭園の二つに分類されると考えられる。九洲池、上陽宮は皇室庭園に属す。九洲池は宮城内に位置しており、これは皇帝の所有である。史書によると、武則天の陵墓は九洲池に近く、上陽宮は唐高宗の上元二（六七五）年に建造が開始された。これらは司農卿韋弘機が監督して建てたものであり、高宗、武則天期の重要な政治活動の場であった[11]。白居易故宅庭園は個人の邸宅庭園に属し、その代表ということができる。これら二種類の庭園は、前者が後者に比べて豪華であるとはいえ、いずれも唐代東都庭園の代表的なものであり、造園の特徴においては両者共通するものがある。そのため筆者は主に考古学の成果に拠ってその造園の特徴について以下のような考えを提示する。

（1）　水を導き園に入れ、水を以て勝と為す

水を導き園に入れ、水を以て勝と為すとは、水を宮園、邸宅庭園内に引き入れ、それによって水を景色の中心に据えた庭園を造ることである。

九洲池遺跡、上陽宮に引き入れられた水は、いずれも谷水の水である。

その水は東に向かって唐代東都の北西の辺に注ぎ、三本に分流する。東へ流れる一本はそのまま宮城へ入り、南東

へ流れる一本は宮城の南西を通って洛陽に入り、南へ流れる一本は神都苑へと入っていく。[12]東へ向かって流れ宮城内に入る支流の遺跡は、一九九九年の考古学により発掘された資料によって存在が証明された。その支流は宮城の西壁寄りの所から城壁内へ入るが、その場所には当時、柵と獄坊が備えられていた。[13]東へと流れる支流は、宮城内に入った後陶光園に入り、九洲池北側の取水口を通って九洲池へと入っていく。

南東へと流れる谷水の支流は、宮城の西南隅に至った時には、水路の幅一四・六〜一九メートル、底の幅三メートル前後となり、深さは八・五メートルに達する所もある。考古学的手法による発掘と調査によって、上陽宮遺跡の発掘区域の池水はここから東へ向かって上陽宮の池へと引き入れられたものであることが分かった。[14]ここで触れておかねばならないのは、南東へと流れる支流は宮城の南西隅より続けて南へ流れ、一九七八年に発掘された唐代の地下氷室遺跡（現九都路及び七一路の交差点）を通り、[15]その後洛水に合流するということである。

白居易故宅庭園遺跡は水を伊渠から引いているが、この伊渠は自然の水系である伊河の水を洛陽城内へと引き入れている、人工の水系である。この人工の水系は洛陽城内に入った後集賢、履道、帰仁等の坊内で曲折し、後運渠に合流し洛水に注いでいる。

以上をまとめると、九洲池遺跡と上陽宮遺跡の水は谷水より引き入れられたものであり、また白居易故宅庭園遺跡の水は伊水の支流である伊渠より引き入れられたものであり、いずれも当時の自然の水系と人工の水系の水を利用している。そして、発掘された資料から、九洲池と上陽宮の池の水は間違いなく循環、流動しており、白居易故宅庭園遺跡の湖水にも取排水口が設けられ（これはまだ発見されていないが）、同じく内部の水は循環していたことが分かる。これら循環、流動した水により、庭園には生命力が満たされるのである。九洲池は長さ二〇五、幅一三〇メートル、水面の面積は二万平方メートル余りもあり、白居易故宅庭園遺跡南園の湖の面積は三〇〇〇平方メートル余り、上陽宮遺跡の池は小さいとはいえ、その水量は南の岸部にある瓦造りの護岸に達する程である。これらの要素はかの「水を導き園に入れ、水を以て勝と為す」という水景庭園の特徴をはっきりと表している。

（2）池を環り景を置き、池中に島有り

池を環り景を置き、池中に島有りとは、庭園の基本的な景物の配置、構成の方法をいう。九洲池遺跡は岸辺に五本の回廊が周りを囲んで造られており、そのうち南岸にある三本は東西に列をなしており、南から北に向かうように据えられ、九洲池に面している。西岸南岸に造られた二本の回廊は九洲池の岸辺からわずか七・二メートルの位置にあり、これらはまさしく池を取り囲むように景物を配置している。上陽宮遺跡にある池には南に築山、回廊があり、西には東屋があり、そして北には回廊がある。これらもまた、池を囲むように景物を配置しているといえる。皇室庭園とは異なる白居易故宅庭園は、その南園の湖の周囲の造りに関して、「池上篇幷序」（白居易大和三年冬の作）に次のように記されている、「池東の粟廩、……、池北の書庫、……、池西の琴亭を作り、始めて（池）西の平橋を作り、環池路を開き、又た中高橋を作り、三島径を通ず」[16]。これは池の東に穀物の倉庫があり、北に書斎があり、西に琴を奏すうてなと小さな橋があり、それらを曲折させつつ池の周りを取り囲むようにして景物の配置を行っているのである。

九洲池と白居易故宅庭園の湖は比較的大きく、湖内にはいずれも島が造られている。そのうち九洲池遺跡からは五つの島が発見されており、さらにその中の三つの島からはうてなの跡が発掘されている。白居易故宅庭園の池には、「池上篇幷序」によると三つの島があり、またその島へと通じる橋や路（「又た中高橋を作り、三島径を通ず」）とされている。この二つの例は、いずれも「池中に島を置く」と言っており、それらの島は間違いなく造園上の重要な構成である。

（3）　疎密に致有り、園は宅より大なり

疎密に致有り、園は宅より大なりとは、造園における空間の構成あるいは分断をいう。考古学の発掘した三か所の庭園遺跡は、いずれも広く、開放された、明るい空間を備えており、これらを「疏」と表現する。庭園内の邸宅、回廊等に対してみると、それは園内の空間の中で閉鎖的な、あるいは比較的閉鎖的な空間にあることが分かる。それらを「密」と表現する。そして、「園は宅より大な」る空間構成の特徴は、白居易故宅庭園において顕著である。その旧宅庭園は「地方十七畝、屋室三の一、水五の一、竹九の一にして、島、樹、橋、道　之を間《まじ》う」と書かれるような様子である。そのうち、「宅僅かに三の一と為」しており、その他は多く園内の景物であって、まさに「園は宅より大なり」と言いうるものである。

庭園の美学理論により考察すると、空間構成における疏、密、大、小の景は、決してそれぞれ景観の中の別個の要素なのではない。むしろまったく逆で、造園の過程で他の要素からの影響を受けることで、全景が渾然一体となる芸術的な効果を得るのである。

（4）　静寂幽邃な景観の尊重と、自然美の追求

考古学的発掘により発見された三か所の庭園遺跡は、いずれも豊富な水と湿潤な土壌を有しており、これらの条件を備えていることによって、植物が繁茂することができたのである。またこれに加えて、自然に満ちた九洲、渓谷の清流（上陽宮遺跡）、水上の邸宅庭園（白居易故宅庭園）を備えて、閑静な自然の景観を現出しており、人々の平安な生活と自然美に満ちた環境に対する憧憬を表現しているのである。

（5）　天然美を凌ぐ造園技巧

上述のような三か所の遺跡はいずれも人工による造園であり、適当な地理条件の下、人の労力と智慧によって創り出された、多分に自然的要素を備えた、当代の優れた庭園である。

以上五つの特徴は、考古学的手法による発掘の結果に基づき、東部の庭園に対して示した初期段階の見識に過ぎず、それらの増築上の特徴（木造であるか、石造であるか）や、園内の緑化等に関する特徴については言及していない。ともあれ、上述のような特徴はかえってある程度唐代東都の皇室庭園や個人の邸宅庭園についての基本的な造園の特徴を代表することになっている。

唐代東都の庭園文化は、後世の造園に強い影響を及ぼした。例えば、考古学的手法により発掘された宋代西京（洛陽）の官庁庭園遺跡は、南の大門[17]（図19）及び北の庭園より成っている。庭園内には取水口、排水口及び多くの水路があり、池は「北は化粧瓦で舗装された道に、南は殿亭遺跡に、西は西回廊にそれぞれ接しており[18]」（図20）、唐人の「水を導き園に入れ、池を環り景を置く」という造園の特徴を受け継いでいることを示している。

唐朝と古代日本との交流は盛んであったため、唐の宮廷建築と庭園文化はかつて日本にも摸倣され、手本とされた。筆者はかつて九州の大宰府から出土した蓮模様の瓦を例に挙げ、この瓦が日本固有の文化の特徴を備えていること、また唐代東都の宮廷で使用された蓮模様の方形の瓦を摸倣していることを指摘した[19]。奈良時代から鎌倉時代にかけての日本の造園の主要な類型や規模は、唐代東都のものと一致する。奈良時代から鎌倉時代にかけての日本庭園には、主として皇室御苑と貴族の邸宅庭園とがある。唐代の東都もまた、主な庭園は皇室庭園と個人の邸宅庭園であり、九洲池が「地十頃に居り」、白居易の「宅十七畝」とあるように、その規模も非常に大きい。日本の庭園研究者岡大路

図19　宋代衙署遺跡南門

図20　宋代衙署庭院遺跡

氏は次のように述べる、「宋代の文化はただ次代の元明に伝えられ目覚ましい変貌を遂げただけでなく、はるか海を越えた日本にもたらされ、新しい発展を示した(20)」。東京の小石川にある「後楽園」の名は、宋人范仲淹の名句「天下の楽しみに後れて楽しむ」(『岳陽楼記』)より取っている。ここから、日中庭園文化融合の一端を窺うことができる。もちろん、古代の日本は中国唐宋代の文化を単純に摸倣し、手本とした訳ではなく、自国固有の文化を保持しつつ他国の文化の要素を取り入れ、新しい発展を遂げたのである。筆者は『日本九州大宰府出土蓮花紋磚浅議』において以下のような指摘をした、「古代史においては、いかなる地域、民族、国家も、特定の閉鎖された領域にとどまっているということはありえなかった。それとは逆に、各地域、民族、国家はみな程度の異なる文化の伝達、交流を行っていた。こういった相互の交流は、人類の発展と進歩にとって、強い推進作用を持つ。またこのような歴史における交流の中でこそ、日本は堂々たる自国固有の文化を保持し、他国の文化の要素を吸収し発展した偉大な民族の一つたりえたのである」[21]。

おわりに

本論文では唐代東都洛陽において、考古学的手法により発掘された三か所の庭園遺跡の主要な発見について述べ、合わせてこれら三か所の庭園遺跡の造園の特徴について、簡単な考察を行った。それによって、「水を導き園に入れ、池を環り景を置く」、「水を景色の中心に据える」、「天然美を凌ぐ技巧」といった、造園の特徴が浮かび上がった。唐代東都の庭園文化は、中国唐代以降の庭園文化及び古代日本の庭園文化に強い影響を与えた。本論文において示した見識には誤りも含まれると思う。より一層の研究の発展と、後人のより進んだ見地からの批評を待つ。

ここで述べておかねばならないのは、本論文が唐代の造園の特徴を分析する際、「水」に着目しているということであり、水が庭園の中心であるということである。唐代東都の庭園文化が繁栄した理由は、その時代の政治、経済が盛を極めていたこと以外に、当時の都市の河川網の形成が密接に関わっている。俯瞰すると、当時は大運河が開通し、洛陽は南北の水運の中心に位置していた。東都城について述べれば、それは伊、洛、瀍、谷の四本の自然の水系を利用すると同時に、通済渠、運渠、漕渠、泄城渠等の人工の水系を開き、都市の河川網を形作っていた。自然の水系と人工の水系は互いに交わり、最終的には主要な水系である洛水に合流し、洛水は東へと流れて黄河に合流している。河川網の形成とその流れは、大都市の水の需要を満たし、環境を美化するだけでなく、庭園文化の発展に大きな契機をもたらした。このように東都の庭園文化の繁栄と河川網の形成とは密接に関係しているのである。現代では、人々は生態系の保護と庭園区域の建造に力を入れており、昔の「水を景色の中心に据える」という造園の経験は、現代人に吸収され、手本とされている。

註

（1）中国社会科学院考古研究所洛陽唐城隊『洛陽隋唐東都城一九八二～一九八六年考古工作紀要』の「九洲池と亭台建築」（『考古』一九八九年第三期、二三九～二四三頁）、『一九八七年隋唐東都城発掘簡報』の「九洲池畔廊房建築的発掘」（『考古』一九八九年第五期、四四四～四四七）を参照。
（2）洛陽市文物管理局『洛陽大遺跡研究と保護』（文物出版社、二〇〇九年十月第一版、一六六～一六八頁）を参照。
（3）洛陽市地方史志弁公室刊印『洛陽歴代方志集成・元河南志』（中州古籍出版社、二〇一一年十二月第一版、一八六頁）を参照。
（4）清・徐松撰、李健超増訂『唐両京城坊考』巻五「宮城条」（三秦出版社、二〇〇六年八月第一版、二六九～二七〇頁）を参照。
（5）中国社会科学院考古研究所洛陽唐城隊『洛陽唐東都上陽宮園林遺跡発掘簡報』（『考古』一九九八年第二期、三八～四四頁）を参照。
（6）洛陽市文物工作隊保存資料、謝建新発掘、李徳方総括。
（7）清・徐松撰、李健超増訂『唐両京城坊考』巻五「宮城条」（三六一～三六二頁）を参照。
（8）中国社会科学院考古研究所洛陽唐城隊『洛陽唐東都履道里坊白居易故居発掘簡報』（一九九四年第八期、六九二～七〇一頁）を参照。
（9）王鐸『洛陽古代城市与園林』（遠方出版社、二〇〇五年一二月第一版、一四七頁）を参照。
（10）王鐸『洛陽古代城市与園林』（一四八頁）を参照。
（11）洛陽市地方史志弁公室刊印『洛陽歴代方志集成・元河南志』（一八九～一九〇頁）を参照。
（12）馬依莎『隋唐東都洛陽城水系浅析』（『洛陽理工学院学報』二〇一一年第二期、四～八頁）を参照。

(13) 洛陽市文物工作隊保存資料、未発表。
(14) 中国社会科学院考古研究所洛陽唐城隊『洛陽唐東都上陽宮園林遺跡発掘簡報』(四一頁)を参照。
(15) 余扶危、葉万松『洛陽発見唐代窖穴建築遺跡』(『考古』一九八三年第六期、五六九～五七〇頁)を参照。
(16) 王鐸『洛陽古代城市与園林』に引用した「池上篇」(一四三頁)を参照。
(17) 李徳方等『洛陽発見宋代門蹟』(『洛陽考古集成・隋唐五代宋巻』、北京図書館出版社、二〇〇五年十一月第一版、四九七～五〇〇頁)を参照。
(18) 中国社会科学院考古研究所洛陽唐城隊『洛陽宋代衙署庭院遺跡発掘簡報』(北京図書館出版社、二〇〇五年十一月第一版、四七七～四八一頁)を参照。
(19) 韋娜、李徳方『日本九州太宰府出土蓮花紋磚浅議』(『中原文物』二〇〇五年第二期、一七一～一七五頁)を参照。
(20) 註(19)を参照。
(21) 岡大路著、常瀛生『中国宮苑園林史考』(農業出版社、一九八八年)を参照。

済南霊岩寺と神通寺の水景配置について

崔 大庸
黄 利斌 訳

はじめに

中国古代の庭園は長い歴史をもち、何千年もの間発展しつづけ、独特の芸術体系が形成され、後世に深い影響を与えた。その間、仏教が中国に伝わってきてからは、寺院庭園は中国固有の庭園芸術と巧みに融合し、特色のある中国式寺院庭園文化体系が形成された。これについて研究者たちは各方面から考察し、多くの論文や著作を発表している。それらの研究により、中国の寺院庭園が周辺の国、特に朝鮮半島と日本に深い影響を与えたことが、中国国内や海外の学者たちに指摘されている。日本の岡大路は「唐代の庭園構築手法が日本の造園に影響を与えた」ことを指摘している。[1]ここから見れば、中国寺院庭園の日本庭園への影響は唐代から始まったことになる。

中国式寺院庭園の最大の特徴の一つは水との関係が切り離せないことである。都市部においても、山林においても、寺院庭園には様々な水景配置が見られる。この中には自然的要素もあれば、人工的要素もある。中国三大石窟寺である敦煌莫高窟、大同雲岡石窟、洛陽龍門石窟を例として挙げると、その三つの石窟の前には何れも大きな川が流れている。寺の立地は寺院庭園形成においても最も重要な要素となっている。しかも、山水に深く関わっている。東晋慧遠僧が廬山に東林寺を建てて以降は、各地域各時代においてこれにならうようになった。そのため、名山や名所が寺立地の風水宝地となり、「天下名山は僧占むること多し」という状態に至った。歴代の文人や高僧達はこのようなことに楽しみを見出していた。その関係で、都城や地方など各地に、名山や大川をめぐる寺が次々と建てられてきた。山東省済南市付近にも著名な霊岩寺と神通寺がある。寺庭園に見られる各種の要素は既に学者たちに多く論じられているので、本論文ではこの寺と水との関連問題について考察する。

二〇一二年六月、筆者は岩手大学の招へいで、岩手県平泉の古代庭園遺跡を探訪した。以下探訪した遺跡と結びつけながら、中日両国の古代寺院庭園における水の占める位置について比較研究する。今後の研究に些かなりとも貢献できれば幸いである。

一　霊岩寺

霊岩寺は、山東省済南市南西の長清区万徳鎮にある霊岩峪方山の南に位置する。史料によれば、この寺は東晋時期に建てられ、その後盛衰変遷を経たが、多くの文物古跡が保存されてきた。一九九〇年代半ば、大規模な考古発掘により、大量に北斉と唐宋時期の貴重な遺跡が発見され、霊岩寺の長い歴史と豊かな文化が証明された。現在、霊岩寺は千仏殿、辟支塔、墓塔林及び数多くの泉などの有名な観光スポットを有し、中国初の国指定の重要文化財の一つとされ、中国初の四A級観光区域でもある。

霊岩寺は周辺景色が美しく、三面が高山に囲まれ、多くの植物が茂っている。その付近には多くの山泉と小川が流れ、独特の古寺の景観が形成された。古くから霊岩寺に関する記載が多く存在する。特に『霊岩志』[2]の中の記載が比較的豊富であり、以下に幾つか引用する。

滴水崖　寺の西南四、五里に在り、水は懸崖より滴滴として乱洒し、雨下るが如く、滙りて渓と成り、西流して去る。又西南上里ばかり、名づけて水屋と曰う。泉水中に盈ち、出でて石池に注ぎ、溢れて北に下る。皆佳境なり。(図三)

北渓　寺内の諸泉水の水は此の渓に合入し、飲馬溝より西流す。

南渓　東南一帯に山川野泉の水は此の渓に合入し、長流して西す。

図一　『霊岩志』に載せた霊岩総図一

図二　『霊岩志』に載せた霊岩総図二

図三　滴水崖

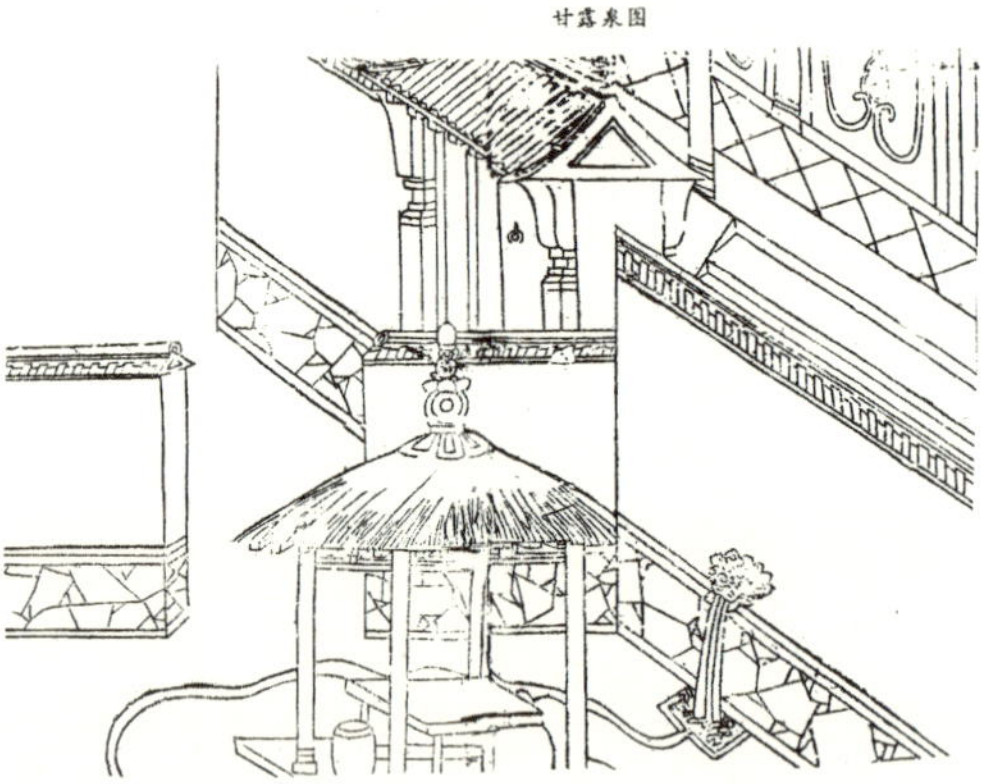

図四　甘露泉

大渓　南北二渓及び諸壑の水、大石橋に至りて西南のかた此の渓に統入し、西へ十五里流れて長清の北沙河に入る。北折宛曲して百余里流れて大清河に入り、即ち済水故道、東北のかた海に入る。

甘露泉　寺東北の一里ばかりに在り。源は大士座の下に発し、伏流して垣を穿ちて出で、甘泉を繞り、石池に下り、委蛇して去る。（図四）

卓錫泉　亦た錫杖泉と名づく。世に仏図澄の錫杖が為に卓出すると伝う。故に名づく。三、四歩流れて大石池の内に入り、合寺皆此に汲み、名づけて鏡池と曰い、亦た功徳池と曰う。

白鶴泉　亦た双鶴泉と名づく。二泉相并び、卓錫泉の東十余歩に在り。

独孤泉　転輪蔵の東路の南に在り、昔隠者有りて独孤を姓とし、茅を泉の側に結び、後人姓を以て泉に命づく。明の万暦中、劉公岩林下に退休し、此に面壁斎を構え、独孤の名を悪みて、名を改めて印泉と曰う。

石亀泉　鉄袈裟迤東に在り、泉は石亀の腹よりして出づ。

黄龍泉　亦た黄龍池と名づく。寺の西南里ばかりに在り。
臥象泉　黄龍泉の西南数十歩に在り。
上方泉　証盟龕の西北十余歩に在り、亦た虎跑泉と名づく。其の泉の津滴甚だ微かなり、僅かに煎茶するに足り、供仏作客するのみ。
華厳泉　華厳寺の南百歩余に在り。
朗公泉　朗公寨に発源して南下し、清涼最も佳し。但だ游人罕に至るのみ。
神宝泉　神宝寺の西の山石の間に在り、小寺庄に近し。鑿井して水を得ること能わず、土民泉源に池を鑿ち水を蓄えて、秋に遇い泉旺んなれば、則ち溢出して渓と成る。
観彩泉　寺東二里ばかり、野径幽邃の内に在り、寺中に流入し、虎渓橋の下より西流して去る。
野泉　寺境に泉を出だすこと甚だ多く、其の無名なる者は、均しく野泉を以て之を呼ぶ。
甘泉亭　泉水石龍口より出で、小石溝より亭を繞りて北西に流れ、南に折れ旋《つい》で東して亭下の石池内に入り、東に出で南に折れ西に転じ渓流に沿いて去る。其の亭下の池覆うに石卓を以てし、囲むに石墩を以てす。凡そ霊岩に遊び勝を選ぶ者は、必ず此れを以て最と為す。
飲馬溝　山門の外迤西に在り。宋の徽宗霊岩寺に幸し、御馬溝中の流水を見、勒を銜え驕嘶し、控者鞍を解き轡を卸し、以て此に飲ましむ。馬方に水に入れば、則ち水中に一青螭有り、鬣を鼓して游ぐを見、識者以らく馬の精、神形もて現るとか云う、と。

【宋】張公亮『斉州景徳霊岩寺記』　翠木蔭蔚として、飛泉激越たり、中に川有り、厥の土衍沃たり。(中略)講堂の東の石壁の下に、一泉あり錫杖と曰う。又東に五歩、二泉あり白鶴と曰う。一つは見れ一つは伏す。又東北に二百歩、一泉あり甘露と曰う。寺門の西百歩、一泉あり黄龍と曰う。皆絶景為り。

【宋】卞育『游霊岩記』　山僧曰く、「此れ甘露泉なり」と。下に錫杖・白鶴二泉有り、挙げて此れに類す。顧みて同行者に謂う、「酒を取り石を藉きて以て日を竟う」と。

【明】王世懋『游霊岩記』　石沼渟泓として、亭をして之を覆い、涓涓として仏足に出で、復た滙りて外沼と為り、而して山麓の間に漫流し、已に忽ち伏して見れざるは、甘露泉なり。（中略）小憩の後、講堂の前に出で、宋碑数道を摸でて之を読む。歩きて香積厨に入り、復沼一泉を見て、盎《み》つれども溢れず、その旁にかくかくとして細流之を環る。これを僧に問いて云う「又一脉なるか」と。厨の後ろに復た白鶴二泉有り、盎つること厨泉の如く細く、おおむね玆の山泉を以て勝れ、その泉或いは盎ち、或いは流れ、或いは伏し、或いは現れ、或いは交わり、或いは断ち、僧も亦た尽く名づくること能わざるなり。

【明】王在晋『游霊岩記』　嶺に循いて上り、六泉を訪ぬ。石亀と曰い、独孤と曰い、黄龍と曰い、卓錫と曰い、双鶴と曰い、甘露と曰い、霊岩の東北に在り。泉至って甘し。水石龍口より流れて各の僧厨を繞り、山門の西溝より出づ。蓋し是の山岱宗の析支為りて、回龍結局、風気周密、景色閑都、而して寒泉湛洌渟泓として、玉を噴き碧を濴り、引池分席の勝有り。班荆して列坐し、窮石堆崎の間に流觴す。

【唐】李白『題霊岩寺池二首』　遠公康楽を愛し、我が為に禅関を開く。蕭然として松石の下、何ぞ清涼山に異ならんや。花将に色染めず、水心と倶に閑なり。一坐して小劫を度し、空を天地の間に観る。

其二　客来りて花雨の際、秋水金池に落つ。片石青錦を含み、疏松緑糸を挂く。高僧玉柄を払い、童子双梨を献ず。去るを惜しみて佳景を愛し、煙蘿暝からんと欲する時なり。

【宋】田穎『題白鶴泉』　両儀始めて融結し、中に霊岩川有り。仏は現れて青蓮の相、山分かれて白鶴泉。澄清として舜井に通じ、湛潔として堯天滉し。鞠氏題を留むる後、菲才此の篇を継ぐ。

曾鞏『題霊岩方丈』　法定禅房峭谷に臨み、支辟霊塔層巒に冠す。軒窓の勢い聳え雲林合い、鐘磬の声高く鳥道盤る。白鶴已に飛び泉自ら漫ち、青龍跡無く洞常に寒し。更に雷遠きを聞き相従い楽しみ、性道塵囂豈干むべけんや。

【宋】釈・仁欽『霊岩二十景詩』：

『甘露泉』　甘露の香泉竟日流れ、時有り天旱かば四方より求む。縁に随い感に赴き偏党無く、古往今来秋を記さず。

『石亀泉』　団団特石霊亀を鑿ち、口内噴流して世に疑うこと莫し。造化始めて心の有する所を知り、幾人か此に到りて針錐を乱さん。

『錫杖泉』　歴々たる金環振ること一声、滔滔たること千古迸流清し。香厨に日に用いるも窮竭すること無く、飲むに甘和にして衆情を悦ばす。

『白鶴泉』　雲鶴双飛して去ること幾年ならん、遺踪旧に依りて涌く霊泉。澄澄皎潔として増減無く、石銚に茶を煎じて味更に全し。

上の文献から見れば、霊岩寺周辺及び寺内の水資源は比較的豊富であり、その水資源はおよそ三つの部分からなっている。

一つは、寺内の諸泉からなった寺内水景である。主に各所の泉をスポットとし、それらの水が融合して外に流れていく。卓錫泉・白鶴泉・独孤泉（印泉）・石亀泉・上方泉・袈裟泉などの有名な泉がある。寺内において、これらの泉は鑑賞用として使われると共に、生活水としても使われている。鑑賞用としての泉は古寺と互いに引立てあい趣きが溢れ、歴代の文人に詠嘆される。上に引用された詩もその証拠である。生活水としての泉は調理用の他に、お茶を入れる際にも使われる。

二つ目は、寺周辺の水系であり、寺周辺の二、三里の範囲にある、泉・渓・池などの水系から成っている。例えば、虎渓、南渓、大渓、甘露泉、黄龍泉（黄龍池）、臥象泉、観彩泉、野泉などである。これらの水系は寺外から寺内へ流れ込み、そして寺外に流れ出すものもあれば、寺内から流れ出し、小川となるのもある。共に霊岩寺周辺の水系を構成している。

三つ目は、寺の周囲の水資源からなった水系であり、寺から四、五里余りの範囲にある、溝・渓・池などの水系からなっている。例えば、滴水崖・華厳泉・朗公泉・神宝泉・甘泉亭・飲馬溝などである。その中、特に甘泉亭の水系が最もすばらしい。先の引用文に「泉水石龍口より出で、小石溝より亭の北を繞りて西へ流れ、南へ折り旋で東へ亭下の石池の内に入り、東へ出で南へ転じ西へ渓流に沿いて去る」と述べた如くである。

以上纏めた三つの水系は大きさも寺からの距離も異なるが、共に寺のある山の谷間に調和的に点在している。「其の泉或いは盎ち、或いは流れ、或いは伏し、或いは現れ、或いは交わり、或いは断ち、僧も亦た尽く名づくること能わざるなり」と言うゆえんである。山と水を融合させ、中国古代仏寺立地の独特な景観と文化的な雰囲気を形成している。これは北方において典型的なものであり、霊岩寺が古代「四大名刹」とされた重要な原因でもある。

二　神通寺

神通寺は、済南市南部山地の柳埠鎮から北東方向二キロメートル離れた琨瑞山金輿谷の山口に位置する。寺は三面が山に囲まれ、一面が山前の平地に面する。有名な錦陽川が寺の近くを流れている。寺の両側にも谷川が流れている。やや離れた所に一つの高山があり、中国の風水規則に非常に相応しい。神通寺は本来朗公寺と呼ばれ、東晋初めの前秦皇始元（三五一）年に建てられた。隋朝に至って、隋文帝は朗公寺の神の感応を得て親戚と再会することができたので、寺の名を神通寺に変えた。寺にある四門塔は隋大業七（六一一）年に建てられた(3)。現在に至っても、四門塔・龍虎塔・千仏崖・唐代宮殿基址など多くの古跡が寺内に保存されている。その多くは国指定の重要文化財である。

神通寺に関する記載はバラバラで、単独の記録は伝わっていない。現代の劉継文先生が神通寺に関する資料を収集・整理して、『済南神通寺』(4)という比較的包括的な本を編集した。水景と関係のある資料は次の通りである。

（神通寺辺りは）樹木が多く、広く地表を覆うので、地表水と地下水の資源が豊富であり、流域内に泉が多く集まる。済南七十二名泉柳埠に突泉、湧泉、苦苣泉、避暑泉、泥泉などの九箇所がある。

図五　神通寺全景

高僧朗公が柳埠に神通寺を建てた後、南部山地区に仏光が普く照らし、竹林禅院が次々と建てられた。今にも仲宮洪福寺・南泉寺・普門寺・黄花山・九頂塔などの遺跡が保存されている。

『高僧伝』　朗公が選んだ金輿谷は、「此の谷中に旧くから虎災多く、人常に杖して群を結びて行く。朗之に居るに及びて、猛獣帰附し、晨に行き夜に往き、道俗滞ること無く、百姓咨嗟し、善を称すること極まり無し。故に奉高の人今に至りても猶お金輿谷を呼びて朗公谷と為すなり」。

もう一つの伝説は水と関係する。朗公が寺を建てた当初ここは水が乏しかった。朗公が今の講経堂遺跡とされる所で座禅を組んでいた時、独特な感性で地下の水声を聞きとり、弟子にこれを掘らせてみると、数尺足らずで、果たして湧き水が見つかり、弟子は皆喜んだ。遂にここの水不足の問題を解決した。人々が「神異井」と呼ぶこの井戸は、今に至るも尚存在し、その水質は清冽で、冬夏涸れず、旱害水害にも水位が変わらない。

神異井は神通寺遺跡東北の川側に位置し、当時神通寺の僧侶の飲用水の井戸であった。井戸の口が方形であり、井戸の底が大きな青石で積み上げられ、井戸の壁が円形のレンガで作られた。井戸の深さが五・二メートル、水の深さが約二・六メートルで、水質が清冽し、冬夏竭さぬ。碑の記載によれば、「其の処に水乏く、禅定の次に、地下に水声有るを聞き、穿掘せしめて、果して甘泉を獲て、今にいたるまで以て神異井と為す」。

湧泉池　湧泉遺跡の東側に泉があり湧泉と呼ばれ、湧き水が流れ出し、冬夏涸れず、済南七十二名泉の一つとなっている。一九三〇年に南北の長さが五メートル、東西の幅が四・五メートル、深さが二・二メートルの方池が作られた。湧き水は龍口より池内に流れ、再び方池の上半部より流れ出し、曲がりくねる谷に沿い青龍淵へ流れていく。青龍淵からは南へ流れ出し、その様は壮観である。夏には避暑・休暇・観滝の佳境となっている。

竹林は済南地域でも面積が一番広い淡水竹林であり、淡竹を主として約十畝の面積を有する。湧き水がゆっくりと竹の根元から流れ、曲がりくねり小川となる。小橋流水竹影が揺れて、更に奥深くひっそりとしているように見え、仙境に臨むようで江南にも劣らない。

『続山東考古録』『魏書』釈老志に泰山琨瑞谷と称し、『水経注』に玉水朗公谷より源を導き、旧名琨瑞渓。水亦た之を琨瑞水と謂い、其の水西北に玉符山を経る。

『山東通志』（雍正）（隋時）法安は鼓の姓、安定鶉狐人なり。少きとき太白山の九龍精舎に出家し、開皇中晋王召して慧日寺に住み、駕に従い泰山に幸するに及びて、帝道すがらに渇き、安刀を以て谷を刺し水を出だし、帝之を飲みて甘し。乃ち朗公谷に神通寺を建つ。

『山東通志』（宣統）　酈道元云う　苻秦の時に竺僧朗之に居り、因りて朗公谷と号す。旧名は琨瑞谿なり。山勢秀抜にして、双流帯の如く、西に面し南に向い、周り六十里なり。

『歴城県志』（崇禎）

汝泉　『斉乗』に曰く、神通寺に在りと。今按ずるに寺中に本より泉無く、惟れ方丈の西に白龍池有り、或いは即ち当の泉か。然れども又た僧舎の下に塞ぐ。

龍門泉　神通寺の東にあり。一名は龍洞、泉門半ば掩い、石龍半ば露る。水中より出でて、錦陽川に流入す。

涌泉　神通寺の西にあり。瀑布飛び懸り、錦陽川に流入す。

神異井　神通寺東廊の下にあり。寺にもと水無く、朗公入定し、池に声有るを聞き、弟子をして之を掘らしめ、果して甘泉を得。

染池泉　神通寺の東にあり、錦陽川に流入す。

（巻二、封域）

『歴城県志』（乾隆）　張天瑞『神通寺記略』

又其の東に山有りて青龍と曰い、崖下に池有りて聖油と曰い、聖面と曰う。

乾隆十九年『重修達摩祖師堂碑』　井深さ五尺、もとより減らず、女人之に臨めば、即ち枯竭と為り、焼香して懺求すれば、還復して故の

図六　涌泉瀑布

如し。

『岱覧』　涌泉は寺の西一里ばかりに在り、『記』に云う、梯子山の西にをば天座峰と為し、独狐泉北流す。又西をば松峰と為し、下に龍池有り、亦た玉水の源を発する処なり。水西北に流れ、窝鋪峪を経て、永興観有り、又北に双鎖山を過ぎ、紅山口の西、右に三岔水と会し、又西に金驢山の南を過ぎ、又北に琨瑞渓と合流し、総て玉水と名づく。左に涌泉の水を納れ、涌泉橋有り、明万暦間に建てらる。西偏をば涌泉庵と為し、千章の古木、百尺の飛流、隋の開皇時に已に重修せらる。（巻二十九、博覧二）

その他に『歴城文苑采擷』(5)という本の中に神通寺の古碑の内容が記載されている。関連する内容は次の通りである。

【清】康熙五十七年『重修神通寺碑記』　省会の南鄙に鎮あり名は柳埠鎮と曰うなり、鎮の東北の寺、名は神通寺と曰うなり。四面皆山なり、層巒翠藹して、蔚然として深秀なるは、錦陽川なり。川の陽に峰を回りて路転じ、翼然として聳え出づるは、則ち古刹神通寺なり。（中略）寺の左を環りて、青龍山・四門塔・九頂松あり、寺の右に、白虎山・千仏岩・蔵経閣有り。喬木蔭郁として、鳥鳴くこと笙簧として、邃幽深靚たりて、洵に養神清心の所ならん。

【明】成化十年『神通寺外護記』　又師禅定する処、地に泉の声有るを聞き、人をして之を掘らしめ、果して一泉を獲て、清くして且つ甘し。衆水に異なり、今に至るまで人呼びて神異井と為す。而して神通の名此に始まる。

【清】同治壬申年『重修神通寺仏殿碑記』　吾が郷に神通寺なるもの有り、往朝より啓まり、年所有るを歴て、水抱き山環りて、谷の側に朗公の足跡を遺す。径幽樹密にして、塔則ち仏氏の林を憶う。白虎を西山に仰ぎ、崖曾て夫れ千仏に接し、青龍を東野に鎮め、境実に三川に駕す。

【明】天啓三年『重修涌泉庵碑記』　済南府迤南八十余里□□涌泉有り、巨川其の前に繞り、高峰其の後を環る。

山霊水秀にして、誠に海内の奇観なり。其の啓建を溯り、蓋し亦た□有り、其の初めに当たりて殿宇輝煌然として一新し、四方より香火輻輳雲集し、真に涌泉の絶えざるが如き有り。

【中華民国】十九年六月『修涌泉池記』　涌泉の源は白虎山の麓より出づ。其の流潤に循いて直下し、略ぼ渟蓄無し。己巳に余委を奉ぜ、これ主弁は山林の務め、翌年の春、飾を受けて工に方池二つを修め、以て蓄泄に資す。泉山に地数□を辟し、松竹を雑植し、游憩の所と為す。

右に引用した古代の文献及び碑記資料から分析すると、神通寺の水資源は霊岩寺の水系と比べればそれほど豊富ではないが、周辺の水系は霊岩寺より優れている。歴代の神通寺の山水名称に関する記載は様々である。山名について、最初に、酈道元により琨瑞山と呼ばれた。その後金驢山・青龍山・白虎山などの名前もあった。一方、水に関する記載は大きく二つの部分に分けられた。一つは寺外の錦陽川と少し離れた場所の玉水であり、もう一つは寺内及び付近の井戸水と湧き水である。酈道元が著した『水経注』に、朗公が琨瑞山に住み、川も琨瑞水と呼ばれ、その水が玉水に入り、最後に済水に注ぐと記載される。劉伯勤らは琨瑞水が実際には錦陽川であり、その後、錦繡川・錦雲川と合流して玉符川となったと考えた。(6) 実際に、今の神通寺の地理環境から観察すれば、その寺の主体は山谷にあり、即ち、古代の所謂琨瑞谷中である。その左右と後に山があり、山谷が面した平地の外側の寺の前を川が流れ、即ちこれが古代の琨瑞水であり、今の錦陽川である。俯瞰的に言えば、寺の前に川が流れる様は、霊岩寺より優れ、これが雲岡、龍門石窟の構造と類似する。以上の文献から、古代の神通寺内に神異井・汝泉・龍門泉・染池泉・涌泉などの水資源が何箇所もあり、また、いわゆる聖油池、聖面池などがあったこともわかる。しかし、古寺の盛衰の交替により、地上何箇所かの遺跡以外は、泉・池の姿はもう見えない。涌泉は一九三〇年代に築かれた石池で、今も壮観たる泉が湧いている。全体的に見れば、神通寺の立地条件及びそれに関する記載は古代寺院の立地規則と一致するので、典型的なものと言える。

おわりに――関連議論――

中国古代において、多くの仏寺の立地は風景の美しい名山区域にあり、儒・道の文化に影響されており、また伝統的な風水学とも切り離せない。いわゆる「相地」の規則である。現在残っている仏寺の環境から観察すると、その多くは麓や山谷に建てられたことが分かる。上述の神通寺は山麓に建てられ、霊岩寺は谷底に建てられている。このような環境は、一般に山深く林静かで、渓流鳴泉があり、景色の美しい所に属すると言ってもよかろう。仏寺庭園の立地、建築からみれば、名山仏寺の美しい山水は寺院の一部分であり、山水と寺院が頼り合い、参拝と遊賞が不可分の関係になっている。有名な仏教聖地の外部環境として、一般に峰嶺泉瀑、花木禽獣が含まれ、また季節によって、日月雲霧、風雪朝露の非凡脱俗の仏教世界が描かれる。

水景は仏寺の風景の中で多様な形態を持つ部分である。「名山仏寺の環境に水景多く、東晋慧遠僧が廬山に東林寺を建てた時には既に「石に仍り基に畳ね、松に即し構えを栽え、清泉階を環り、白雲石に満つ」であったという。水は生き物であり、その姿・色彩・清らかさの度合いは最もすばらしいものだ。清泉渓流はまるで糸竹の音のようで、池の波は細かく、滑らかで静かであり、漁釣を楽しむことができる。高い場所から流れてくる滝は天地の間に響き、人の心を震撼させる」(7)。ここからも水景は仏寺にとっては特殊な霊性のあるものだと考えられる。

寺院庭園に設置された「放生池」は放生・飲用と養殖などの機能のほかに、一面自然な鏡としての機能も備えると考える学者がいる。「窓を隔てて雲霧衣上に生じ、幔巻きて山泉鏡中に入る」。水は現地に空気を通すだけでなく、空間的な美も生み出し、その深い味わいには心が清められる(8)。

霊岩寺と神通寺の大きな水池については、現在保存されていないのか、元からなかったのかわからないが、現在残る水関係の遺址はまわりの環境とよく調和している。山の林を通りぬければ、独特の風景が見られ、より静かになる。現在、このような様式が日本の庭園構築にどのような影響を与えたかは不明であるが、文献から見れば、構築様式の違いは両国の自然環境の差異と関係する可能性がある。日本の庭園構築が中国の影響を受けたことは言うまでもないが、日本人の自然に対する理解と伝統に基づき、変えられた部分も多い。これは個々の具体的な景観から読み取ることができる。

日本の外村中の『「作庭記」にいう枯山水の源流(9)』の中で、中・日・韓三箇国の枯れ山水の源流については、三箇国が共通の文化基礎を有していると論じ、とりわけ毛越寺に関連する内容を取り上げる。毛越寺の発掘により、毛越寺の庭園が『作庭記』の記載と一致する箇所が多いことが明らかとなった。特に注目すべきは池の南西にある積石で、これが『作庭記』の枯れ山水ではないかと作者は思う。残念ながら、毛越寺の文献の中にはこの積石に関連する内容は見えない。この積石の仕方は東アジア地域において広く行われており、築山伝統の影響を受けて形成されたと考えたい。理由は二つある。一つは毛越寺から僅か一・五キロメートルの中尊寺の文献の中に「築山穿池」の記載があること。しかも、このような記載は中国や韓国においても確認されている。もう一つは韓国慶州雁鴨池と平城京東院の庭園に類似する積石があることである。この二箇所はその遠源を八世紀まで遡ることができ、毛越寺の積石と深い関係があると思われる。要するに、毛越寺庭園の積石は、日本においては少なくとも紀元八世紀にまで溯ることができるということになる。最後に、『作庭記』の中でこのような積石を「枯れ石水」と呼ぶのも日本人の美意識の反映であるが、「枯れ山水」の源流は日本の独自なものではないと作者は思う。

二〇一二年六月、毛越寺を見学した際、その中に残る「曲水流觴」のための遺構に深く印象づけられた。中国古代では、このような施設は宮廷にしか存在せず、仏寺ではめったに見られない。日本の学者岡大路は対照研究を通じ、次の結論を出している。

『太平御覧』巻二七五に次のような文がある。「流盃殿の東西廊の南頭両辺に皆亭子有り、以て山池を間つ。此の殿の上に渠九曲を作り、陶光園より水を引き渠に入る。隋の煬帝常に此において曲水の飲を為す。東都に在り」。この文からみれば、東西廊殿（日本宮殿式建築中の「渡殿」）の南側に亭が設置され、その間に山と池があり、そして、殿の上に漆で塗られた木造の橋がある。北側の陶光園から水を流す。これは日本の奥州藤原氏時代宮殿式建築の規格と一致する。唐代の庶民たちが採用する建築様式でないが、流盃殿の建築群に使用された。それが日本に伝わっているのであろう。この建築様式は日本の林泉のある建築物の中に用いられてから、人々は林泉を楽しむようなった。その後、徐々に日本で普及していったと考える方が常識的だと思う。池の中に島山を築き、橋をかけ、林木泉石を配置するのはまさに唐代の庭園構築手法であり、この様式も日本の造園に影響を与えた(10)。

曲水の宴については、霊岩寺と神通寺という二つの寺院内に確実な遺跡が見つかっていないが、霊岩寺の古代の詩文では多く飲酒のことにふれている。曲水の宴は宮廷または別苑で行い、寺院では殆ど行われていない。中国の寺院は日本の寺院と異なるようである。中国の宮殿は宮殿区域で、寺廟は寺廟区域であり、その区別は明確である。それは中国の宮苑建築の面積の広さに関係があるかもしれない。日本の宮殿の寺院との関係は中国より密接であるらしい。寺院と宮殿とを区別しない現象も多数ある。

今回岩手県で見たいわゆる曲水流觴の遺水も、貴族の娯楽のための場所であるようだ。だが、その付近に寺院の遺跡もある。どのように使い分けられていたかは不明である。中国寺院内の水はその第一の目的は飲用のためであり、第二に景観を作ることにある。中国の寺院の立地する周辺には必ず大水系がある。すなわち、風水で言う龍脈に属する。寺院内の水景の多くは鑑賞のためのものである。本稿では、霊岩寺の各所の泉は観賞のための景観として作られており、その周辺の水系については概略的に述べた。神通寺も周辺の水系を述べたほかに、泉水と関係する内容が多いので特にあの神聖な井戸について強調した。ここから、済南付近のこの二箇所の寺の水景は済南泉水文化の歴史伝統と緊密な関係をもつと考えられる。ある意味では、済南泉水文化の必須な部分となっており、これが山東済南の水文化の特色である。

註

（1）【日】岡大路著、常瀛生訳『中国宮苑園林史考』農業出版社、一九九八年、一〇三頁。
（2）【清】馬大相編撰、孔繁信校点、李庶生増図『霊岩志』、山東友誼出版社、一九九四年。
（3）一九七〇年代に四門塔に改修工事をする時、塔の中心柱に「隋大業七年造」という刻銘が発見された。
（4）劉継文主編『済南神通寺』、山東友誼出版社、二〇一二年三月第三次印刷。
（5）済南市歴城区政協文史委編『歴城文苑采擷』大衆文芸出版社、二〇〇七年十一月。
（6）参見王国維校『水経注校』二七七頁、上海人民出版社、一九八四年第一版。劉敦愿、宋百川、劉伯勤校釈『斉乗校釈』八三頁、中華書局、二〇一二年第一版。
（7）王鐸『中国古代苑園与文化』、湖北教育出版社、二〇〇三年版。
（8）金荷仙『寺廟園林意境的表現手法』、「中国園林」Vol. 14, No.60／一九九八（六）。
（9）【日】外村中『〈作庭記〉について枯山水の源流』、「造園雑誌」五六（一）一～一四、一九九二。
（10）【日】岡大路著、常瀛生訳『中国宮苑園林史考』農業出版社、一九九八年、一〇三頁。

あとがき

「東アジアの海域交流と日本伝統文化の形成——寧波を焦点とする学際的創生」（以後「にんぷろ」と略称）の小島毅代表の名代として、広島大学の故岡元司氏を団長とする「にんぷろ」訪問団に同行して寧波を訪れたのは、二〇〇五年九月二十一日のことであった。杭州に集合、浙江大学・浙江工商大学を訪問し、その後、余姚経由で寧波に移動、現地の寧波大学・寧波市文物考古研究所・浙江万里学院等を訪問した。その際、慶安会館前の三江口に立ち、ここが遣唐使や道元らの上陸地であることを実感するとともに、我々「東アジアにおける死と生の景観」班（以後「景観班」と略称）の今後の研究に思いをはせたことを思い出す。この訪問の中で、岡氏の「にんぷろ」にかける強い思いを感じた。そして、この訪問についての氏の報告を読んで強く感激した。その後、「海域比較研究——インド洋海域世界と地中海海域世界における地域間交流の諸相——」班と共同で行った寧波巡検、また「海域交流」研究合宿——ブローデル『地中海』を読む——などでご一緒したが、氏の誠実かつ真摯な研究態度と強いリーダーシップに感銘を受けた。志半ばで逝かれた岡氏に衷心より哀悼の意を表したい。

「にんぷろ」発足時には、奥州藤原氏四代の都として栄えた平泉は、十二世紀における北日本の政治・行政の拠点都市として知られる重要な旧跡として、世界遺産一覧表への記載に向けた気運が高まっていた。これは、一九八八年に柳之御所遺跡の発掘調査が本格化し、そこで中国産陶磁器等を含む貴重な遺物等が多く出土したことに端を発する平泉研究の進展に伴い、その価値が認められるに従って起こってきたものであった。「にんぷろ」は「東アジア海域における人的・物的交流の歴史を多分野横断的に分析し、日本の伝統文化形成過程を再検討すること」という目的のもと、当初から平泉や鎌倉の世界遺産一覧表への記載を支援することを打ち出していたので、我々「景観班」は「歴史書編纂と王権理論に見る東アジア3国の比較」班と共同で平泉を東アジアの視点から考えることを目指して、二〇〇六年九月九日に講演会「東アジアの中の平泉」を開催、さらに、同年十一月二十五日には国際シンポジウム「東アジアのなかの平泉――第七回平泉文化フォーラム――」を開催した。これらを通して東アジアにおける平泉の意義を考えることができた。「にんぷろ」がなければ、平泉に関するこのような国際的かつ学際的なシンポジウムを開催することはできなかった。「にんぷろ」の特定領域での申請に尽力された各位に感謝の意を表したい。

二〇〇八年の国際記念物遺跡会議（イコモス）による審議の際、平泉はその「普遍的・世界史的な価値」が問題となり世界遺産一覧表への記載延期の勧告を受けた。イコモスによる記載延期は、世界における平泉の歴史的な位置づけ及び国際的意義が未だ明確な形で示されていないということと同時に、今後の平泉研究における方向性と課題を示しているものであった。我々「景観班」を中心とするメンバーは、「にんぷろ」終了後の二〇一〇年度から三年間岩手大学「研究拠点形成・重点研究支援経費」の支援をうけて、「にんぷろ」の成果を踏まえ、さらに考古学分野をも含んで平泉文化の国際的な意義を学際的に研究し、平泉文化について「より広くより深い研究の進展」を期することとした。さらに、二〇一二年四月には平成二十四年度文部科学省特別経費により岩手大学に平泉文化研究センターが設置され、平泉文化の国際的な意義について従来研究を推進してきた考古学分野のみならず理化学分野をも含んで学際的な研究が行われることとなった。このような経過を反映して、本書は「にんぷろ」の成果、さらにその後に展開した東アジアとの比較の観点による平泉庭園の考古学的研究の論考を含む内容となった。昨今の厳しい研究環境の中、論考に執筆いただいた各位、また、学術論文の翻訳にご尽力いただいた関係者の方々にも感謝の意を表したいと思う。

本書が刊行されるにあたり、「にんぷろ」の領域代表である小島毅氏には、研究の遂行のみならず様々の面で多くのご支援ご尽力をいただき、編集に際しても多くの助言を頂いた。ここに、衷心より感謝の意を表したいと思う。

次に、「にんぷろ」の中国での研究基地としての役割を果たしていただいた范誼氏・楊建華氏・李広志氏をはじめとする寧波大学の関係者の皆様には研究の遂行にあたり終始様々な便宜をいただいた。寧波大学の協力は、「にんぷろ」にとって誠に貴重なものであった。厚くお礼申しあげたい。

また、「にんぷろ」研究活動において外部から協力をいただいた岩手県教育委員会、平泉町教育委員会、寧波市文物考古研究所、清華大学歴史系・中国語言文学系、西北大学文化遺産学院、山東大学歴史文化学院、曲阜師範大学儒学研究中心、山東省文物考古研究所、浙江省文物考古研究所、洛陽市文物考古研究院をはじめ、多くの機関や研究者の方々にお世話になった。厚くお礼申しあげる。

最後に、汲古書院の石坂叡志氏、小林詔子氏には、本書の刊行にあたって様々なお世話をいただいた。また、編集にあたっては原稿の遅れによって多大なご迷惑をおかけしたにもかかわらず、小林氏に迅速かつ丁寧な編集作業を進めていただいた。ここに謹んで謝意を表したいと思う。

二〇一三年五月十日

藪　敏　裕

East Asian Maritime World Series　Vol.16

Local / Global Aspects
of
Hiraizumi（平泉）

YABU Toshihiro ed.

Contents

Part 2 *Hiraizumi*（平泉）Garden in East Asian Context

執筆者紹介（掲載順）

藪　敏裕（やぶ　としひろ）1957年生。岩手大学教授。『詩経』下（明治書院、2000年）、「東アジアの平泉」（編集、『アジア遊学』102、勉誠出版、2007年）、「奥州胆沢城址出土漆紙文書〈古文孝経孔氏伝〉的伝播」（『第三届世界儒学大会学術論文集』、文化芸術出版社、2011年）、「古代中国と平泉庭園」（『平泉文化研究年報』第11号、2011年）など。

斉藤　利男（さいとう　としお）1950年生。弘前大学教授。『平泉』（岩波新書、岩波書店、1992年）、『北の内海世界』（共編著、山川出版社、1999年）、『奥州藤原三代』（日本史リブレット人、山川出版社、2011年）など。

菅野　文夫（かんの　ふみお）1955年生。岩手大学教授。『岩手県の歴史』（共著、山川出版社、1999年）、「藤原高衡と本吉荘——平泉と東国の一断面——」（『平泉文化研究年報』第11号、2011年）、「日記としての「給絹日記」」（『平泉文化研究年報』第12号、2012年）など。

木村　直弘（きむら　なおひろ）1961年生。岩手大学教授。「騒音としての哭声——その儀礼的機能の変遷をめぐって——」（『季刊日本思想史』第73号、2008年）、「〈哭き女〉考——中国・寧波市鄞州区農村部の喪葬における《孟姜女》の調べをめぐって——」（国際シンポジウム成果報告論文集『女性・ヒロイン・社会——社会と時代の表象における女性像——』、2011年）、「平泉〈音風景〉のアルケオロジー——御一馬をめぐって——」（『岩手大学教育学部研究年報』第72巻、2013年）など。

中村　一基（なかむら　いっき）1949年生。岩手大学教授。『本居派国学の展開』（雄山閣出版、1993年）、『他界の子どもたち』（菁柿堂、2003年）、「古伝の受容と神話の形成——『古史成文』というテキスト——」（『日本文学』、2003年）、「愛欲の骸骨・信仰の白骨」（『季刊日本思想史　特集——霊魂観の変遷——』、2008年）など。

林　士民（LIN Shimin／りん　しみん）1934年生。中国寧波市考古研究所研究員、元所長。『青磁与越窯』（上海古籍出版社、1999年）、『万里絲路——寧波与海上絲綢之路』

（寧波出版社、2002年）、『寧波造船史』（浙江大学出版社、2012年）など。

大井　さき（おおい　さき）1989年。広島大学大学院文学研究科博士課程前期。

今野　日出晴（こんの　ひではる）1958年生。岩手大学教授。『歴史学と歴史教育の構図』（東京大学出版会、2008年）、「歴史教育と社会科歴史」（『歴史評論』第706号、2009年）、「歴史を綴るために――〈歴史教師〉という実践」（『思想』第1036号、2010年）、「『歴史意識』を考えるために――『現代とはなにか』という問いかけから――」（『歴史学研究』第899号、2012年）など。

三浦　謙一（みうら　けんいち）1948年生。岩手大学平泉文化研究センター特任研究員。『図説　奥州藤原氏と平泉』（共著、河出書房新社、1993年）、「北東北３県における縄文時代草創期・早期の様相―その１―」（財団法人岩手県文化振興事業団埋蔵文化財センター　紀要　XXVI、2007年）など。

佐藤　嘉広（さとう　よしひろ）1961年生。岩手県教育委員会主任主査。「「平泉」の古層」（『アジア遊学』102、勉誠出版、2007年）、'Paradise Envisioned in Ôshû and a Group of Gardens' ("Paradise and Gardens in Eastern Asia", Nara National Research Institute for Cultural Properties and Agency for Cultural Affairs, 2009年）、「「平泉――仏国土（浄土）を表す建築・庭園及び考古学的遺跡群――」の紹介」（『月刊文化財』580、2012年）など。

誉田　慶信（ほんだ　よしのぶ）1950年生。岩手県立大学盛岡短期大学部教授。博士（文学）。『中世奥羽の民衆と宗教』（吉川弘文館、2000年）、「平泉・宗教の系譜」（『季刊東北学』第16号、2008年）、「平泉・宗教の系譜」（入間田宣夫編『兵たちの極楽浄土』高志書院、2010年）、「日本中世仏教のなかの平泉」（『平泉文化研究年報』第13号、2013年）など。

陳　東（CHEN Dong／ちん　とう）1963年生。中国曲阜師範大学儒学研究中心教授。博士（歴史学）。『清代経筵制度』（『孔子研究』2009年第３期）、『皇権下的師道尊厳――中国古代経筵坐講立講之争』（『教育学報』2009年４期）、『乾隆朝進呈講義考』（『清史研

究』2010年第3期）など。

栗山　雅央（くりやま　まさひろ）1985年生。九州大学大学院人文科学府博士後期課程。「「三都賦」劉逵注の注釈態度」（『中国文学論集』第40号、九州大学中国文学会、2011年）「「三都賦」と中書省下の文人集団――張載注の分析を中心に」（『六朝学術学会報』第13集、2012年）など。

劉　海宇（LIU Haiyu ／りゅう　かいう）1970年生。岩手大学平泉文化研究センター特任准教授。博士（歴史学）。『中国臨淄における天斉淵遺跡の保護計画について』（『遺跡学研究』第6号、2009年）、『漢碑形制与讖緯思想』（『斉魯学刊』2011年第2期）、『寿光北部塩業遺跡発現斉陶文及其意義』（『東方考古』第8集、2011年）など。

李　徳方（LI Defang／り　とくほう）1948年生。中国洛陽市文物考古研究院研究員。『黄河小浪底水庫考古報告（二）』（主編、中州古籍出版社、2006年）、『偃師商城之宮城即桐宮説』（『考古与文物』2006年第1期）、『古都洛陽（中国古都系列叢書）』（主編、杭州出版社、2011年）など。

馬　依莎（MA Yisha ／ば　いさ）1979年生。中国洛陽市文物考古研究院館員。「隋唐東都洛陽城水系浅析」（『洛陽理工学院学報』2011年第2期）、「東庄村遺址出土仰韶文化「鏤孔柱状器」正名」（『中国文物報』2011年9月16日第6版）、「唐東都白居易宅園遺址及造園特徴研究」（『黄河科技大学学報』2012年第4期）など。

渡辺雄之（わたなべ　たかゆき）1990年生。広島大学大学院文学研究科博士課程前期。

崔　大庸（CUI Dayong ／さい　だいよう）1961年生。中国山東大学歴史文化学院教授。博士（歴史学）。「双乳山漢墓1号馬車的初歩研究与復原」（『考古』1997年第3期）『漢唐考古文集』（山東大学出版社、2009年）、『済南古墓尋踪』（済南出版社、2010年）など。

黄　利斌（HUANG Libin ／こう　りひん）1987年生。岩手大学教育学研究科教科教育専攻修了。

東アジア海域叢書16

平泉文化の国際性と地域性

平成二十五年六月十二日発行

監　修　小島　毅
編　者　藪　敏裕
発行者　石坂叡志
発行所　株式会社　汲古書院
〒102-0072東京都千代田区飯田橋二-五-四
電　話〇三-三二六五-九七六四
FAX〇三-三二二二-一八四五

富士リプロ㈱

ISBN978-4-7629-2956-4 C3320

東アジア海域叢書　監修のご挨拶

にんぷろ領域代表　小島　毅

この叢書は共同研究の成果を公刊したものである。文部科学省科学研究費補助金特定領域研究として、平成十七年（二〇〇五）から五年間、「東アジアの海域交流と日本伝統文化の形成――寧波を焦点とする学際的創生」と銘打ったプロジェクトが行われた。正式な略称は「東アジア海域交流」であったが、愛称「寧波プロジェクト」、さらに簡潔に「にんぷろ」の名で呼ばれたものである。

「東アジアの海域交流」とは、実は「日本伝統文化の形成」の謂いにほかならない。日本一国史観の桎梏から自由な立場に身を置いて、海を通じてつながる東アジア世界の姿を明らかにしていくことが目指された。

同様の共同研究は従来もいくつかなされてきたが、にんぷろの特徴は、その学際性と地域性にある。すなわち、東洋史・日本史はもとより、思想・文学・美術・芸能・科学等についての歴史的な研究や、建築学・造船学・植物学といった自然科学系の専門家もまじえて、総合的に交流の諸相を明らかにした。また、それを寧波という、歴史的に日本と深い関わりを持つ都市とその周辺地域に注目することで、「大陸と列島」という俯瞰図ではなく、点と点をつなぐ数多くの線を具体的に解明してきたのである。

「東アジア海域叢書」は、にんぷろの成果の一部として、それぞれの具体的な研究テーマを扱う諸論文を集めたものである。斯界の研究蓄積のうえに立って、さらに大きな一歩を進めたものであると自負している。この成果を活用して、より広くより深い研究の進展が望まれる。

東アジア海域叢書　全二十巻

〇にんぷろ「東アジアの海域交流と日本伝統文化の形成――寧波を焦点とする学際的創生――」は、二〇〇五年度から〇九年度の五年間にわたり、さまざまな分野の研究者が三十四のテーマ別の研究班を組織し、成果を報告してきました。今回、その成果が更に広い分野に深く活用されることを願って、二十巻の専門的な論文群による叢書とし、世に送ります。

【題目一覧】

1	近世の海域世界と地方統治	山本英史編	二〇一〇年十月	刊行
2	海域交流と政治権力の対応	井上徹編	二〇一一年二月	刊行
3	小説・芸能から見た海域交流	勝山稔編	二〇一〇年十二月	刊行
4	海域世界の環境と文化	吉尾寛編	二〇一一年三月	刊行
5	江戸儒学の中庸注釈	市来津由彦・中村春作・田尻祐一郎・前田勉編	二〇一二年二月	刊行
6	碑と地方志のアーカイブズを探る	須江隆編	二〇一二年三月	刊行
7	外交史料から十～十四世紀を探る	平田茂樹・遠藤隆俊編	二〇一三年八月	刊行予定
8	浙江の茶文化を学際的に探る	高橋忠彦編	二〇一三年十一月	刊行予定
9	寧波の水利と人びとの生活	松田吉郎編	二〇一三年十二月	刊行予定

10　寧波と宋風石造文化　山川　均編　二〇一二年五月　刊行
11　寧波と博多　中島楽章・伊藤幸司 編　二〇一三年三月　刊行
12　蒼海に響きあう祈り　藤田明良編　二〇一三年十月　刊行予定
13　蒼海に交わされる詩文　堀川貴司・浅見洋二 編　二〇一二年十月　刊行
14　中近世の朝鮮半島と海域交流　森平雅彦編　二〇一三年五月　刊行
15　中世日本の王権と禅・宋学　小島　毅編
16　平泉文化の国際性と地域性　藪　敏裕編　二〇一三年六月　刊行
17　儒仏道三教の交響と日本文化　横手　裕編
18　明清楽の伝来と受容　加藤　徹編
19　聖地寧波の仏教美術　井手　誠之輔編
20　大宋諸山図・五山十刹図　注解　藤井　恵介編

▼Ａ５判上製箱入り／平均３５０頁／予価各７３５０円／二〇一〇年十月より刊行中
※タイトルは変更になることがあります。二〇一三年六月現在の予定

外交史料から十~十四世紀を探る　東アジア海域叢書7

編者　平田茂樹・遠藤隆俊

編者のことば

従来、「外交」と言えば、国家と国家との関係交渉を指すものとして捉えられていた。しかし、前近代社会においては国家対個人の関係や国家と関わりのない個人対個人の関係も重要な「外交」の課題となりうる。そして「外交史料」も同様な問題をはらんでいる。すなわち、国際関係を処理する段階は、皇帝対国王といった君主間の国書のやりとりに加えて、中央政府対中央政府、地方政府対地方政府といった様々な段階があり、「箚子」や「牒」などの書式による文書が数多く用いられている。これらに加えて、商人、僧侶、留学生なども末端の外交を担ったと考えられ、日記、旅行記など多様な「外交史料」が存在する。

本書は、以上のような広義の「外交」、「外交史料」の解明を共通の課題として十~十四世紀の東アジア世界における国際関係のあり方の解明を試みたものである。

平田茂樹・遠藤隆俊　編

編者のことば

中国の喫茶の風習は、漢代の四川には存在しており、しだいに長江の中下流域に伝播して、六朝社会で流行した。これが全国的なものとなったのは、唐代の江南、特に浙江における喫茶文化の高揚による。陸羽の『茶経』の影響のもと、宋元明清を通じて、江南一帯は常に新たな茶文化を発信し続けた。その結果、茶は文人生活の必須アイテムとなったのである。また、浙江茶文化こそが、茶の湯へと発展する日本中世の茶文化の源流になったことも見過ごせない。その伝播においては、天台山に近い寧波が重要な役割を担った。本書は、文献、植物、考古、飲食文化の研究を総合して、浙江茶文化を学際的に追求し、日本との関連を視野に入れつつ、中国茶文化の本質を探るものである。あわせてその多様な側面を、文人生活、酥乳茶、本草、園林建築と関連づけて考察する。また、従来不十分な理解しかされてこなかった『茶経』の問題点を再検討した成果として、『茶経』の本文と読解を付した。

高橋忠彦　編

浙江の茶文化を学際的に探る

東アジア海域叢書8

編者　**高橋忠彦**

編者のことば

寧波は水の都としての産業・生活・文化があった。現代の寧波の中心部は甬江・余姚江・奉化江が交わる三江口にあるが、古代（秦から唐代初期）には行政の所在地は三江口にはなく、奉化江上流の鄞江鎮、或は東銭湖付近にあった。寧波西部は広徳湖、東部は東銭湖が農業用の水源であったが、海水が満潮時、甬江を通じて遡上し、余姚江、奉化江も海水に浸り、付近の農田に塩害をもたらしていた。これを解決したのが鄞県知県王元暐であり、彼が八三三年に鄞江鎮に它山堰を築き、海水の遡上を止め、上流からの清水を農田地帯、三江口に流したことからはじまる。やがて塩害がなくなり、生活用水の供給も充足してきたので、唐代末期に行政の中心地が三江口に移った。一一一八年に広徳湖が廃棄され、寧波の水源は它山堰、東銭湖になったが水不足は深刻ではなく、三江口付近の日湖・月湖では龍舟競争が行われ、人々が水との親しみをもつようになってきた。一九四九年の建国後は古代の水利施設を利用するとともにダム建設によって豊富な生産・生活用水を供給している。

松田吉郎　編

東アジア海域叢書9

寧波の水利と人びとの生活

編者　**松田吉郎**

編者のことば

港や島で生きる人々の祈り、往来する船乗りや商人の祈り、沿岸の町や村の人々の祈り、使節として海外に赴く人々の祈り、海の上にはさまざまな祈りが交錯している。例を上げれば、小さな島の女神が、商船のネットワークを通じて沿海の港々、さらに海の向こうの山や岬で祀られていく一方で、地元の士大夫の奏請によって君主から称号を付与され、国家の守護神に上昇していく。或いは、経典の中の仏神が多様な回路を通じて、海に生きる人々の思いと触れ合うなかで新しい姿を獲得し、時代と共に在り方を変える集落の守り神が、船が運ぶ人や書物を通じて、遠く異郷の地でも祀られていく。

このような東アジア海域の沿海諸地域の信仰の特質、海域交流による信仰の伝播・変容・創生の諸相、交流を担った人々の信仰の具体相などを多角的に検証し、さまざまな祈りが紡ぎ出す諸相から東アジアと海域世界の歴史的特質を照射するのが本書のねらいである。

藤田明良　編

蒼海に響き合う祈り

東アジア海域叢書12

編者　**藤田明良**

編者のことば

本書では、中世・近世の朝鮮半島と海域世界との関わりを、航路・交易・海賊・船舶という四つの視点から検証し、その実像にせまる。従来もっぱら陸域・民族の歴史として進められてきた朝鮮史研究において「海域史」の視点は稀薄であり、本書はその事始めである。

島国日本に視点をおくと、外部世界との交流は必然的に海域交流を意味し、グローバル化のなかに生きる現代のわれわれも、海を通じて外の世界に出ていくことに何となく肯定的なイメージを抱きがちである。しかし大陸と陸路でも繋がる前近代の朝鮮半島社会にとって、海を通じた交流はあくまで局面の一部であり、また自ら遠洋に乗り出していく必然性が自明だったわけでもない。

本書を通じて、われわれは「朝鮮史」を「海域史」に開放すると同時に、一方では、自明化された（されかねない）〝価値〟としての「海域史」を相対化する視点を獲得したいとも考えている。

森平雅彦　編

中近世の朝鮮半島と海域交流

東アジア海域叢書14

編者　**森平雅彦**